大数据
城市创新发展新动能

赵志耘 戴国强 主编

BIG DATA
Enabling Urban Innovation

科学技术文献出版社
SCIENTIFIC AND TECHNICAL DOCUMENTATION PRESS

·北京·

图书在版编目（CIP）数据

大数据：城市创新发展新动能 / 赵志耘，戴国强主编 . —北京：科学技术文献出版社，2018.3

ISBN 978-7-5189-3909-1

Ⅰ.①大… Ⅱ.①赵… ②戴… Ⅲ.①数据处理—应用—城市发展—研究 Ⅳ.① F291-39

中国版本图书馆 CIP 数据核字（2018）第 016434 号

大数据：城市创新发展新动能

| 策划编辑：丁坤善　李　蕊　责任编辑：崔灵菲　张　红　责任校对：张吲哚　责任出版：张志平 |

出　版　者	科学技术文献出版社
地　　　址	北京市复兴路15号　　邮编　100038
编　务　部	（010）58882938，58882087（传真）
发　行　部	（010）58882868，58882874（传真）
邮　购　部	（010）58882873
官 方 网 址	www.stdp.com.cn
发　行　者	科学技术文献出版社发行　全国各地新华书店经销
印　刷　者	北京时尚印佳彩色印刷有限公司
版　　　次	2018年3月第1版　2018年3月第1次印刷
开　　　本	710×1000　1/16
字　　　数	230千
印　　　张	18.25
书　　　号	ISBN 978-7-5189-3909-1
定　　　价	98.00元

版权所有　违法必究

购买本社图书，凡字迹不清、缺页、倒页、脱页者，本社发行部负责调换

《大数据：城市创新发展新动能》
编写组

主　　编　赵志耘　戴国强

编写人员（按章节顺序排序）

　　　　　望俊成　杜红亮　佟贺丰　宋培彦　张英杰
　　　　　贠　强　郑　佳　梁琴琴　徐　峰　于　洁
　　　　　王立学　朱礼军　胡红亮　王弋波　姚长青
　　　　　刘志辉　杨　岩　杨朝峰

序　言

"这是最好的时代，也是最坏的时代"——英国文学家狄更斯这样描述工业革命发生后的时代。这句话同样可以用来描述中国作为步入工业化后期的发展中大国当前所面临的时代。一方面，经过改革开放以来近40年的发展，中国经济总量跃居世界第二位，已经成为全球经济大国和贸易大国，社会生产力、综合国力、科技实力和国际影响力都迈上一个新台阶，中国现在比历史的任何时期都更加接近中华民族伟大复兴这个目标；另一方面，中国面临新工业革命、国际贸易投资秩序重构、产业融合等国际技术经济环境变革，面临发达国家高端挤压和发展中国家低端赶超的竞争压力，面临国内粗放的经济发展方式亟待转变、社会经济发展不可持续不协调问题亟待解决、人口红利即将消失、改革红利相对有所减弱、中等收入阶段各种社会经济矛盾日益突出等一系列发展难题。

对城市来说也同样如此。一方面，城市化可以促进劳动分工，促进创新，促进交流和碰撞，从而能够根本转变绝大多数农民"面朝黄土背朝天"的低效劳动，大幅提高生产率。200多年来，世界各国快速发展的经验表明，城市化是现代化的先决条件，凡是发达的国家都是城市化快速推进和城镇化率较高的国家。改革开放以来，中国经历了世界历史上规模最大、速度最快的城市化进程，常住人口城镇化率从1978年的

17.92% 上升到 2017 年的 58.52%；城镇人口从 1.7 亿人增至 8.1 亿人，每年城镇新增人口 2000 多万人，相当于欧洲一个中等收入国家的人口。中国城市发展波澜壮阔，取得了举世瞩目的成就。另一方面，中国也面临城市化进程中的各种城市病：雾霾污染、交通拥堵、垃圾围城、城市"摊大饼"、文化缺失……此外，在工业化过程中，中国还出现了大量困难型城市，包括资源枯竭城市、老工业城市、产业衰退城市、产业单一城市等。

解决新时代中国及城市所面临的诸多发展难题，唯有华山一条道，即全面深化改革，不断推进创新，舍此无他。创新发展是国家和城市兴衰的经验所得。工业化以来的发展历程表明，越是创新活跃的地方，就越容易形成产业革命的广阔舞台。近代以来，世界经历了数次科技革命，英国抓住第一次科技革命机遇，成为世界霸主；德国抓住第二次科技革命机遇，赶超英国；美国是电力革命的赶超者和信息技术革命的引领者，这使它成为百余年来的世界第一强国。世界的科技中心和工业重心从英国转到德国，再到美国，表面上是地理位置的更替，实质上是创新能力强弱的转换。

中国城市化和现代化涉及十几亿人，走全靠要素驱动的老路难以为继。物质资源必然越用越少，而科技和人才却会越用越多。中国拥有世界上数量最多、素质较高的劳动力，有最大规模的科技和专业技能人才队伍。以深化改革为引擎，把创新作为引领发展的第一动力，推动从要素驱动发展向创新驱动发展转变，必将释放巨大的创新潜能，推动中国经济保持中高速增长、产业迈向中高端水平，推动城市的转型升级。

党的十八大以来，各项鼓励创新的政策密集出台，创新以"大潮奔涌逐浪高"的壮阔景象不断向纵深推进。英国《金融时报》这样评价中国的创新浪潮："从世界最大的无现金交易总量到世界最快的大数据计算速度，从世界最大的电动汽车市场到世界最先进的高铁网络，从世界最多产的人工智能科学论文到世界最领先的光伏产业链，中国在许多行业突破科技瓶颈，成为世界的领跑者。"

党的十九大开启了加快建设创新型国家的新时代。新时代，也是大数据时代。随着信息技术和人类生产生活交汇融合，互联网快速普及，全球数据呈现爆发式增长、海量集聚的特点，对经济发展、社会治理、国家管理、人民生活都产生了重大影响，大数据成为国家基础性战略资源，成为社会生产的新要素，是"新的石油""新的资产""新的空间"，正在深刻变革科技、产业和管理。互联网、大数据、人工智能和实体经济深度融合，将会有力地推动产业、政府治理及应用和服务创新。

基于客户需求反馈大数据的研发设计模式，能有效解决研发设计闭门造车问题，让企业研发设计更加具有针对性和导向性。生产制造大数据能解决生产数据车间流动问题，让企业生产流线更加柔性化，有效支撑了个性化定制、体验式制造、网络制造等新型制造业态。营销大数据能帮助企业实现精准营销，指导企业优化资源配置。物流大数据能有效解决物流运输信息不对称问题，让物流资源调度更加优化和智能。

城市管网、交通、电子商务、网络舆情等各领域大数据的采集、挖掘和利用，能为我们提供全新的洞察城市运行的方法和视角，让城市治理更加主动、精准、高效。大数据能使政府决策的基础从局部信息走向全局信息，从定性考量走向定量判断，从滞后反馈到及时预警，从部门分割到信息协同，从而创新政府治理模式，提升政府治理的科学化与精细化。

公共安全、医疗健康、生态环境保护、社保、教育等重点领域和特色产业大数据应用创新与模式创新，能催生出大量融合性新业务、创新性商业模式、混业经营新业态，提升民生保障便民、利民和惠民水平，构建起人类生命新守护环。

无论是剖析城市创新发展的现状、机遇和挑战，还是展示大数据给城市治理带来的变化，无论是探索大数据在企业、产业转型升级中的作用，还是描绘大数据在医疗、环保领域的应用，本书想向读者传递这样

大数据：城市创新发展新动能
BIG DATA: Enabling Urban Innovation

一个观点：大数据是新时代城市创新发展的新动能。

每个人心中都有自己的理想之城。借助大数据和人工智能打造的创新之城，能够行你所行，听从你心，无问西东。这样的城市有温度、有情怀、有品质，城市生活会更方便、更舒心、更美好。

本书的撰写工作由中国科学技术信息研究所的同事们共同完成，尽管他们都已经在大数据、人工智能、区域创新发展方面做出了很棒的成绩，但由于时间、精力有限，书中定有一些不当之处，敬请读者批评指正！

赵志耘

2018 年 1 月 18 日

目 录

第一章 山雨欲来风满楼：城市创新发展的新机遇 001
 一、困境：城市创新发展瓶颈 001
  （一）新发展理念下城市创新之难 002
  （二）城市创新发展动能转换之痛 003
  （三）城市创新发展特色之困 005
  （四）城市创新发展之路 006
 二、机遇：大数据、互联网、人工智能前途无量 008
  （一）大数据与生俱来的"风口"气质 008
  （二）大数据赋能新旧动能转换 009
  （三）大数据能够提供创新发展的新思路新手段 012
 三、谋略：大国在行动 014
  （一）美国：能力建设与产业应用齐头并进 014
  （二）欧盟：整体推进与各国创新珠联璧合 016
  （三）日本：注重面向产业务实开发 018
  （四）中国：顶层设计与政策实践双轮驱动 019
 四、画像：大数据到底什么样 025
  （一）大数据的成长轨迹 025
  （二）大数据的核心标签 026

（三）大数据的竞争优势 027
　　（四）大数据的产业链条 028
　　（五）大数据的实施路径 029
五、未来：大数据的美好前景 030
　　（一）大数据能无中生有、有中生新 030
　　（二）大数据能让城市治理更智慧、更贴心 031
　　（三）大数据改变你我生活 032

第二章　忽如一夜春风来：大数据再造城市治理 034
一、体系：现代城市治理不一样 034
　　（一）城市治理的发展脉络 035
　　（二）现代城市治理的层次结构 037
二、遇见：城市治理与大数据 038
　　（一）大数据激活城市数据资源 038
　　（二）大数据让城市更友好 045
　　（三）大数据让城市更智慧 048
三、落地：大都市在行动 051
　　（一）纽约：从顶层规划大数据 051
　　（二）伦敦：打造数字之都 054
　　（三）东京：以 E 为核心全方面发展 055
　　（四）上海：国内城市大数据开放的先行者 057

第三章　一遇风云便化龙：工业 4.0 让制造变"智造" 061
一、支撑引领：工业 4.0 061
　　（一）工业 4.0：吹响新时代工业革命的号角 062
　　（二）工业 4.0："中国制造 2025"力推制造业强国 063

目 录

(三)工业 4.0:各国加紧布局工业变革战略 066

二、由"点"到"面":工业 4.0 的智能工厂实践 069
 (一)德国西门子安贝格智能工厂 069
 (二)德国博世洪堡工厂 070
 (三)中国九江石化智能工厂 072
 (四)中国中车青岛精益数字工厂 073

三、由"黑"到"绿":工业 4.0 的物联网大数据应用 074
 (一)树立行业标杆:提供更高效的智能化服务 076
 (二)实现创新发展:构建数据驱动的产品研发体系 076
 (三)促进协同发展:优化产业生态链资源效率 078
 (四)成为决策助手:挖掘机指数洞察中国经济状况 079
 (五)推动跨界转型:玩转"互联网+工程机械" 081

四、由"知"到"智":工业 4.0 的传统制造业升级 082
 (一)体制创新:稳步推进智慧工厂建设 082
 (二)做实做细:大数据促进精益落地生根 086
 (三)"五精"效果:坚持目标导向的实践主线 087

五、由"重"到"轻":工业 4.0 的互联网大数据逻辑 090
 (一)小米崛起背后的互联网大数据逻辑 090
 (二)大数据赋能小米金融风险控制 091
 (三)大数据赋能小米生态链 093
 (四)大数据赋能小米新零售 094

第四章 河有源泉水更深:大数据赋能战略性新兴产业 097

一、新一代信息技术产业:大数据引领产业发展 098
 (一)中科曙光:大数据助力构建 AI 城市和科学大脑 099
 (二)高通:5G 时代的大数据应用布局 101
 (三)华为:大数据安全防护体系成"智能大脑" 101

二、节能环保产业：大数据提升产业综合效益 103
　（一）Vestas 公司：风电大数据提升风电效能 104
　（二）亿利资源集团：生态云平台助力生态文明建设 105
三、生物产业：大数据助力个性化医疗 107
　（一）谷歌公司：Google Genomics 平台推进基因组存储和分析 108
　（二）DNAnexus：云端 DNA 数据库平台有效实现基因数据管理 108
　（三）SAS 公司：基于大数据分析软件提供医疗保健解决方案 110
四、高端装备制造产业：大数据支撑产业转型 111
　（一）宝马集团：大数据分析和预测系统改变生产服务模式 112
　（二）罗罗公司：大数据平台提升发动机维护效率 113
　（三）通用电气：工业数据云平台辅助发动机故障预测 114
五、新材料产业：大数据制造超级材料 116
　（一）America Makes 大数据库：大数据布局提供增材制造资源库 117
　（二）"Antsoo 俺搜"平台：智能材料信息平台提供汽车材料大数据服务 118
六、新能源产业：大数据打造智慧能源系统 119
　（一）美国 C3 energy 公司：能源分析引擎平台提升能效 120
　（二）IBM 公司：混合可再生能源预测系统增强清洁能源稳定性 122
　（三）阿里云公司：智慧光伏云 iSolarCloud 利用大数据精准发电 123
七、新能源汽车产业：大数据带来新商业模式 125

（一）电动汽车共享平台：大数据+新能源打造绿色出行新方式 125
（二）特斯拉：Autopilot 2.0 系统迈向智能驾驶新阶段 126

第五章　扬帆起航正当时：大数据打造现代服务业新引擎 128
一、遇见：大数据时代的现代服务业 128
（一）新动力：现代服务业打上深深的信息技术烙印 129
（二）新引擎：大数据和互联网驱动我国现代服务业跨界融合 130
二、谋略：现代服务业开创全球和城市发展的"新蓝海" 132
（一）制高点：现代服务业成为各国发展战略"头条" 132
（二）占先机：现代服务业制胜世界城市发展之道 133
三、赶超：中国现代服务业日新月异 135
（一）新时代：我国服务业成就第一大产业 136
（二）出举措：国内政策、产业和技术环境齐头并进 136
四、激流勇进：科技服务业在大竞争中前行 140
（一）你问机器答：基于科技项目政策知识库的智能问答系统 141
（二）科技决策好帮手：科技决策剧场 143
（三）借问健康医疗何处有：阿里健康知识图谱 145
（四）企业竞争情报"独门功夫"：科信智搜平台 148

第六章　春风送暖入屠苏：不忘初心的惠农"红包" 153
一、当代"三农"之困 153
（一）资金：难觅寸金酬一笑 154
（二）市场：巷深实难飘酒香 155
（三）人才：遍顾茅庐难得士 155

（四）质量：有心难候渡江春 156

二、智慧农业：大数据支持下的智能农业管理 156
  （一）农业活动智能管家 157
  （二）农业人工智能工程 159

三、精准农业：物联网监测下的科学农作 160
  （一）大田和温室种植监控 161
  （二）畜禽和水产养殖监控 162

四、科学增产："土、肥、水、种"大数据的协作 163

五、种养调控："一窝蜂赔钱"模式的转型 165
  （一）"猪周期"调控 166
  （二）"互联网+"蔬菜 167

六、农村脱贫：大数据"制导"下的科学扶贫 168
  （一）农业科技大数据平台 168
  （二）精准扶贫云平台 169
  （三）科特派云平台 171

七、农业P2P：农业电商大数据的魅力 172
  （一）农产品电商 173
  （二）农资电商 174

第七章　万方乐奏共骈阗：大数据均衡医疗效率与人性化 176

一、健康医疗大数据：数字化生活的不可抗力 176
  （一）大潮：有待沉淀和规范的巨大市场 177
  （二）暗流：备受安全拷问的医疗数据应用 178
  （三）追求：转化医学与移动互联网改变健康医疗服务
    模式 179

二、公共卫生：保障、成本与质量的再平衡 181
  （一）个人健康档案：亟待履行的权益 182

（二）社区智慧医疗：分级诊疗与人性关怀的数字之道......185

　　（三）医疗保险数据挖掘：公共卫生服务的底线与边界......186

三、精准医学：大数据揭示疾病的奥秘......188

　　（一）你不知道的精准医疗......188

　　（二）生命密码与资本游戏......190

　　（三）健康说明书：基因检测技术开启精准医疗时代......192

　　（四）海中一滴水：药物研发中的组学数据分析......195

　　（五）数据的沙堡：商业价值源于数据集成与数据分析
　　　　 能力......198

　　（六）美丽的盒子：精准医学的数据安全隐患......200

　　（七）套娃式竞争：国内精准医疗产业分工仍有待精细化......203

四、协同医疗：人人可享用的技术福利......204

　　（一）整合：超越物理空间限制的医疗资源配置......205

　　（二）优化：医疗过程的有序化和精准化......207

　　（三）高效：人工智能辅助医疗决策......208

五、健康管理：大数据场景下治未病和慢病的解决方案......210

　　（一）泛在：无处不在、无时不在的健康管理......210

　　（二）前移：慢病的风险预测和评估......211

　　（三）精准：有的放矢的慢病个性化治疗......211

六、知识定制：基于大数据的全民生命健康知识保障......213

　　（一）前沿：面向临床一线的最新进展......213

　　（二）传承：数字平台提升基层医生技能......215

　　（三）便利：百姓健康知识个性化普及......217

第八章　天容海色仍澄清：大数据引领下的环境保护......219

一、遇见：生态环境大数据......219

　　（一）多模态的时空结合：生态环境大数据的特点......220

（二）精细化的可持续发展：大数据的应用场景 ………………221

二、国际经验：国外生态环境大数据平台建设 …………………………223
　　（一）开放共享：国外国家级生态环境大数据基础平台 ………224
　　（二）精细管理：国外地方政府生态环境大数据平台 …………227
　　（三）抢占蓝海：国外企业生态环境大数据平台 ………………229

三、美丽：生态环境之于中国城市 ………………………………………232
　　（一）愿景：美丽中国 ……………………………………………233
　　（二）目标：生态城市 ……………………………………………234
　　（三）支撑：大数据大有作为 ……………………………………235

四、蹄急步稳：大数据支撑美丽中国建设 ………………………………236
　　（一）打桩筑基：国家级生态环境基础平台 ……………………236
　　（二）有益尝试：地方政府生态环境应用平台 …………………239
　　（三）各展所长：企业级生态环境应用案例 ……………………241
　　（四）从善如流：环境舆情分析 …………………………………246

尾　声　金风玉露一相逢：城市创新发展遇见大数据 ………………248

一、创新型国家建设：阔步前行 …………………………………………248
二、创新型城市建设：百舸争流 …………………………………………250
三、城市创新发展遇上大数据：前景无限 ………………………………252

参考文献 ……………………………………………………………………255

附　录　缩略词表 …………………………………………………………270

第一章
山雨欲来风满楼：
城市创新发展的新机遇

必须认识到，党的十九大提出的我国社会主要矛盾的变化是关系全局的历史性变化，对党和国家的工作提出了许多新要求。我们要在继续推动发展的基础上，着力解决好发展不平衡、不充分的问题，深化供给侧结构性改革，加快建设创新型国家，大力提升发展质量和效益，实施区域协调发展战略，更好满足人民在经济、政治、文化、社会、生态等方面日益增长的需要，更好推动人的全面发展、社会全面进步。

城市，是经济增长的引擎，是人类文明的重大成果，作为人们追求美好生活的重要载体，在贯彻落实习近平新时代中国特色社会主义思想和党的十九大精神中发挥着不可替代的主阵地作用，而这些作用的发挥都需要城市通过加快改革发展来实现，城市创新发展刻不容缓！

一、困境：城市创新发展瓶颈

2011年，中国城镇常住人口首次超过农村，这意味着中国结束了以乡村型社会为主体的时代，开始进入以城市型社会为主体的新时代。2016年年底，城镇常住人口比例已经达到57.35%，户籍人口城镇化率也达到了41.2%，中国城镇常住人口已超过8亿人。过去5年，城镇化率年均提高 1.2%，8000 多万农业转移人口成为城镇居民[1]。这意味着 657 个中国设市城市 5 年内就完成了相当于德国全部人口的城镇化。

应该说，中国的城市发展在过去这些年取得了喜人的成绩，但是在新时期、新阶段，党中央、国务院对城市发展提出了新的更高要求。核心是解决人民日益增长的美好生活需要和不平衡不充分的发展之间的矛盾，建设富强民主文明和谐美丽的社会主义现代化城市，为实现中华民族伟大复兴的中国梦贡献力量。要达到这些目标，城市就必须从政府治理、产业升级、民生改善等各方面进行全面创新。

然而，城市发展不是一蹴而就的，在"创新、协调、绿色、开放、共享"新发展理念下，城市发展面临着形式单一、动力转换不足、特色不明显等突出问题。

（一）新发展理念下城市创新之难

传统的城市发展思路是强调经济发展导向、经验依赖式管理，随着城镇化进程的不断推进，拥堵的交通、杂乱的市容、贫富的差距、资源的短缺等一系列问题在不断累积。当前，我国作为世界第二大经济体，人民群众对生活质量有了更多的美好期盼，加之移动互联的便利放大了信息传播的效应和公众的情绪，城市问题在社会现实层面和社会心理层面都变得越发严重。以往公众可能缺乏关注环境污染问题的观念和行动，但如今对环境污染的忍受程度已近极限；以往信息不对称下城镇化进程中贫富分化的问题，在自媒体时代暴露得一览无余，很容易触碰大家绷紧的神经；以往个体犯罪在当今的互联时代很容易就演化成了一个人尽皆知的群体事件。

我国社会主要矛盾的转化意味着城市发展要从城市规划环节开始就牢牢坚持经济、社会、文化、生态效益并重的原则，特别是处理好城市发展与自然、经济、历史、人文之间的关系，让城市变得更加有生机、有活力、有魅力、有"温度"。不仅如此，以互联网经济和数字城市为代表的新生产生活模式、新业态、新产业也产生了一些新的城市问题。

快递物流在给大家带来方便的同时，海量、过度包装也带来了大量的垃圾处理和环境污染问题；共享单车在给市民解决"最后一公里"带来便利的同时，也造成了破损单车回收处理问题、共享单车乱停放与阻塞道路交通问题、市民文明用车的素质问题；信息技术的普及带来了工作生活更加方便快捷的同时，也顺便"捎来"了层出不穷的新型犯罪活动。最为突出的是，公众对于城市公共服务的诉求达到了前所未有的强烈程度。城市提供给居民的不再只是单一维度的可见之物，而是希望将日常生活中的便利设施、优美环境、先进技术、优质服务等进行叠加，包括清新的空气、干净的饮用水、顺畅的交通、放心的治安、配套的生活服务、完善的医疗、优质均衡的教育等，系统地享受美好的城市生活。

（二）城市创新发展动能转换之痛

经济发展是城市创新发展的核心。"去产能"是供给侧结构性改革五大任务之首，其核心目的是通过淘汰落后过剩产能，减小供给侧压力，释放生产资源，缓解供需矛盾，从而为经济结构的优化与经济质量和效率的提升奠定扎实根基。然而，实践中"去产能"的落实具有一定的难度。特别是对于一些传统主导行业集中在产能过剩"重灾区"的城市而言，"去产能"将给地方经济社会发展的方方面面带来巨大挑战。当产能过剩的阴影覆盖传统主导行业后，原有的经济增长自然难以为继。这时，新的发展动能尚未培育壮大起来，传统主导行业的发展仍然牵一发而动全身。不仅如此，还有许多城市在产业创新升级的过程中，完全否定自己的过去，盲目追求时髦和风口产业，如光伏、汽车、彩电等，从而形成了新的产能过剩，导致了新的发展困境。

这些"重灾区"的城市，基本上都是在我国工业化进程和国民经济发展中做出巨大贡献的老工业基地型城市和资源型城市。以资源型城市的情况为例，全国现有资源型城市262座，约占全国城市数量的40%[2]，资源型城市的资源产业产值约占全国资源产业总产值的80%，是支撑国民经济的重要脊梁之一。但是，在当下经济的新常态下，随着新发展理念的深入人心和资源利用的不可再生性，资源型城市发展面临诸多困境，具体表现在以下几个方面：

一是产业结构失衡。三大产业中二产畸高，"一业独大""一企独大"的现象较为普遍；产业层次低端，产品结构低下，生产方式粗放，市场竞争能力较弱。二是环境污染严重。资源开发方式不科学，造成水、土壤、大气污染日益严重。据统计，2014年全国工业固体废弃物排放量80.5%以上来自采矿[3]。三是生态欠账较大。资源开采对地质、山体和植被等生态环境造成严重破坏，修复成本高、难度大。四是基础设施滞后。计划经济体制下形成的"先生产后生活"城市框架，工业区和生活区交叉，市政设施不配套、功能不完善，"脏乱差"现象严重。

这样的一些问题，决定了这些城市在新旧发展动能转换升级的过程中面临着巨大的转型压力。实践证明，资源型城市如果转型不及时，必然会快速走向衰败。例如，以煤炭、石油、森林等为经济支柱的东北老工业基地，经过几十年的超负荷开发，部分已几近"油尽灯枯"。昆明市东川区因铜矿资源枯竭，缺乏接续产业，由地级建制降为昆明的县级区，成为我国第一个"矿竭城衰"的城市[4]。

如今，距离完成资源型城市转型升级的任务只有不到3年的时间，可是各地交出的答卷似乎并不尽如人意。北京大学国家资源经济研究中心发布的《中国资源型城市转型指数》第二批成果显示，在被抽样评价的115个城市中，综合指数（满分为1）位于0.400～0.599的城市数达到91个，占比高达79.1%[5]，这表明多数资源型城市的综合指数分布在中间位置，总体转型效果并不突出。

第一章
山雨欲来风满楼：城市创新发展的新机遇

这是一场与时间赛跑的转型，"治病""转型"迫在眉睫！

（三）城市创新发展特色之困

长期以来，许多城市发展正在被千篇一律的新建筑和膨胀的"现代化"所淹没。有的城市色彩不鲜明、风格不突出，在一定程度上影响了城市的层次和品味；有的城市文化主题不够明显，没有充分利用地域特色、发挥地域优势；有的城市没有凝聚城市精神，没有充分认识到好的"城市精神"在展示形象、吸引人气方面的积极作用；有的城市产业布局失衡，无视城市资源禀赋，蜂拥而上，发展模式和发展路径单一。

今天，许多中国城市正在经历一场城市风格重塑、城市经济升级、城市社会变迁、城市生活变革的运动，城市的发展从分散野蛮式、千城一面式转变为被纳入区域发展乃至国家战略、走内涵式高质量个性化发展的新型道路的过程之中。因此，再发展同质化很高的城市已经很难有市场，尤其是在国家着力推动城市群发展的大趋势下，缺乏的是各个城市在城市群的框架内瞄准定位清晰、个性鲜明、优势突出、分工协作、群体共进的大方向突围的能力。

城市特色是一个城市明显区别于其他城市的个性特征[6]，它包括但不限于两方面：一方面是城市物质方面的特色，表现在城市的建筑风貌等；另一方面是由历史禀赋、产业特质、自然地理、城市现代化空间设计等共同组成的系统。城市发展更应凸显特色，千姿百态，唯有特色才有生命力，才能在城市群中保持独一无二的地位和无法复制性，这也是城市化进程的一大趋势和方向。

2017年3月26日，在博鳌亚洲论坛2017年年会"城市的个性"分论坛上，专家们展开了一场关于"塑造一个怎样的城市个性系统"的讨论，最终的共识是城市仍需走最适合自身发展的个性化道路，在社会经济发展和个性发展中找到平衡点[7]。许多专家在剖析城市特色缺乏、差异化缺失的原因时，都不约而同地提到了城市数据、城市画像的问题，因为缺乏自己城市的数据画像、城市群内部各城市之间的数据对比，造成许多城市对自己包括资源禀赋、人文史料、产业优劣等在内的"家底"并不知晓，因此只能随波逐流，走复制路线。城市的决策者应该积极谋求城市个性化发展策略，探索利用数字时代的大数据等工具精准挖掘、塑造和展示城市的个性化特征，以便更好地推动城市发展。

（四）城市创新发展之路

党的十八大以来，党中央高瞻远瞩地将创新列为五大发展理念中的首要理念，用创新来驱动各项事业发展，城市发展也不例外。正如上述所言，城市发展存在着如此多的问题，我们必须认真思考从哪一个领域切入、哪一个环节入手。党的十九大报告明确告诉我们要善于抓主要矛盾，抓关键少数[1]。传统城市的发展就是过于依赖传统要素的低水平增长和房地产经济，究其缘由，归根到底是创新不足，并因此而逐渐走向边缘化。而创新就是实现这个转型升级的"牛鼻子"，通过创新来影响城市的方方面面。为此，科技部、发展改革委等很早就开始主动承担这一使命，启动实施了创新型试点城市建设、监测与评估工作，其目的是为了挖掘城市发展的典型模式和最优路径，进而加速城市创新发展的进程。

通过创新引导发展要素的优化配置。在新常态大背景下，我国经济已经开始了从要素驱动、投资驱动转向创新驱动的进程。创新要素的构成包括直接要素和间接要素。直接要素是指和技术创新直接相关的部分，包括技术、人力资本、资金等；间接要素是指和城市创新密切相关的软硬环境，包括基础设施（交通、办公设施等）、社会环境（创新文化、行业同盟等）、宏观政策（国家地方政策法规、制度等）[8]。城市

第一章
山雨欲来风满楼：城市创新发展的新机遇

应该注重协调发展，充分创造要素流通的完善环境，通过创新来创造和拓展城市的功能，提升城市的经济竞争力。城市政府应该尽快启动"创新驱动"顶层设计，并强调主要依靠市场的改革思路，这既是对创新驱动精神的贯彻执行，也是对过去如何充分发挥市场对创新资源的配置作用、如何让政府在创新活动中做到定位准确的战略选择。

通过创新来激发城市发展的活力。多伦多大学教授 Richard Florida 在其著作《创意阶层的崛起》中写道："创造力无法像矿藏那样储备、争夺和买卖，它必须经常得到充实、更新和维护，否则就会悄悄溜走。"[9] 而城市的追求则相对简单，就是创造软硬环境，吸引城市发展所需的高层次人才、资本、技术、产业等，并尽量将其留下来和发展壮大。在"大众创业、万众创新"的滚滚热潮下，在全社会都想创新创业的社会氛围里，在我们的创业和产业发展的良好生态环境中，促进创新带动城市发展，有助于激发各类社会资本创业创新的热情，为产业结构调整和质量效益提升提供有力支撑。而政府理念的转变，给企业带来了莫大鼓舞，也激发释放了其积极应对变化的内在潜力，更点燃了它们抢抓机遇的巨大热情。

通过创新来推动管理和商业模式的转型升级。在某种意义上，技术创新是管理模式和商业模式创新的前提，有了更先进适用的技术，就可以升级企业的盈利模式，扩大企业的利润来源，最典型的就是云计算。云计算本身既是技术，也是商业模式和管理模式，很多著名的公司都已经成功地打造形成了不同的云计算商业模式。例如，谷歌立足于终端用户，通过建立强大的基础平台、软件系统和信息资源，以信息搜索服务的方式提供给用户，再主要从广告中获得收益。而微软的云计算思路是"云+端"，既强调云端的服务功能，将软件以服务方式提供给用户，又强调不断提高用户端的软件功能，同时让云端与用户端无缝连接，同样获得了巨大的成功[10]。

二、机遇：大数据、互联网、人工智能前途无量

（一）大数据与生俱来的"风口"气质

大数据远远不只是一个概念、一项技术，更是一种理念、一种战略思维，还是一个跨国际、跨领域的庞大产业和经济形态。大数据本身就是一场技术变革，而且从来没有哪一次技术变革能像大数据革命一样，在短短的数年之内，从少数科学家的主张，转变为全球领军公司的战略实践，继而上升为大国的竞争战略，形成一股无法忽视、无法回避的历史潮流。互联网、物联网、云计算、智慧城市、智慧地球正在使数据沿着"摩尔定律"飞速增长，一个与物理空间平行的数字空间正在形成。对于如履薄冰的传统产业和资源型城市而言，数字经济及背后的核心技术和相关产业不仅是当下的风口和热点，更是其抢抓新兴的朝阳产业发展机遇的关键窗口期。

互联网革命对人类的影响远远超出了工业革命的范畴。如果说工业革命增强了人类的力量，扩大了人类的视野，那么互联网则是极大地增强了人类的智慧，丰富了人类的知识，而智慧和知识正是与大脑紧密相关的。互联网技术的持续突破已经开始将人类置身于新的科学革命中。自1969年互联网诞生以来，人类从互联网的各个方面进行了不同的创新，但互联网的结构并没有统一的规划。随着人工智能（AI）、物联网、云计算、机器人、虚拟现实、工业互联网等尖端技术的快速发展，它们的合作效应使得互联网的大脑架构变得越来越清晰。

大数据是云计算的生产资料。云计算服务是基于大数据的，在业务模式中，云计算提供计算能力，扮演了生产工具的角色；大数据提供数据基础，则扮演了生产资料的角色。

大数据是物联网的支柱。物联网在将物品和互联网连接起来,开展信息交换和通信,从而实现智能化识别、定位、跟踪、监控和管理的过程中,所产生的大量数据也在影响着电力、医疗、交通、安防、物流、环保等领域商业模式的重构,这正是大数据技术支撑着万物互联的理论和实践基础。

大数据的快速发展是推进工业 4.0 的核心驱动因素之一。从工业 4.0 概念的提出到大数据在工业中的实际应用,大数据已经快速渗透到工业 4.0 的生产、物流、研发等各个场景中,解决了大量实际生产问题。大数据是人工智能的基石,目前人工智能的发展和运用,主要建立在大数据的基础上:通过对海量数据的分析,得出相应的数据规律,从而指导人们根据数据分析结果优化决策,释放数据的应用价值。近几年来,以深度神经网络为代表的人工智能领域的快速进步正是得益于大数据的飞速发展,可以说是大数据开启了人工智能的新时代。

互联网、物联网、云计算、人工智能等技术和新兴产业的相互融合,不仅会对信息技术等行业和产业产生深刻的影响,更是让智慧城市、智慧社会、智慧星球的宏伟愿景变得触手可及。

(二)大数据赋能新旧动能转换

1. "互联网+"模式正在颠覆中国的传统产业

互联网、大数据带来革命性变化。以美国谷歌、苹果、亚马逊和中国阿里巴巴、腾讯、百度等互联网公司为代表,大数据首先在服务业打开了一个缺口,并开始快速改变甚至颠覆着传统服务业,如微信、滴滴出行、共享单车、支付宝等。而在不远的未来,互联网必将会带来更大风暴,影响和颠覆制造业和以金融业为代表的现代服务业。

今天,谷歌和百度的搜索引擎、数字图书馆,苹果和小米的数字娱乐、APP,阿里巴巴和京东的电商,微信和蚂蚁金服的移动支付等,互联网公司所到之处，一些传统服务业的"大厦"纷纷开始坍塌，正在经历产业革命。在互联网、大数据、人工智能等信息技术的驱动下，人类正在面对一个由互联网企业建立的新型服务业态。未来，绝大多数服务都可以通过互联网和移动终端来实现，服务效率更高，反应时间更短，成本更低，感受更佳。

"互联网+"模式开始踏足以劳动密集型制造业为代表的传统产业。由于中国制造业规模大，同时市场需求大，互联网企业一旦进入某些实体经济领域，成为引领该领域发展的工业互联网巨擘，其规模和潜力就很可能会成为全球第一。因此，中国的工业互联网企业必然会得到国际、国内资本界的认可和追捧，市值超高、融资能力超强都是可以想象得到的。如果高端制造有发展前景，那么，中国互联网公司将巨量资金投入高端制造业，走"互联网+"模式，打造工业互联网企业是其必然选择。互联网企业需要换一个视角来思考和发展高端制造业。如果互联网企业依靠充足的资金优势，整合高端制造的全球优势资源，而不单单是国内资源，走"大循环"道路，进入高端制造业就有数不清的机会。

微信小入口，支撑起了庞大的腾讯版图

互联网经济时代来了。一觉醒来，那个曾经小小的从事互联网游戏的企业腾讯，通过持续的技术创新、服务创新、商业模式创新，凭借微信服务等，虽然企业营业额与规模相比于中国移动、电信、联通、华为、中兴差距还很大，但企业的市值却达到了惊人的3000多亿美元[11]，得到了资本市场的充分认可，更是具备了在未来市场上叱咤风云的雄厚实力和先机。靠着不断的技术创新与极致的用户体验，腾讯微信吸引了7亿的忠实用户围绕在自己的身边，聚集了跨越老中青三代的海量人气。其产业发

第一章
山雨欲来风满楼：城市创新发展的新机遇

> 展模式是纯粹的"轻资产"模式，从投资者手中获得了海量的投资，成为一家成长性超高的企业，已开始了向智慧城市、智慧地球、健康医疗、企业信息化、智能制造等行业的辟疆拓土，其发展前途不可限量。
>
> 在互联网应用服务商群体中，腾讯微信的市值增长之快令人咋舌，在短时间内就积累了如此之巨的资本。从价值链的角度看，庞大的电信运营商、电信设备供应商正在为互联网腾讯公司"打工"。

2. "+互联网"模式的守势与"互联网+"模式的攻势

对工业互联网发展主导权的争夺来自制造业和互联网业两个不同阵营。制造业阵营基于自身制造资源和产业技术的优势走向工业互联网，是所谓的"+互联网"模式，这是目前的主力军，全球绝大部分国家的企业需要走的是"+互联网"模式；大数据和互联网企业基于自身信息技术优势和融资优势走向实体经济，走向工业互联网，是所谓的"互联网+"模式，则是未来一支重要的生力军。美国谷歌、苹果、亚马逊、微软等公司在世界上独霸大数据、互联网技术和产业，在"互联网+"模式上独领风骚、所向披靡，是"互联网+"模式的引领者。

"+互联网"模式的守势与"互联网+"模式的攻势已经表现得非常明显。在两大阵营从两个不同方向相向而行，走向工业互联网竞争的过程中，基本态势是制造业的"+互联网"模式处于守势，互联网业的"互联网+"模式处于攻势。研究一下美国股市就可以一目了然：截至2018年1月24日，谷歌总市值超过8000亿美元，阿里巴巴总市值超过5000亿美元，而作为制造业代表的通用电气约为1400亿美元。互联网企业市值大幅超出传统制造企业的市值，钱包满满，整合制造资源机会多多；

而传统制造企业越来越不受金融资本界青睐，面临发展甚至是生存的危机。制造业未来要想生存、发展得好，不受制于互联网业，其自身走向"轻资产"工业互联网业是大势所趋。

3. 大数据赋能"＋互联网"模式，携手走向"轻资产"工业互联网

作为重资产的代表，三一重工在过去很长一段时间与其他制造业企业一样，运用离散制造的方式进行加工生产，这种制造模式分散且独立，需要大量的人力物力予以配合才能完成产品的生产制造。随着人工成本的提高，工程机械行业的深度发展，这种制造模式已经无法满足企业高质量的发展需求。以"终端＋云端"工业大数据平台为基础，构建设备远程管控数字化工厂，实时监控设备运转并及时进行资源调配，大幅提升了工业效率，开启了三一重工智能制造的新时代。

行业龙头企业要想走向"轻资产"的工业互联网新发展模式，互联网、信息化、大数据、人工智能是其基础和敲门砖。"信息孤岛"问题成为企业实现信息化难以逾越的屏障和高峰。尽管企业花了许多资金用于网络、软件与信息化的开发，但企业管理者、决策者并不满意。在企业设计、制造、管理和服务这 4 个主要环节出现了大量的"信息孤岛"现象，企业的信息和数据无法有机地集成在一起，实现信息、数据的共享。企业老板和各级管理者无法实时、准确地获取企业运行、管理和服务所需要的内外部有效数据，从而无法及时通过对数据的分析进行快速、有效的决策。而大数据的战略、理念、技术、方法和工具，能够很好地破解企业信息孤岛及数据生态环境不健全等问题。

（三）大数据能够提供创新发展的新思路新手段

大数据是城市治理的一把利器，通过把传感器感知和以人为中心的

第一章
山雨欲来风满楼：城市创新发展的新机遇

感知系统联结，激活城市海量数据资源，可以破解人物分离难、人本规划难以下手的老问题。大数据不仅是一类数据资源或者处理技术，更是一种新的思维方式；它不仅改变了人们的生活和生产方式，也给城市管理者理解现实社会并解决现实社会的挑战提供了新的视角和方法论。传统的规划是基于问题导向的，新的方式可以通过大数据获得问题背后的原因，通过包括手机信令技术、大数据全样本监测无盲点手段等，打造面向政府治理的决策剧场，有助于多重规划的统筹，有助于多个视角的统一，能够让城市治理更友好、更智慧。

"掌上"生活催生应用端大数据，消除服务、管理"两张皮"的现象。一键下单生鲜上门，足不出户享受全球好货，手机支付让钱包闲置在家，共享单车化解"最后一公里"。过去的这几年，衣食用行尽在"掌"中和"指"间。移动生活在深刻改变商业生态和全民消费习惯的同时，还有一个重要的贡献就是让老百姓的数据与城市的治理产生关联。当共享单车能够解决"最后一公里"的问题、越来越多的市民依赖它的时候，反馈的数据显示单车需求大的地方供给严重不足，而有的地方却是闲置车辆车满为患，这种不平衡配置折射出了城市规划中公共设施配置不足与配置不均的双重问题。政府进而通过用户行为大数据来重新规划单车放置区，方便老百姓出行。GPS 地图导航工具也是如此，小小的 APP 不仅能够帮助用户顺利抵达目的地，更为重要的是通过信号的实时传递反馈，交通总控系统能够通过反向引导出行者的路线来重新调整和配置出行交通资源。这种大数据之间的互动和融合，能够让城市的服务更好地实现端到端、点到点。而这些关乎老百姓衣食用行的，正是看得见的实惠，握得住的获得感。

三、谋略：大国在行动

（一）美国：能力建设与产业应用齐头并进

作为大数据的策源地和创新引领者，美国的大数据发展一直走在全球前端。联合国2009年发布名为《大数据发展：挑战与机遇》的报告以后，美国政府开始进行一系列战略部署。2011年美国总统科技顾问委员会提出大数据具有重要战略意义，但联邦政府在大数据相关技术方面的投资不足。作为回应，美国白宫科技和技术政策办公室（OSTP）建立了专门小组，以协调和扩大政府对该重要领域的投资。

2012年3月29日，美国总统行政办公室发布《大数据研究与发展倡议》（以下简称《倡议》），将对数据的占有与控制作为陆、海、空权之外的又一种国家核心能力，要求美国通过加大创新投入，切实加强大数据时代的科研、教育、国家安全和社会管理能力，标志着美国率先将大数据上升为国家战略。《倡议》旨在大力提升美国从海量复杂的数据集合中获取知识和洞见的能力，具体是要实现3个目标：①开发能对大量数据进行收集、存储、维护、管理、分析和共享的最先进的核心技术；②利用这些技术加快科学和工程学领域探索发现的步伐，加强国家安全，转变现有的教学方式；③扩大从事大数据技术开发和应用的人才数量。该计划纳入的联邦政府部门包括国家科学基金会、国家卫生研究院、能源部、国防部、国防部高级研究计划局、地质勘探局，六大部门合计共投资2亿多美元[12]。

在大数据研究与发展战略颁布实施前后，美国还出台了一系列国家层面的大数据政策措施，确保大数据战略得以有效落实。这些政策措施包括提升利用新兴的大数据基础、技巧和技术来创造下一代技术的能力；支持大数据研发，以更好地探索和理解数据和知识的可信度，实现更佳决策，获得突破性发现并采取强有力的行动；建立和加强对网络基础设施的研究，使大数据创新可以为机构更好地履行使命提供支持；通过促进数据共享和管理政策来提高数据的价值；了解大数据的收集、共享和使用方面的隐私、安全和道德问题；改善全国的大数据教育和培训局面，以满足对更广泛、深层的分析人才和分析能力日益增长的需求；创建和加强国家大数据创新生态系统的联系；建立机制以提高联邦机构之间在大数据领域进行合作的能力。

2012年3月，美国政府发布《大数据研究和发展计划》[12]，并成立大数据高级指导小组，希望通过提高从大型复杂的数据集中提取知识和观点的能力，促进科学与工程领域研究的深入，加快高新技术产业发展步伐。

能源部（DOE）科学办公室开发高性能存储系统（HPSS），利用千万亿次的数据分析处理能力从庞大的科学数据集中提取信息，发现其主要特征，并理解彼此之间的关系，广泛应用在数字图书馆、国防应用和包括纳米技术、基因组学、化学、磁共振成像、核物理、计算流体力学、气候等在内的一系列学科中。

基础能源科学办公室（BES）建立系统生物学知识库（Kbase），通过对微生物、植物和环境条件下的生物群落功能的数据驱动进行预测，以提高算法的开发和部署效率，并增加从异构数据源的实验数据中获取信息并进行集成的能力。

国家卫生研究院（NIH）建立癌症成像存档（TCIA）共享服务，促进在医疗成像领域科学的开放，利用影像提供治疗反应的客观评估，并最终进行影像资源的开发，从而提高影像数据的使用价值，并对癌症研究和临床实践提供决策支持。

美国国家科学基金会（NSF）推进大数据科学与工程的核心技术，旨在促进管理、分析、可视化，以及从大量多样分散异构的数据集中提取有用信息的核心技术。具体来说，将会支持对数据的管理和分析，以及与电子科学的合作,帮助其在科学、工程、医学技术和工具的开发和评估方面取得突破性的研究和创新,使美国在基础技术上未来保持几十年的竞争力。

国家航空和航天局(NASA)建立全球对地观测系统(GEOSS),通过国际合作进行地球观测数据共享和整合。美国宇航局已经与美国环境保护署(EPA)、美国国家海洋和大气管理局(NOAA)等机构强强联手,整合卫星、地面监测和建模系统,评估环境条件和预测包括人为和自然的森林火灾、人口增长和其他方面的结果。研究人员可在短期内整合各种复杂的空气质量信息,更好地了解和解决空气质量对环境和人体健康的影响。

(二)欧盟:整体推进与各国创新珠联璧合

欧盟早在2010年就将大数据纳入《欧盟2020》战略中,将其作为推动就业和经济增长的重要工具。指出为加强创新潜力,应尽可能地以最好的方式使用数据资源,开放数据成为新的就业和经济增长的重要工具。为了应对这一变革,2010年11月,欧盟通信委员会向欧洲议会提交了《开放数据:创新、增长和透明治理的引擎》的报告,报告以开放数据为核心目标,制定了应对大数据挑战的战略。2011年11月,报告被欧盟数字议程采纳,并于12月12日正式推出了这一战略。

大数据正式成为欧盟整体战略的一部分则体现为2014年发布的《数据驱动经济战略》[13],用大数据改造传统治理模式,试图大幅降低公共部门成本,并促进经济增长和就业增长,从此,大数据成为欧盟独立存在的经济行业之一。2014年4月,欧盟软件与服务技术平台NESSI与欧盟第七框架计划"Big项目"的合作者联合发布了《欧盟大数据价值战略研究和创新议程(草案)》,旨在描述欧洲未来5～10年推进实现大数据价值的主要研究挑战和需求。2015年1月，欧盟大数据价值联盟正式发布了该议程。议程建议建立欧盟大数据契约的公私合作伙伴（cPPP），以便在欧盟"地平线2020"计划（Horizon 2020）、各国家和地区计划中推行，增强泛欧的研究与创新工作，形成清晰的研究、技术发展和投资战略。议程从7个方面指出了在欧盟建立良好的大数据生态系统所需要解决的主要挑战，包括保证数据的可用性、可访问性，培养数据专家和数据分析工程师，制定欧盟范围内的数据相关法律，开展大数据相关技术研究，研究新的大数据应用解决方案，挖掘大数据商业模式，发挥大数据在社会各领域的作用[14]。议程设立了明确的发展目标，并对提出大数据发展目标的预期影响进行了研究，设定了关键绩效指标，以评估预期影响，确保欧洲在世界大数据发展中的领先地位。《数据驱动经济战略》报告提出，要大力推动实施"数据价值链战略计划"，通过建立一个以数据为核心的连贯性欧盟生态体系，让数据价值链的不同阶段都能够产生价值。

作为欧洲国家的领军代表，2010年11月，德国联邦经济和技术部发布《德国ICT战略：数字德国2015》[13]，介绍了德国2010—2015年信息通信技术领域的工作重点、任务和重点项目，同时也阐述了ICT（Information and Communication Technology）技术和大数据在传统行业如能源、交通、保健、教育和管理等领域的应用和促进作用。德国政府在2013年4月就提出了"工业4.0"的概念。在大数据迅速发展的背景下，德国经济和能源部为更好地开发德国大数据的未来市场，支持大数据相关技术的研发创新，启动了"智慧数据——来自数据的创新"项目。项目紧紧围绕其ICT战略"数码德国2015"所设定的目标展开，同时以《高技术战略2020》中提出的"以互联网服务促经济发展"为依据，在联邦范围内受到高度关注。

同时，在一系列产业领域，德国也都进行了具体布局。在能源方面，利用ICT可以建立能联网，优化新增电厂的数量和配置，包括更多地使用可再生能源和地方能源，增加电网和终端。采用 ICT 能够获得完整的电力数据，建立具有新结构和功能的能源网络（智能电网）。此外，以 ICT 为基础的能源供应链管理可以平衡供电和用电。在电动汽车方面，ICT 在电动汽车电池充电，以及让乘客转乘公交车和火车等其他交通工具方面发挥着重要作用。ICT 是交通网络，是能源供应商和电动汽车的运行、财务管理、控制和必要信息交换最有效的管理手段。通过适宜的控制机制，电动汽车将来还可以成为移动的电力储能库，在用电高峰时把电能输送回电网。在交通方面，ICT 系统是提高道路交通安全性的主要手段。通过建立以大数据为基础的全欧盟多模式旅行服务系统、实时交通服务系统、电子呼叫系统、安全可靠的卡车和商用车辆停车位信息服务系统，来增强道路交通安全，提高道路流量。

法国在 2013 年先后发布了两个重要的大数据政策，分别是《数字化路线图》和《法国政府大数据五项支持计划》，为法国抓住大数据发展机遇，促进本国大数据发展和占据国际大数据发展主动权指明了方向和道路。

虽然现在英国正处在退出欧盟的过程中，但其在早期的大数据战略上依然受欧盟影响。英国对于大数据在国家战略层面的真正重视始于 2012 年英国皇家学会发布的《作为开放事业的科学》报告，正式成为国家战略则以 2013 年 10 月英国商业、创新和技能部发布的《英国数据能力发展战略规划》为标志，对英国如何推进国家大数据战略提出了较为系统的举措。

（三）日本：注重面向产业务实开发

2012 年 7 月，日本总务省 ICT 基本战略委员会发布了《面向 2020 年的 ICT 综合战略》[13]，全面阐述了 2013—2020 年以发展开放公共数据和大数据为核心的日本新 IT 国家战略，提出要把日本建设成为一个具有"世界最高水准的广泛运用信息产业技术的社会"。

日本大数据战略以务实的应用开发为主,尤其是在与能源、交通、医疗、农业等传统行业的结合方面,重点关注大数据应用所需的社会化媒体等智能技术开发、传统产业 IT 创新、新医疗技术开发、缓解交通拥堵等公共领域应用等。例如,通过 IT 技术实现农业及其周边相关产业的高水平化,使农业经营体共享经过积累并分析的农业现场的相关数据及新技术;构筑医疗信息连接网络,根据门诊数据及处方笺,确立地区和企业的国民健康管理对策;对社会基础设施进行维护管理,通过使用传感器的远程监控,在 2020 年前实现对全国 20% 的重要基础设施实施检修;改革国家及地方的行政信息系统,在 2021 年之前,原则上将所有的政府信息系统云计算化,减少运行成本。

(四)中国:顶层设计与政策实践双轮驱动

随着信息技术和人工智能等技术的不断进步,智能设备和互联网改变了人们原有的生活模式,大数据已经实实在在地渗入了我们的日常生活中,物联网、云计算、人工智能、移动通信等技术与大数据的关联越来越密切,其影响力让政府及众多企业开始重新衡量大数据所隐藏的价值。2014 年,"大数据"的概念首次正式写入《政府工作报告》。目前,中国已经完成了大数据的战略布局,从顶层设计到落地方案,政策纷纷出台,大数据产业的发展正从理论研究加速进入应用时代。

1. 顶层设计:国家大数据战略

2013 年 7 月 17 日,习近平总书记在视察中国科学院时指出,要深入总结我国科技事业的发展经验,积极回应经济社会发展对科技发展提出的新要求,深化科技体制改革,增强科技创新活力,集中力量推进重大领域的科技创新,真正把创新驱动发展战略落到实处。习近平总书记还谈道,大数据是工业社会的"自由"资源,谁掌握了数据,谁就掌握了主动权[15]。

2014—2017年，党中央、国务院制定和完善国家大数据战略顶层设计的演进过程如图1-1所示。

2015年9月5日，颁布实施《国务院关于印发促进大数据发展行动纲要的通知》，首次从中央政府层面对大数据发展从概念界定、重要意义、指导思想、总体目标、资源整合、开放共享、服务政府治理、支撑

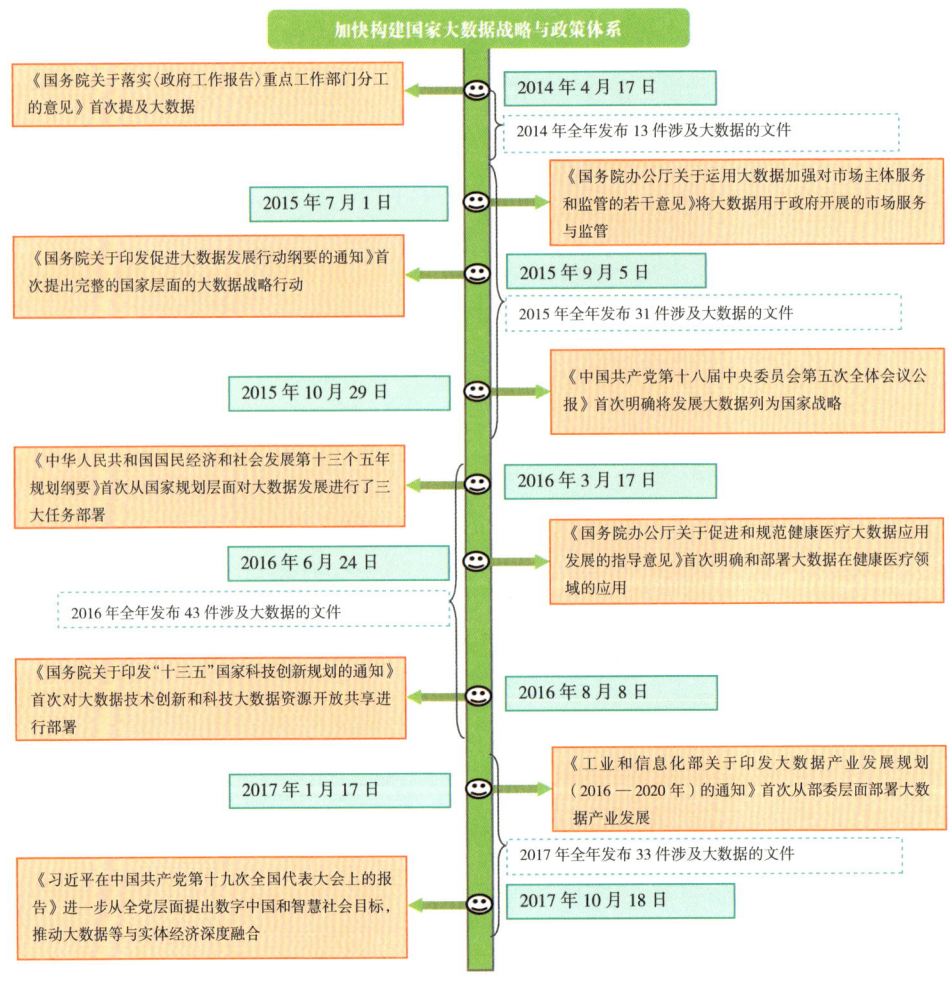

图1-1 党中央、国务院制定和完善国家大数据战略顶层设计的演进过程

公共服务、推动产业创新、培育新兴业态、基础研究、技术攻关、安全保障、扶持政策方面做出全面、完整、权威的论述[16]，为各级政府特别是城市政府制定城市大数据战略提供了最主要的依据，也吹响了城市争相建设数据强市、抢占大数据产业链前沿和主阵地的号角。2015年10月的十八届五中全会正式将大数据写入会议公报，首次明确将发展大数据列入国家战略，并将其命名为国家大数据战略。

2016年3月，《国家"十三五"规划纲要》明确把大数据作为基础性战略资源，全面实施促进大数据发展行动，加快推动数据资源共享开放和开发应用，助力产业转型升级和社会治理创新。同一年，发展改革委先后两批依次批准了贵州、京津冀、珠三角、上海、河南、重庆、沈阳、内蒙古8个地区建立国家级大数据综合试验区，它们将引领东部、中部、西部、东北四大板块的大数据产业发展（图1-2）。

2017年10月，党中央在党的十九大报告中提出"加快建设制造强国，加快发展先进制造业，推动互联网、大数据、人工智能和实体经济深度融合，在中高端消费、创新引领、绿色低碳、共享经济、现代供应链、人力资本服务等领域培育新增长点、形成新动能"的发展方针，再次强调了大数据引领科技发展的作用。12月8日，十九届中央政治局专门就国家大数据战略进行第二次集体学习，习总书记着重强调要审时度势、精心谋划、超前布局、力争主动，推动实施国家大数据战略、加快建设数字中国。这就是明确地告诉全国各级政府尤其是城市政府，再不充分抓住国家大数据顶层设计的有利机遇，不高度重视研究大数据、集中精力制定实施城市大数据战略，就难以在今后的城市间大数据发展竞争中有所作为。

自2014年以来，党中央、国务院先后颁布实施了与大数据有关或者涉及大数据的政策119条，在国家政策指导和支持下，中国在大数据领域研发投入大幅增长，大数据开始从新兴产业发展向资源建设、应用

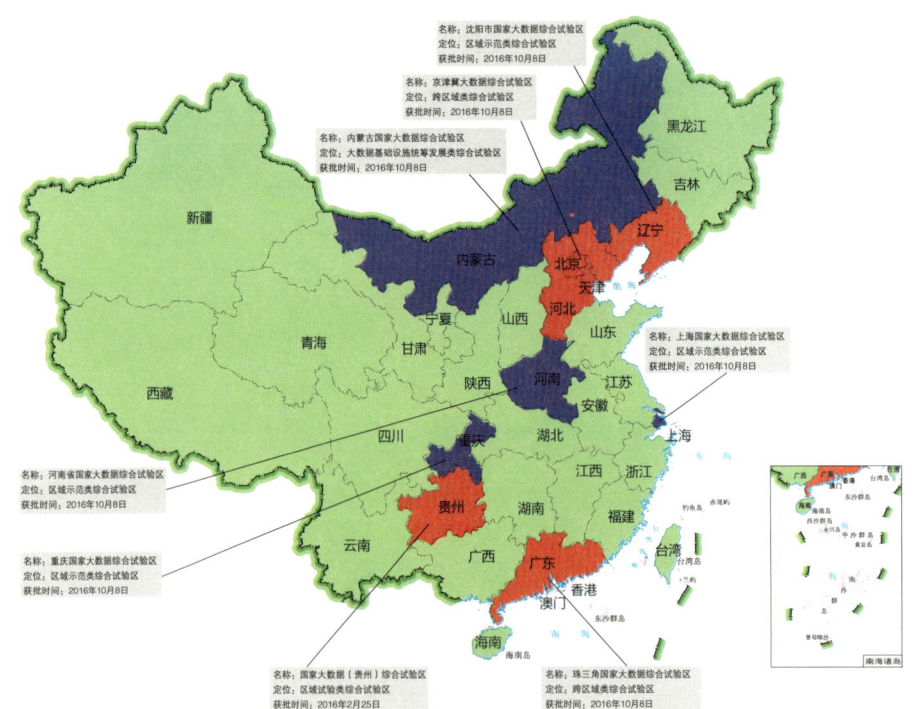

图 1-2 国家已批准的大数据综合试验区空间分布情况

服务、技术研发、业态创新等领域快速拓展。

2. 超前布局大数据关键内核：打造人工智能开放创新平台

2017 年 11 月 15 日，科技部在北京召开了"新一代人工智能发展规划暨重大科技项目启动会"，宣布成立新一代人工智能发展规划推进办公室，并公布了首批 4 家国家新一代人工智能开放创新平台名单[17]，包括依托百度公司建设自动驾驶国家新一代人工智能开放创新平台，依托阿里云公司建设城市大脑国家新一代人工智能开放创新平台，依托腾讯公司建设医疗影像国家新一代人工智能开放创新平台，依托科大讯飞公司建设智能语音国家新一代人工智能开放创新平台。

科技部部长万钢也在启动会上表示，要充分认识新时代中国发展人工智能的重大意义，打造中国人工智能先发优势，促进人工智能与实体经济深度融合，推动形成人工智能健康发展的良好生态，强化企业主体和市场主导，突出企业在技术路线选择和行业产品标准制定中的主体作用。

以这4家公司在各自领域所创造的杰出成就作为依托，打造国家级人工智能开放创新平台，可以让更多中小企业享受到人工智能的福利，让更多的开发者依托这些平台快速搭建自身的产品，让我们用上更方便快捷的服务。可以预见，一场开放创新的人工智能盛宴正在开启！

3. 大数据综合试验区：区域化协同共进

大数据产业的迅速发展，已经成为推动经济发展的重要引擎。工业和信息化部2017年颁布实施了《大数据产业发展规划（2016—2020年）》，提出到2020年全国大数据产业收入要突破1万亿元大关，通过在全国建设10～15家国家大数据综合试验区、大数据产业集聚区，全面提升我国大数据的资源掌控能力、技术支撑能力和价值挖掘能力[18]。

在区域协同方面，京津冀三地共同发布了《京津冀大数据综合试验区建设方案概要》，京津冀地区将依托北京，尤其是中关村在信息产业的领先优势，三地共同建设大数据综合试验区，以大数据的思维、技术、模式、产品、服务等突破行政藩篱和区域界线，将京津冀区域打造成为国家大数据产业创新中心、国家大数据应用先行区、国家大数据创新改革综合试验区、全球大数据产业创新高地[19]；上海、江苏、浙江和安徽三省一市经信委联合印发《长三角区域信息化合作"十三五"规划（2016—2020年）》，加快推进长三角信息化和信息经济发展合作，引导大数据产业发展……截至目前，已有超过30个省市专门出台了大数据相关的政策文件，就大数据产业的管理机制、运营模式及应用服务等不同方向释放政策红利，以促进当地大数据产业的发展。

以大数据综合试验区为抓手，有效促进行业间、区域间数据要素与其他生产要素的整合利用，有利于重塑产业链、供应链、价值链，优化资源配置，引领区域协同发展。

4. 产业落地：跨领域融合发展

信息技术与经济社会的交汇融合引发了数据迅猛增长，但大数据真正的精髓，不是数据量的爆炸性增长和数据形态的多样性，而是数据与数据之间关联形式的变化。2017年1月17日，工业和信息化部印发了《大数据产业发展规划（2016—2020年）》，提出要发挥我国市场规模大、应用需求旺的优势，以国家战略、人民需要、市场需求为牵引，加快大数据技术产品研发和在各行业、各领域的应用，促进跨行业、跨领域、跨地域大数据应用，形成良性互动的产业发展格局。打破体制机制障碍，打通数据孤岛，创新合作模式，培育交叉融合的大数据应用新业态。开展跨行业大数据试点示范，选择电信、互联网、工业、金融、交通、健康等数据资源丰富、信息化基础较好、应用需求迫切的重点行业领域，建设跨行业、跨领域大数据平台，培育大数据应用新模式。

2017年11月，工业和信息化部印发了《高端智能再制造行动计划（2018—2020年）》，该计划提出的主要任务之一就是推动智能化再制造装备研发与产业化应用。以企业为主导，联合行业协会、科研院所和第三方机构等，促进"产学研用金"相结合，面向高端智能再制造产业发展重点需求，加快再制造智能设计与分析、智能损伤检测与寿命评估、质量性能检测及智能运行监测，以及智能拆解与绿色清洗、先进表面工程与增材制造成形、智能再制造加工等技术装备研发和产业化应用[20]。而在12月最新出台的《促进新一代人工智能产业发展三年行动计划（2018—2020年）》中，工业和信息化部进一步明确了重点发展领域，包括智能网联汽车、智能服务机器人、智能无人机、医疗影像辅助诊断系统、视频图像身份识别系统、智能语音交互系统、智能翻译系统、智能家居产品等[21]。

基于行业的视角来看,不同行业对于大数据的应用有不同的需求,唯有和行业紧密结合且实现跨领域融合发展才能实现真正的大数据应用落地。

四、画像:大数据到底什么样

(一)大数据的成长轨迹

"大数据"作为一个术语的历史可能还很短暂,但是它所依赖的基础很久以前就建立了。早在公元前 18 000 年,古人就开始了用树枝、骨头等记录数据的历史。随着观测技术,特别是测量方法和传感器的使用及数据存储方式和统计方法的发展,数据量逐渐呈现加快增长的态势。1991 年,计算机科学家蒂姆·伯纳斯·李宣告了我们今天所熟知的万维网的诞生,万维网协议在全球范围的实施,使互联网数据真正实现了互联互通。随着互联网的推进,大数据逐渐进入人们的视野。2005 年,网络 2.0 时代的到来助力数据的大爆发,Hadoop 也在这一年产生,它能够灵活地管理我们不断产生和采集的非结构化数据(语音、视频、文档等)。2007 年,《连线》杂志在《理论的终结:数据洪流让科学方法变得过时》一文中将大数据的概念引入大众的视野。现在,随着移动终端的广泛应用及人工智能技术的发展,大数据早已经成为当下最热的话题之一,大数据时代不期而至[22]。2010 年以后,云计算的成熟让大数据不再是纸上谈兵,大数据技术有了真正实现的可能性。目前,Hadoop 及其开启的潮流已经在主流企业中发挥了非常有价值的作用。

（二）大数据的核心标签

1. 一切皆可量化

伽利略曾经说过：测量一切可以测量的东西，把一切还不能测量的东西变成可以测量的东西。在大数据时代，一切都可以数据化，包括服务、人的性格和能力等。人们在日常生活中，通过社交网络、移动电话、电子邮件、医疗交易等多种方式将自己的行为数据化，尤其是语义网技术的应用，更是将一些结构化和非结构化的数据进行关联，全部转换为可以处理的有价值的数据。更为不可思议的是，人的情感、性格等都可以用一些指标进行量化。例如，2011年佛蒙特大学的克里斯多夫·丹弗斯主持了一项关于幸福感的研究，不仅测验出了来自世界各地的人们的幸福度，还研究出了幸福度与地理位置这两类看似风马牛不相及的信息之间的关系。

2. 万物皆能关联

让数据发声，我们可以发现两个或者多个看似毫不相关的事物之间的关联性，在大数据时代，万物皆能关联。最典型的例子就是蝴蝶效应，蝴蝶效应是指一只南美洲亚马孙河流域热带雨林中的蝴蝶，偶尔扇动几下翅膀，可以在两周之后引起美国德克萨斯州的一场龙卷风。另一个家喻户晓的例子就是沃尔玛超市的"啤酒与尿布"，啤酒和尿布摆在相邻的货架会增加销量，这是因为美国的妇女通常在家照顾孩子，所以她们经常会嘱咐丈夫在下班回家的路上为孩子买尿布，而丈夫在买尿布的同时又会顺手购买自己爱喝的啤酒，这个发现为商家带来了大量的利润。大数据让万物皆能关联变成了正在进行中的现实。

3. 大数据就是能源

马云在公开场合多次说过，"未来最大的能源不是石油，而是大数据"。国内互联网三巨头"BAT"坐拥数据金矿，已陆续踏上了大数据掘金之路。都是大矿主，但是矿山性质不同。数据如同是蕴藏能量的"煤矿"，不同的地脉、煤层会有不同类型的"煤矿"，能量价值和开采成本也均不同。百度主要拥有用户检索表征的需求数据，从而可通过爬虫、阿拉丁获取公共 Web 及暗网数据；阿里巴巴拥有交易数据、信用数据；腾讯拥有用户关系数据和社交数据。3 个公司都通过投资、兼并，不断扩大自己的数据版图，从类型、数量和质量上不断提升自身数据的潜在应用价值。

（三）大数据的竞争优势

1. "是什么"比"为什么"更重要——相关性与因果性

比起问"Why"的因果关系，大数据更看重的是问"What"的相关性。重要的是，先了解数据要告诉我们"是什么"而不是"为什么"。美国大数据权威专家麦尔荀伯格以美国知名零售商沃尔玛为例，在进行大数据分析时发现，每当飓风即将抵达前，当地居民除了去超市买手电筒和电池之外，还会买一堆被称为"Pop-Tarts"的草莓甜点，这个发现也为沃尔玛带来了庞大商机，至于顾客为什么会买这些甜点就不是那么重要了。同样的道理，当亚马逊和 Netflix 在向顾客推荐产品时，同样也不知道为什么要推荐这些书或 DVD 影片，只要知道顾客会买单就好。

还有一个典型的例子，Carolyn McGregor 博士率领安大略理工学院与 IBM 的研究人员，共同开发了一套身体健康追踪系统，可以实时追踪早产儿的健康资料，包括心跳、呼吸、体温、血压等身体症状，并且每秒钟会回传 1260 份资料给医生。医生透过这套系统可以细微观察妈妈体内婴儿的身体变化，提前 24 小时预测出是否为早产儿的可能性，以挽救更多的生命。后来 Carolyn McGregor 采用大数据技术分析这些资料后，还发现早产儿在发生严重感染前，生命迹象反而会有一段时间维持稳定，颠覆了过去一般认为早产儿身体先恶化再感染的理论。倘若 Carolyn McGregor 只专注于研究身体恶化与感染的因果关系，就无法得到这个发现[23]。这也意味着，大数据更加强调关注相关性而不是因果性。

2. 数据可以比你更懂你——全景式观察与盲人摸象

过去，随机抽样被认为是最有效的数据搜集方法，后来科学家们认为随机抽样的方法犹如盲人摸象，无法发现数据的全面细节，结果受到主观偏见的影响。以前缺乏存储和处理全量数据的工具，而在大数据时代，"样本=全体"的数据模式已经成为可能。大数据的核心价值在于可以重复地使用资料，而且是不断地重组可能的使用方式。在大数据时代，各种设备通过各种场景、各种渠道几乎360°无死角地来搜集用户的行为数据，从交通出行记录到点餐偏好、平常音乐影视的观赏偏好，以及朋友圈的发布、评论和点赞记录，金融投资的各类征信，甚至是智能穿戴设备等，据此不断迭代描绘用户的精确画像。可以说，大数据比你更懂你自己，正如 2017 年年底晒单大戏，支付宝制作的一年账单、网易音乐制作的一年歌单、百度地图制作的一年行程单，让很多用户惊呼自己都没有觉察到的生活数据和规律。

（四）大数据的产业链条

业界比较流行的分层框架结构模型，将大数据产业链条细分为 3 层，即数据工程（Data Engineering）、数据科学（Data Science）和决策科学（Decision Science）。其中，最底层是数据工程，主要涉及底层数据工程化处理的工作，包括数据的存储、清洗、验证等任务。这一部分看似简单，实际上大部分企业 80% 的时间和经费都花费在这一层。中间层是数据科学，主要是通过建模来挖掘数据之间的关联，进而验证预测模型。当前比较热门的人工智能、深度学习就属于这一层。最顶层是决策科学，也就是实际产生价值和商业应用的一层。例如，预测明天是否要下雨，属于数据科学，但是如果决策者根据这个预测来部署出租车的分布，就属于决策科学层。

（五）大数据的实施路径

只有通过基于标准化实现数据化、基于数字化实现网络化、基于网络化形成大数据、基于大数据实现知识化、基于知识化实现智慧化等一系列过程，才能从根本上破解信息孤岛的问题，真正地落实大数据战略。

（1）基于标准化，实现数字化。美国通用电气（GE）为了把更多的精力放在大数据产业发展上，在2015年4月，果断地把价值5000亿美元的金融公司卖掉，实现了从标准化向数字化的转变。要想成为轻资产的龙头企业，走工业4.0的模式，首先要依据统一的数字标准来实现数字化，实现制造业的系统互联。

（2）基于数字化，实现网络化。光有数字化还不够，大数据使万物皆可互联，必须通过数字化结合关联性实现网络化。比较一下全球互联网公司近4年的排名，以及全球500强2000年和2015年营业收入的排名，我们就可以看到，和全球500强中的那些百年老店相比较，Google、Facebook、阿里巴巴、亚马逊、腾讯、百度等互联网企业的创建时间还不到20年，但是它们的资本和财富积累速度却非常快。全面网络化才能为企业带来更多的活力。

（3）基于网络化，形成大数据。开发形成核心工业大数据，就是现在智能制造和工业互联网要解决的核心问题。工业大数据本质是通过促进数据的自动流动去解决控制和业务问题。通过个性化定制、网络化协同和智能化生产等网络化的制造方式，实现对大数据的存储和利用。

（4）基于大数据，实现知识化。基于大数据的知识管理与工业转型升级，有助于解决我国工业转型升级中的关键问题，如知识产权、诚信、员工评价、质量管控。通过保护知识产权，促进协同创新，实现大数据的知识化。

（5）基于知识化，实现智能化。对知识的合理利用也就变成了智慧。将大数据和人工智能相结合对于传统制造转型具有重大意义，只有把大数据变成了能够通过软件和互联网的智慧平台，使传统制造真正转变为智能制造，那么在其他产品形成智能化产品的时候，才能有未来的发展方向。

五、未来：大数据的美好前景

你相信吗？未来你可以足不出户就能掌握世界动态，只因为大数据将整个世界相连。你相信吗？未来的出行将更加便捷，一个按键就能将地铁、公交和"最后一公里"无缝连接。你相信吗？未来的城市治理将更加智慧化，城市数据大脑将通过用户画像和知识库围绕具体场景提供更精准、更个性化的服务。从目前的发展趋势看，未来这些都将变成现实。

（一）大数据能无中生有、有中生新

大数据会催生一批新业态，主要体现为传统产业与大数据的融合及形成全新的大数据产业业态。在工业智能诊断领域，将会出现比通用电气推出的 Predix 更高级、更智能的工业云服务平台；融合大数据的智能网联技术会把汽车产业推向全新的发展方向和战略制高点；节能环保领域，气象背景场数据、地面气象观测数据、空气质量实测数据、卫星数据、交通等各类大数据等将会创造出许多想象空间……不仅如此，大数据自身催生的大数据产业链条日趋成熟，一大批围绕数据采集、数据分析与揭示及数据交易的公司正在快速成长，大数据生态正在形成。

大数据将打造现代服务业的新引擎，推动现代服务业的跨界融合。在以云计算、大数据、移动互联网、物联网等为代表的新一代信息技术的驱动下，共享单车、互联网外卖等各种新兴服务模式不断发展壮大，推动着行业融合、垂直整合、平台经济、特种定制、一站式集成服务成为未来发挥主导作用的商业模式。不仅如此，移动大数据与互联网的结合让现代服务业的跨界融合正在成为现实，出现了一大批"现代服务业+现代农业""现代服务业+先进制造业""现代服务业+健康医疗"等。

未来产业的发展必将依托大数据，如同当下传统产业对石油、电力等能源的依赖。大数据能够推动传统产业改造升级。传统产业需要打开新的增长边界，这就需要转变思路、及时转型，主动拥抱大数据。唯有如此，方能摆脱对传统信息的依赖，"一朝蝶变""脱胎换骨"，实现可持续发展。变与不变，决定权在我们自己手中！

（二）大数据能让城市治理更智慧、更贴心

在全球化深入推进的大趋势和新经济方兴未艾的大背景下，城市治理的需求和偏好不断趋于个性化、精细化。在全社会都已进入大范围共性治理的前提下，城市治理开始进入优化管理和社会共治的新阶段，包括适度地张扬个性，如城市个性、街区的商业文化特色、商家的个性等。随着大数据思维逐步深入人心、大数据技术逐渐成熟，大数据将会为城市治理、城市创新发展提供更多的工具、手段、理念和解决方案。

未来，大数据将进一步从城市管理的"高级参谋"化身为惠及日常生活的"贴心管家"。集纳个人医疗信息，汇编电子健康档案，随用随取以便于异地会诊；把公共服务网点位置搬上数据"活地图"，按图索骥即可便捷到达[24]。决策剧场在实时大数据查询与分析、社会大数据分析与预测等方面效果显著，为社会治理、舆情分析与预测等应用领域提

供理论和技术的支撑。

未来城市治理可以在描摹城市全貌的基础上，针对特定领域、特定行业进行垂直深度解析，从而支持政府经济、政治、人口等领域的综合城市治理和企业市场进入、竞争分析等维度的商业决策。基于动态的三维城市系统，城市管理者可以从不同截面认识城市发展状况和未来方向，横向上更直观了解全国城市发展图谱，纵向上更全面把握城市发展脉络。

（三）大数据改变你我生活

窥斑见豹，未来大数据将在强化民生服务、弥补民生短板上发挥更大作用。可以说，扶持大数据产业发展和运用大数据治理"并驾齐驱"，每一步延伸都是"正在拍打世界的浪潮"。

贵阳在 2016 年 11 月上线试运行的"大数据民生"工程，便是一个有益的探索。一方面，按照"一个综合平台，融合 N 项领域民生服务"，把教育、公积金中心、民政等 11 个部门 35 项政务服务及 16 家 43 项社会服务接入平台，将数据进行汇聚、关联，优化服务流程；另一方面，通过大数据分析，找准民生服务的难点、痛点、堵点，使服务供需双方对接精准，最终让需求者"一站式"快捷享受各类服务内容。

大数据医疗使得看病更靠谱；大数据基因能更精确地揭示生命的奥秘；大数据金融使得财源滚滚来；大数据零售比自己更懂自己；大数据交通使得平安畅行无阻；大数据体育将重塑竞技世界等。随着人工智能研发和应用的深入，智能音箱、智能机器人、无人驾驶汽车等"黑科技"产品将崭露头角，并以更自然、更实用的方式融入生活。

大数据是经济增长、人才就业和社会进步的重要资源，大多数经济活动将高度依赖于数据，城市治理者必须顺应这些变化，深入洞察，重新构思应对新形势和新用户的战略，才能在未来的国际化潮流中立于不败之地。各城市应该把握大数据发展机遇，将大数据产业视为经济"弯道超车"的助推器,着力发展数字经济,以技术研发到数据收集、挖掘、分析、处理、应用等大数据全产业链为切入点,以"数据铁笼、大数据交易"等为抓手,建设块数据城市。

"凤落梧桐梧落凤,数联世界世联数。"大数据涉及所有行业,未来无处不在。在新的数字世界当中,数据成为最宝贵的生产要素,顺应趋势、积极谋变的国家和企业将乘势崛起,成为新的领军者;无动于衷、墨守成规的组织将逐渐被边缘化,失去竞争的活力和动力。万物互联的世界使我们的生活更加便利。时刻保持对大数据的探索与好奇之心,用大数据助力城市创新发展,构建智慧化城市,顺应时代潮流,我们将享受到大数据带来的累累硕果。

(望俊成　杜红亮)

第二章
忽如一夜春风来：
大数据再造城市治理

> 城市治理是国家治理的重要组成部分。2011年，中国城镇常住人口首次超过农村，这意味着中国结束了以乡村型社会为主体的时代，开始进入到以城市型社会为主体的新时代。2016年年底，城镇常住人口所占比例已经达到57.35%，户籍人口城镇化率也达到了41.20%。城市是我国各类要素资源和经济社会活动最集中的地方，全面建成小康社会、加快实现现代化，必须抓好城市这个"火车头"。随着城市空间的急剧扩大和交通工具的现代化，城市内部和城市群的协调问题越来越成为社会治理的重要内容。因此，城市治理成为国家治理最重要的组成部分之一。党的十九大报告强调，要"打造共建共治共享的社会治理格局""实现政府治理和社会调节、居民自治良性互动"。大数据为城市治理带来了新的机遇，通过对大数据的有效整合，可以大大改变城市治理的效果和效率。

一、体系：现代城市治理不一样

现代城市治理在国家发展中的作用越来越受到重视。人口集中、工商业发达、居民以非农业人口为主的地区，通常是周围地区的政治、经济、文化中心，称为城市（City）①，一般包括住宅区、工业区和商业区，并且具备行政管辖功能。治理研究最早源于政治学领域，随后被纳入经济学范畴，并在"公司治理"中被结构化地抽象为"政府—市场—社会"的基本模式[1]。城市治理是公共政策安排和公共意志的体现，反映了国家、地区或城市治理体系和治理能力现代化水平。

当前，我国城市治理正面临空前的挑战，需要紧密结合社会发展的实际因地制宜、动态优化。我国在城市化的历程中取得了巨大的成就，同时也面临着许多新情况、新问题。随着城市人口不断增长，城市规模不断扩大，交通拥堵、产业结构失衡、环境污染、食品安全、"信息孤岛"等城市问题也进一步凸显。我国原来相对单一、稳定的社会经济结构，变成了多元化的社会格局，呈现出多变性、差异性、复杂性等特点，城市治理也面临诸多挑战，城市建设和管理日益受到人口、土地、空间、能源和清洁水等资源短缺的约束，城市人口膨胀、环境保护等问题面临的压力也越来越大，特别是大型城市构成复杂，对环境要求极高，需要长期的规划和超群的城市治理能力。

（一）城市治理的发展脉络

城市治理是国家治理的重要落脚点。按照联合国全球治理委员会的定义，治理是各种公共的或私人的个人和机构管理其共同事务的诸多方式的总和[2]。亨德里克斯（Hendriks）认为，城市治理是通过制度化的设计与安排，去塑造有效的、正确处理城市问题的能力[3]。随着城市的"进化"，城市的属性也发生了翻天覆地的变化。城市从"国家属性"变成了"全球属性"，很多城市的规划，都提到"全球城市"的概念。城市从生产空间、生活空间、生态空间的"三维空间"拓展成了"多维空间"。城市管理从传统的"内部参与"转变为"内外共同参与"的复合

---

① 引自《汉语大辞典》。

主体，需要推动政府、社会、市民同心同向行动，使政府有形之手、市场无形之手、市民勤劳之手同向发力。

现代城市的治理变革最早始于欧美发达国家。自20世纪20年代起，由社区层面开始，城市治理研究就基于"经济不景气社区中权力不平等"现象提出了"中等城镇"的命题，并发展出精英主义（20世纪50年代）与多元主义（20世纪60年代）等理论。20世纪70年代，欧洲大陆新马克思主义城市理论家提出了控制城市空间生产的资本化主张。20世纪80年代，美国经历了由管理主义到企业主义的治理理念的转型，市民振兴主义和企业主义成为这一时期城市治理的特色（图2-1）[4]。目前相关研究已经逐步丰富[5]。

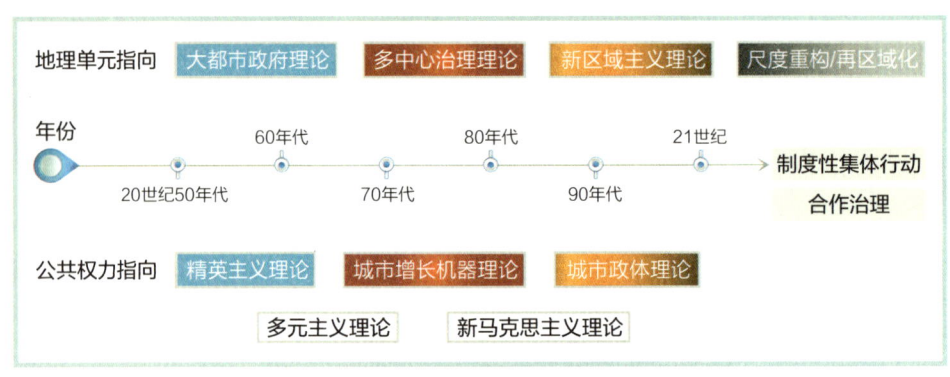

图2-1　现代城市治理理论的发展脉络

改革开放以来，中国经历了世界历史上规模最大、速度最快的城镇化进程。目前，中国不仅拥有可比肩发达国家的城市数量，还拥有不逊色于纽约、巴黎、伦敦、东京等国际知名大都会规模的城市。现有的城市治理理论多是西方研究者基于西方的历史和现实而得出的结论，但中国与西方国家的发展历程、文化背景差异巨大，这些西方理论在中国很可能"水土不服"。中国城市的治理，亟须从理念的开发到路径的建设形成一个完整的制度架构，把坚持"世界眼光、国际标准、中国特色、高端定位"贯穿到城市规划、建设和管理的全过程，使我们的城市能够真正让生活更加美好。

（二）现代城市治理的层次结构

城市治理是一个系统工程，可以从不同的角度区分。例如，可以有空间、规模、产业三大结构，规划、建设、管理三大环节，改革、科技、文化三大动力，生产、生活、生态三大布局，政府、社会、市民三大主体。本章主要从规划、建设、管理三大环节出发进行阐述，因为在这3个环节中，大数据可以发挥不同的作用。

城市治理必须处理好规划、建设和管理三者的关系。规划统领城市发展的方向，是城市治理的先决条件。2014年，习近平总书记在北京市规划展览馆考察时指出，城市规划在城市发展中起着重要引领作用，考察一个城市首先看规划，"规划科学是最大的效益，规划失误是最大的浪费，规划折腾是最大的忌讳"。建设决定城市质量水平的高低，是一个动态过程。管理决定城市的核心竞争力，是一项综合手段。

城市治理要做到城市规划、建设和管理三者的有机衔接、协同发展。2017年中央城市工作会议提出：要提升规划水平，增强城市规划的科学性和权威性，促进"多规合一"，全面开展城市设计，完善新时期建筑方针，科学谋划城市"成长坐标"。规划经过批准后要严格执行，一茬接一茬地干下去，防止出现换一届领导、改一次规划的现象。要提升建设水平，加强城市地下和地上基础设施建设。要提升管理水平，着力打造智慧城市，以实施居住证制度为抓手，推动城镇常住人口基本公共服务均等化，加强城市公共管理，全面提升市民素质。彻底改变粗放型管理方式，让人民群众在城市生活得更方便、更舒心、更美好。

二、遇见：城市治理与大数据

(一) 大数据激活城市数据资源

大数据为城市治理带来一座有待开发的富矿。信息技术与城市的建筑、交通、能源、经济、环境等多个领域在城市空间内发生交互，产生海量的异构数据。这些数据类型多样，在物理和虚拟世界产生、变化、融合，永不停息。

大数据技术已经成为城市治理创新的重要利器。大数据不仅是数据资源或者处理技术，更是一种数据思维方式；它不仅改变了人们的生活和生产方式，也给人们理解现实社会提供了新的视角和方法论。城市治理是在对现有大量数据进行综合分析、挖掘的基础上，对城市未来的面貌、发展方向、空间布局等做出的综合性设计、建设、管理与服务，为制定科学的公共管理政策提供依据，本质上需要数据的有力支撑和科学判断[6]。因此，大数据也给城市治理带来了思想观念上的巨大冲击，不仅实现了城市规划自身从编制、规划、反馈、修正，到实施的一体化良性循环和流程再造，而且也重塑了城市规划与经济、社会、人文、技术等有效互动格局，用城市发展新观念形成新的驱动力，并带来3个显著变化。

1. 全样本思维：360° 无盲区、无死角

大数据给城市治理带来全样本数据，使城市治理不再仅限于传统随机样本数据。以人为中心，实现对规划对象的精准管控，是城市治理面临的重大挑战。然而，我国不少城市的管理机构在应对城市人口增长等方面的规划和建设的经验有所欠缺，在理念、方法和技术层面还难以应对这种挑战。传统城市规划很难获取城市居民日常生活与行为信息，只能采用随机抽样、问卷调查等小样本分析方法进行估算，很难全面客观反映城市居民的活动特征。随着大数据技术的广泛应用，通过获取不同数据，如人口数据、交通数据、通信数据等定位数据，可以全面客观地掌握城市居民信息，为构建城市规划体系提供了特定区域、特定时间内的居民全样本信息[7]。以手机信令数据为例，随着手机的基本普及，采集得到的数据有接近全样本的高覆盖率特征；每个人都随身携带手机，数据有直接反映空间位置的高精度性；运营商时刻在收集手机数据，数据有立等可取的高时效性。大数据能够提供不一定"精确"但总体"正确"的公共决策依据，基于大数据思维，城市治理从"书斋式"的管理艺术上升为"全样本"的治理能力，从滞后性向实时性转变，从专家主导向公众互动参与转变，从"蓝图式"规划向"动态过程式"规划转变，从部门规划向"开门做规划"转变[8]，未来城市的面貌将焕然一新。

2. 相关性思维：让数据跑起来，为城市治理服务

用大数据的手段去感知社会动态、畅通沟通渠道、辅助决策实施，使"城市，让人类生活更美好"的初衷得以实现。因为缺乏技术手段，过去无法处理并提取出城市数据的相关关系，难以指导城市治理，当大数据出现后，这些问题都得以改善。基于大数据的分析与研究不再是一味寻求精确的因果关系，而是寻找事物之间的相关性。相关性也许不能准确预测事件为何发生，但可以及时预估事物发展的主要趋势。例如，利用人口普查资料、手机定位信息等，可以对一定时期人口密度的空间分布变化进行考察，基于人口密度视角，根据城镇化格局的识别指标，可以分析出不同类型城镇格局的演变特征，主动形成更符合群众需求的政策与服务。大数据具有全局性、动态性、多维性等特点，可以依靠大数据分析技术进行全局分析和相关性分析，为城市规划和管理提供更科学、客观和系统的决策支持与服务，实现各个子系统之间的良性互动、相互补充、有机衔接的一体化规划设计。

3. 数据技术思维：发现大数据背后的秘密

传统信息时代由于数据量少，数据质量和精度是最为重要的指标。大数据时代由于数据量大、来源复杂、类型繁多、优劣掺杂，适当放松

数据质量和精度，有利于获取更多的数据，进而发现数据背后隐藏的联系和规律。例如，通过对社交网络数据的抓取，可以获取特定人群的社会关系、关注热点和职业信息等，进而可以分析并构建其虚拟社交网络关系。虽然从小范围看数据质量和精度不一定很高，但通过数据之间的互补和验证，可以在微观层面上提高数据质量和精度，使城市管理者在宏观层面拥有更好的洞察力和预见性。数据是人们为了了解和管理客观世界而搜集的，它本身不会表达一切，并不会说明任何问题。数据主要定位在对历史、现状的分析，对未来趋势的预判，有了大数据积累，就可以根据城市治理需要，随时采集数据与分析数据，深入挖掘大数据蕴含的价值，将微观智能模拟与仿真、大数据与定性分析相互结合，更好地开展公共服务，为城市空间规划、建设与管理提供有力支持。

手机信令大数据，把握城市发展脉搏[①]

手机信令是手机用户与发射基站或微站之间的通信数据，与人口规模、时空分布密切相关。手机开机使用后，就会与基站产生信号交换，在运营商的系统中，每个用户有一个匿名的编号，每个基站都会记录出现在其信号范围内的该编号用户信息，包括时间和位置等。对于运营商来说，这些数据过去除了保存和销毁，没有其他作用。大数据出现后，让这些被忽视的宝藏重新被挖掘。通过信令数据就可以研究人的行为和空间环境之间相互作用的特征。手机信令数据是典型的在城市中活动的人产生的大数据。从数据时效性来看，手机信令数据实时性较强，可以及时反映城市人群的活动规律。

同济大学建筑与规划学院钮心毅教授团队近年基于手机信令数据在上海、武汉、南昌等地开展了一系列的城市规划研究。他

---

① 本案例摘编自钮心毅教授及其团队的系列学术文章。

们主要利用手机信令数据的特征，研究2个问题。一是特定时间点的手机用户时空分布：计算每个空间单元内，在特定时间点的用户数量。计算特定时间点的手机用户分布密度和居民活动的空间分布动态变化过程，分析结果以热点图表示，测度城市公共中心规模、功能、城市功能分区。二是测算手机用户时空轨迹（居住地、就业地和通勤联系）：确定居民的居住地、就业地和通勤联系，通过分析居民的就业、居住空间关系，定量分析城市空间结构（图2-2）[9-11]。

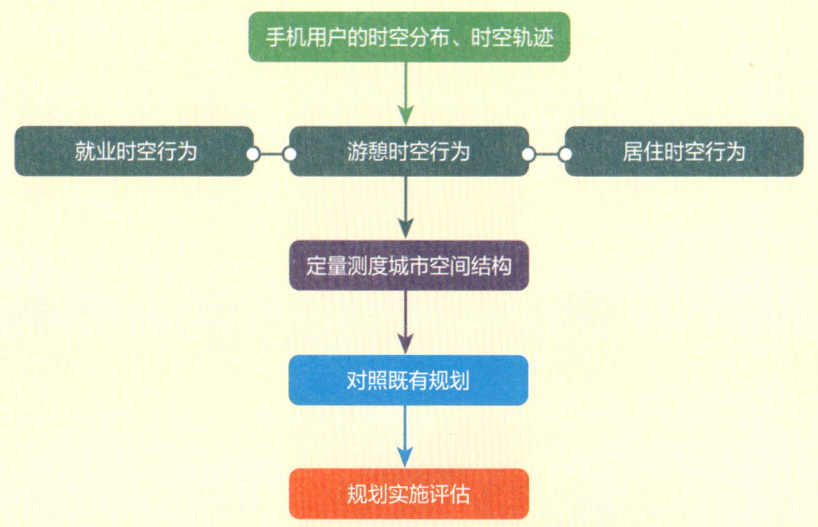

图2-2　利用手机信令数据开展城市规划研究的技术路线

城市公共中心和功能分区体系识别。首先，获取单一时间点用户密度空间分布。根据就业、游憩、居住3种活动的时间特点，选择了工作日（周一至周五）10：00、休息日（周六、周日）15：00、工作日23：00、休息日23：00，共4个时间点，分别计算14天内这4个时间点的手机用户密度空间分布。工作日10：00信令密度高，说明该区域的就业岗位密集，属于就业功能区。休息日

15:00手机信令密集的应该是商业区或公园等公共场所,而夜间手机信令密度高的地方应该是居民区。

接下来,获取特定时间点多日平均用户密度空间分布。依据单一时间点用户密度值,分别计算对应时间点的多日密度平均值。对不同时间点的多日密度空间分布进行比较,获得对宏观层面居民活动的时空规律的认识。

然后,依据核密度分析法在GIS软件中实现密度计算。以800m为搜索半径,按每一基站连接用户数进行密度计算,得到用户密度空间分布结果以200m×200m的栅格表示。800m搜索半径考虑了中心城内基站的覆盖范围(半径500～1000m)及基站之间的平均距离。

最后,根据密度识别公共中心。在公共中心识别中,可以认为手机用户密度越高,表明人流集聚程度越高,公共中心的等级也越高。选取工作日10:00的多日平均密度识别商务办公活动集聚状况,选取休息日15:00的多日平均密度识别商业活动集聚状况(图2-3、图2-4)。

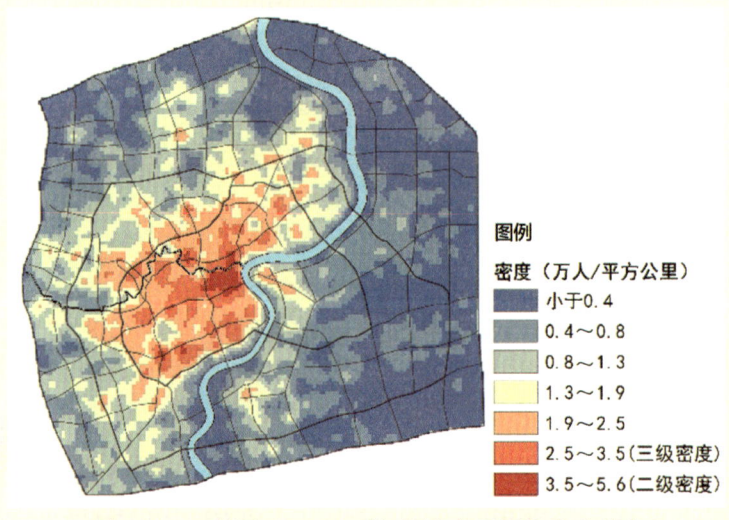

图2-3 工作日10:00手机用户多日平均密度分布

第二章
忽如一夜春风来：大数据再造城市治理

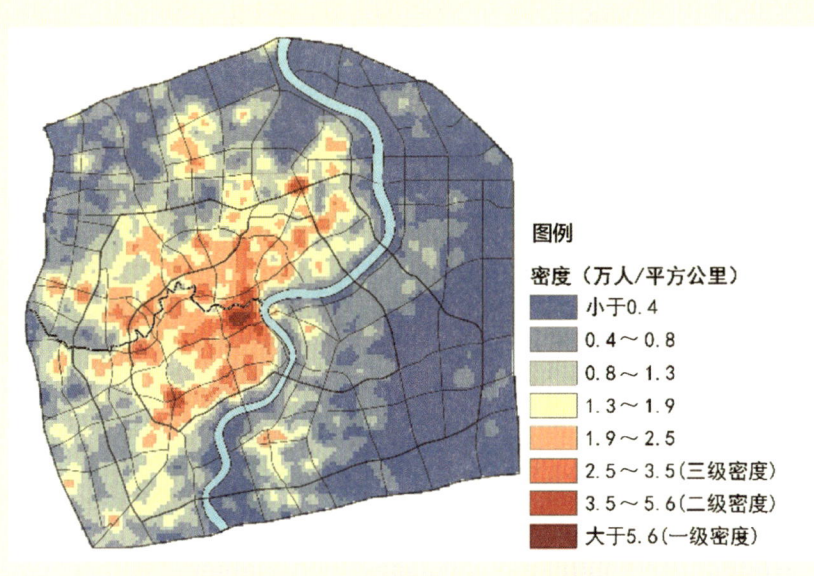

图 2-4 休息日 15:00 手机用户多日平均密度分布

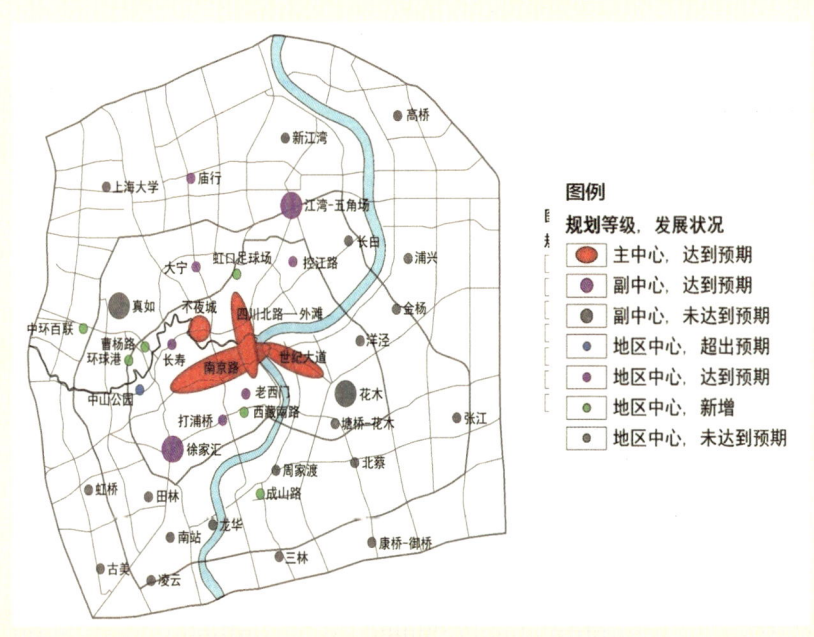

图 2-5 上海中心城公共中心识别

研究发现，上海的城市中心基本上是按照城市规划发展的。根据《上海市中心城分区规划（2004—2020）》，手机信令数据分析表明，在市级主中心中，无论是在工作日还是在休息日，用户密度最高的区域都大致形成 2 条轴线：南京路—世纪大道的东西轴线、外滩—四川北路的南北轴线。这 2 条轴线不仅等级突出，而且功能趋于商业商务综合功能（图 2-5）。

在公共中心识别的基础上，采用昼夜密度比值和夜间人口密度反映昼夜人流变化，用以识别就业功能区、游憩功能区、居住功能区。工作日 10：00 和 23：00 的密度比值较高，说明该区域就业岗位多于居住人口；其比值越大，就业功能越占主导。休息日 15：00 和 23：00 的密度比值较高，说明该区域休息日游憩或购物消费人数多于该区域居住人口，其比值越大，游憩功能越占主导（表 2-1）。

表 2-1 功能区识别标准

工作日 23：00 的多日平均密度	工作日 10：00 和 23：00 的多日平均密度比值	休息日 15：00 和 23：00 的多日平均密度比值	功能区识别
高	高	—	就业、居住混合功能区
低	高	—	就业功能区
高	低	—	高密度居住功能区
低	低	—	低密度居住功能区
高	—	高	游憩、居住混合功能区
低	—	高	游憩功能区

依据识别标准，可以发现浦西功能混合度高于浦东。中心城内连片功能比较单一的居住功能区主要位于浦西的中环以外地区、浦东的内环线以外地区。总体上，浦东的居住功能区的密度明显低于浦西（图2-6）。

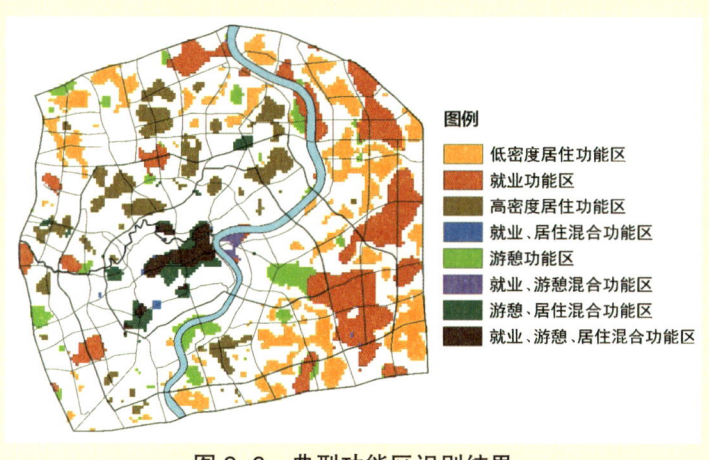

图2-6 典型功能区识别结果

手机信令定量数据有助于改进城市规划原来的定性分析方法。通过信令数据可以分析一个地区的职住情况是否理想、通勤人员的出行时间是否合理、通勤人员的主要方向等城市规划关注的问题，帮助规划人员针对性地制定规划改进方案。

大数据的出现，为应对城市治理挑战、科学建设与管理提供了有力支撑，帮助城市管理者、建设者和公众将数据资源变为决策能力，为城市治理带来根本性、全局性的变革，提高城市治理科学性、严肃性和权威性，并造福于社会。

（二）大数据让城市更友好

将数据资源转变为决策能力，能够显著提升城乡治理与发展水平。

2014年，中共中央、国务院印发了《国家新型城镇化规划（2014—2020年）》，开启了新型城镇化战略，强调以人为核心的城镇化，推进智慧城市建设。党的十九大报告指出，我国社会主要矛盾已经转化为人民日益增长的美好生活需要和不平衡不充分的发展之间的矛盾。通过科学合理的城市规划与制度设计，妥善协调各类规划对象的利益关系，是解决我国社会主要矛盾、促进社会平衡与充分发展的重要抓手，从战略层面上凝聚社会共识、实现城市良性治理。

第一，大数据应用能够提升政府决策和管理水平。由于缺乏城市发展的科学预判和有效管理，一些城市规划缺乏长远思考，出现土地资源紧缺、生态环境恶化、城市交通拥堵等问题，面临城市安全和生活品质的严重挑战，因城市规模急速扩张、无序生长造成了诸多严重的潜在风险和社会问题，经济发展成果也在很大程度上被抵消。针对这些问题，使用传统的管理方法已经难以有效解决。大数据时代意味着信息无所不在，使得管理者将有能力随时捕捉城市的人流、车流、物流，从而认识城市人的行为模式与城市社会的整体变化，将大数据应用于城市治理实践，根据人才分布、区域优势、交通条件、环境特点等，发展有特色的创业园区和创新基地等。

第二，大数据应用能够实现人本治理，使人民更幸福。以人为中心，实现对规划对象的精准管控，是城市治理面临的重大挑战，需要制定理性的人本规划与治理方略。例如，《北京市城市总体规划（2004—2020）》提出"2020年，北京市总人口规模规划控制在1800万人左右，年均增长率控制在1.4%以内"。2010年北京常住人口为1961万人，提前10年突破总体规划。《上海市城市总体规划（1999—2020）》提出"2020年，总人口规模规划控制在2000万人左右"，但2009年年底，实际人口即突破了2000万人，提前11年突破了总规划的规模。大数据的出现，则为解决这个矛盾提供了一个利器。通过大数据技术，获取人口在空间的分布和移动等方面的定量数据，有利于破解城市规划中人口规模和分布的难题。此外，在发生传染病时，结合人口和地理信息数据，可以及时阻断传染源，预测疾病蔓延的趋势、速度和影响区域，并采取防治措施；通过对"人"的行为模式的大数据分析，可以掌握城市"房地"变迁及城市交通与环境变化等。

第三，大数据应用能够促进多规融合，绿色又节能。目前，国内城市规划主要依靠传统的问卷调查、座谈等方式进行，由城市规划部门主导完成，大多仍沿用传统的定性规划编制方法，而对数据的定量分析较少，已经不能适应城市快速发展、瞬息万变的实际需要，现实中还存在诸如"规划偏重生产而轻视生活，偏重空间而轻视时间，规划未与人的行为充分结合"等问题；各部门间的规划也难以有效衔接。智慧城市规划建设与大数据应用分析在技术上可以把经济学、社会学、地理学、环境学等各专业分析方法集成应用，将经济社会发展规划、国土规划、城乡规划、环境规划等多种规划统筹到一个网络信息共享服务平台上，使得多规划融合成为可能。同时，新的大数据平台与传统的规划相结合，对规划框架体系进行整体更新，使其更加科学合理，同时推进多规融合，更好地为城市治理服务。打造绿色、和谐的城市生态，融入城市交通、居民行动、企业生产排放、公众健康等，建立更精确的统计模型，发展绿色GDP，提高城市的社会人文性和宜居性等，提高居民满意度，获得城市开发的经济效益与社会效益的双提升。

第四，大数据应用能够推动公众参与城市治理。通过对规划结果的模拟和可视化展示，通过在线方式进行交互，实现公众参与式规划，充分收集和考虑各类相关的合理关切和利益诉求。部门协同的规划信息平台将使得规划成为政府各部门、企业机构、民间团体、广大市民的共同发展蓝图，更能体现理性思维，充分体现以人为本的理念，把公众参与、专家论证、风险评估等真正纳入城市重大决策的法定程序。

"凡事预则立，不预则废"。历史经验表明，城市建设要想看到"诗与远方"，必须以科学的规划为依托，让规划理念和建设理念同步升级。

做出一份好规划，葆有长远眼光和历史耐心，才能让栖居的城市变得优雅而美丽。事实上，"大城市病"本质上是城市治理问题。只规划当前不考虑未来、只容纳存量不兼顾增量，甚至一张蓝图不能绘到底，就免不了要承受"城市病"的疼痛。从这个意义上说，拉开距离眺望城市，规划才能精准对焦；站在高处俯瞰城市，规划才能兴利除弊。从增加绿色到疏浚水脉，从建设景观到展示文化，从优化空间到人城互动，城市对美好生活的承载，不仅要跃然于纸上，更要屹立在大地。

（三）大数据让城市更智慧

大数据环境下，智慧城市（Smart City）成为城市建设的主流发展趋势。智慧城市更注重整合协同、泛在互动、管理服务、效率效益、绿色低碳，将经济的可持续、环境的可持续和社会的可持续融为一体[12]。通过感知、记录和监控等方式对获得的海量数据进行融合，经过智能系统上升为知识管理和服务，进而形成促进城市可持续发展的智慧城市建设（图2-7）。智慧城市与"持续规划""滚动式发展"的规划思想一脉相承，是城市可持续发展的新思路、新方案。在技术、管理和资源等层面的整合、互动和持续创新，将促进城市的健康发展。

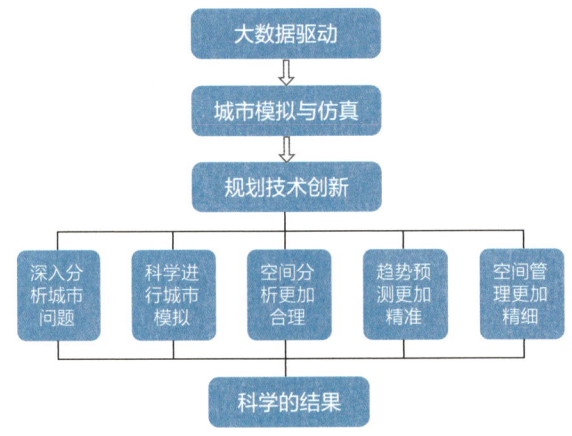

图2-7 基于大数据的智慧城市建设与城市规划

第二章
忽如一夜春风来：大数据再造城市治理

面对城市发展中的一系列严峻挑战，许多国家试图运用大数据、云计算等先进技术来重新审视城市的理念、城市发展目标的定位、城市功能的培育、城市规划的优化、城市形象与特色的构建等一系列现代城市发展中的关键问题。智慧城市已经逐渐深入人心并引起城市治理的重要变革。智慧城市的建设离不开大数据、云计算、下一代互联网技术等新兴信息技术，它们也正以其独有的渗透性、冲击性、倍增性和创新性席卷全球，推动着以智能、绿色和可持续为特征的新一轮科技革命和产业革命的来临。

智慧城市从社会层面和惠民角度加强和创新了城市的社会管理，通过整合、泛在和互动规避了可能的社会风险，促进社会和谐，这种联网的城市促进了部门的精简和效率的提高。智慧城市也促进了协作性公共管理，可据此建立起信息时代的政府治理新机制，整合政策制定与执行，促进资源共享。智慧城市中的信息技术为机构间跨界协作提供了机遇，通过城市各行业、各系统和各部门间的信息共享、沟通互动、无缝链接、协同服务、快速反应、整体推进，为社会和市民提供一体化的全方位社会管理与服务。智慧城市给碎片化的公共管理与公共服务的整合带来机遇，为服务型政府的深化改革提供了品质提升的机遇。在城市化的进程中，城市将成为建立未来管理新秩序的主体，这也是智慧城市发展所应具备的内涵。

华为智慧城市

华为公司认为，新型智慧城市是运用云计算、通信网、物联网、大数据、空间地理信息集成等新一代信息技术，促进城市规划、建设、管理和服务智慧化的新理念和新模式[13]。华为的优势在ICT基础设施，ICT基础设施相当于城市的神经系统，能够感知数据、让数据流通，从而感知外界。针对智慧城市建设特征与面临的挑战，华为提出"新ICT，让城市更智慧"的口号，为智慧城市建设提供"一云二网三平台"整体解决方案架构，打造智慧城市神经系统。

"一云"即城市云数据中心：基于开放架构，为城市建设融合、开放、安全的云数据中心，整合、共享和利用各类城市信息资源，提升政府服务与决策效率和合理性。

"二网"包括城市通信网和城市物联网：为智慧城市建设提供有线+无线宽带网络，为城市构建无处不在的宽带，让城市公共服务触手可及。在物联网领域，华为提供业界最轻量级的物联网通信操作系统 LiteOS，多种类型的接入网关，是 NB-IoT 标准的主要贡献者；并提供物联网平台，为城市各行业应用提供物联网数据服务。

"三平台"包括大数据服务支撑平台、ICT 业务应用使能平台、城市运营管理平台（图 2-8）。

图 2-8　华为 e-City 智慧城市平台架构

——大数据服务支撑平台：对城市历史数据与在线数据进行共享与交换，形成城市基础数据库，并通过FusionInsight对基础数据进行大数据集成管理，形成气象、交通、医疗等主题库，为城市智慧应用提供大数据支撑。

——ICT业务应用使能平台：通过eSDK将ICT能力进行封装、打包提供给业务应用开发者，使其更便利地调用ICT接口；基于华为自有的应用开发服务能力、大数据处理能力、安全管理能力、视频处理及分析能力等基础能力，与合作伙伴联合开发GIS共享、公共服务、统一身份认证等平台，为城市智慧应用提供资源获取自动化、软件开发自动化、运维管理自动化的服务。

——城市运营管理平台：基于城市多部门数据共享融合，建设城市运营管理平台，构建智慧城市"大脑"，提升城市综合运营管理能力，包括对日常时间的管理、应急状况下的紧急处置等。此外，城市运营管理平台能够基于多部门数据，支撑城市大数据决策。

三、落地：大都市在行动

城市大数据异构、多源、多模态的特征，必须要做好数据统一规划。通过顶层规划设计，让各类大数据互联互通，利用云计算、数据挖掘、人工智能等技术，把数据和数据关联、融合在一起，这样才能实现快速地调用和分析数据。国外发达国家的先进经验值得重视[14]。

（一）纽约：从顶层规划大数据

纽约市政府很早就开始大数据的顶层设计和规划[15]。纽约是美国第一大城市和第一大商港，也是美国和全球的金融中心。大量人口带来巨大的公共服务压力，金融危机以来政府预算的缩减更是加大了这种压力。城市设施陈旧，突发事件频发，城市治理急需新的手段。纽约于21世纪初提出旨在促进城市信息基础设施建设、提高公共服务水平的"智慧城市"计划，并于2009年宣布启动"城市互联"行动。2012年，纽约颁布了地方性开放数据法案——《纽约市开放数据法案》，保障政府数据开放和大数据应用顺利推进。该法案规定，将各部门已对公众开放的所有数据纳入统一的网络入口，通过便于使用、机器可读的形式在互联网上开放。这些数据主要是涉及人口统计信息、用电量、犯罪记录、中小学教学评估、交通、小区噪声指标、停车位信息、住房租售、旅游景点汇总等与公众生活密切相关的信息，也包括饭店卫生检查、注册公司基本信息等与商业密切相关的数据。同时改造升级政府部门的电子邮件系统，并建立"纽约市商业快递"网站，进一步提高政府工作效率和服务水平。

形成完整的大数据管理构架。2013年，纽约发布法规提出数据驱动的城市服务目标，要求各政府部门必须配合政府首席数据分析官（CAO），开发和构建全市数据交换平台。纽约市成立了市长办公室数据分析团队（Mayor's Office of Data Analytics，MODA），任命城市首席数据分析官（CAO）和首席政府开放平台官，组建由纽约运营副市长牵头的纽约市数据分析指导委员会，制定全市数据分析的总体战略。与此前已经设立的首席信息官CIO、首席数据官CDO一起，形成了"三驾马车"式的大数据城市管理构架（图2-9）[16]。

纽约基于已有技术和平台，建立了"DataBridge"和"DEEP"两大核心系统。DataBridge系统合并了以前单一平台的各类信息，允许对40个不同机构的数据进行分析。DataBridge系统具有数据库管理功能及统计分析工具，并向纽约市其他部门的分析师开放。DEEP系统将各部门的系统相互连接起来，使得城市机构能够安全地进行信息交换，数据

第二章
忽如一夜春风来：大数据再造城市治理

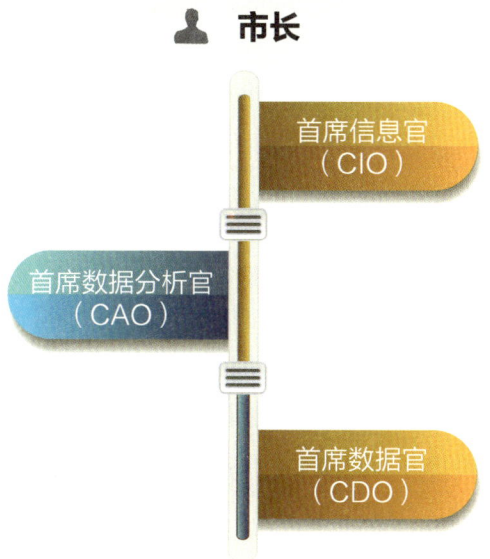

图 2-9　纽约大数据管理构架

传输效率也大大提高。通过分析，市长办公室数据分析团队发现一些新的数据模式和数据关系能够支持决策，还可以优化资源配置。目前市长办公室数据分析团队的项目包括以下几类：信息辅助救灾应急和重建；帮助纽约市机构改善服务质量；分析经济发展趋势；与其他机构共享数据等。

通过颁布法律法规、完善组织体系和技术平台等顶层设计手段，纽约在市场监管、灾害预防、促进社会化应用等方面都取得了较大的成果。在 MODA 的帮助下，纽约消防部门应用数据和分析手段改变了纽约消防局（FDNY）日常建筑物检查的方式，帮助城市 341 个消防单位更准确地定位有潜在火灾危险的建筑物。基于监测系统对全市数据库的挖掘得到潜在危险信息，方便了对城市 5 万幢大厦的消防检查。通过 DataBridge 系统，从 FDNY 数据仓库及城市规划、建筑、环境保护和金融部门数据库提取信息。该系统还允许 FDNY 基于指定的风险标准制订检查计划，这些标准包括：大厦的类型（家庭、店面、工厂），施工材料，建筑物的防火功能、高度，以及建筑物新旧程度、最后检查日期、入住率和违规记录。在大数据系统的帮助下，纽约火灾预测的准确率从25%提高到70%，巡查人员的工作效率提高了5倍。

（二）伦敦：打造数字之都

2009年，英国发布"数字英国"计划，明确提出将英国打造成世界的"数字之都"。伦敦长期被视为欧洲金融首都，就政府如何更好地提高便捷公共服务的计划先后提出"电子伦敦"和"伦敦连接"计划[17]。为响应英国政府打造"数字之都"的战略规划，伦敦加快推进升级包括有线网、无线网、宽带网在内的数字网络建设，着力将伦敦打造成欧洲网络最畅通的城市。市民可以通过地铁站、博物馆、艺术中心、歌剧院等公共场所相应的免费Wi-Fi或其他免费应用程序，体验基于地理位置的各种便利信息和网上服务。虚拟伦敦项目采用GIS、CAD和3D虚拟技术，将伦敦西区45 000座建筑进行模拟，其成果覆盖近20平方公里的城区范围，为城市地理信息系统在城市景观设计、交通控制、环境污染控制、减灾等诸多方面的应用提供新的视角。

大数据建设从政府做起。英国大伦敦市政府（GLA）指定伦敦市的各级机构、公务员和其他数据捐助者把数据积累到一个公共数据库网络，创立伦敦开放数据网站，该网站提供多种搜索数据方式和所有数据目录下载功能。通过开放数据网站，公众能够免费获得伦敦政府等机构组织在农业、运输、犯罪、社会保障、教育、医疗、人口等多个方面的统计数据。GLA组织研发出手机移动设备相关应用软件，使公众通过手机终端就可以轻松浏览、编辑这些开放数据，使得浏览、查询数据更加便捷。

大数据助力伦敦城市建设与管理。伦敦启动了"Oyster"非接触式借记卡，方便市民支付 80% 的公共交通服务费。火车安装全球定位系统，方便交通控制中心对火车位置及行驶情况的掌控。传感器技术在智能交通建设中得到广泛应用。例如，乘客随时可以在安装传感器的站台显示牌上了解车辆抵达时间和终点站；站台通过传感器可将等候的乘客发送给控制中心，方便调度人员控制车次和出车时间间隔；交警通过安装传感器的移动终端迅速获取违规车辆的车速、违反条款及罚款数目等信息，提高基层交警处理违反交通规则事件的效率。推出电动汽车无线充电试用计划，采用无线感应式电力传输技术，增强智能电动汽车体验和普及应用。

大数据技术在伦敦市垃圾处理上得到广泛应用。目前伦敦金融城已经设置遍布全市的带有液晶显示屏的数字化垃圾回收箱，所有垃圾回收箱与 Wi-Fi 相连，通过无线信号可以指示居民对垃圾分类处理，同时可以收取天气、气温、时间及股市行情动态等信息；此外，该类数字化垃圾回收箱还能有效防止恐怖袭击，在一定程度上确保了城市管理有序进行和居民人身安全。这些高科技垃圾箱有望遍布伦敦各个地区，有效助推伦敦智慧城市建设。

（三）东京：以 E 为核心全方面发展

日本 2000 年开始加速国家 ICT 战略，继"E-Japan""U-Japan"之后推出"I-Japan 战略 2015"，旨在到 2015 年实现以人为本、"安心且充满活力的数字化社会"，让数字信息融入社会生产生活的每一个角落。东京作为日本的政治中心、文化教育中心及海陆空交通枢纽，在社会公共服务、智能交通建设、绿色城市建设等方面取得显著成绩。

建设物联网，让大数据随时产生。在物联网技术应用普及上，"东京无所不在计划"取得巨大成功。该计划主要采用泛在的 ID 识别技术，将东京市内所设"场所"及"物品"赋予识别码，通过系统平台将各种信息传送到游客或消费者的手持式接收器上，手持式接收器具有 RFID 识别、红外线扫描、429 MHz 无线传输、Wi-Fi 和蓝牙传输等功能，用户通过接收器便可读取实体位置或物体上的资讯信息，将真实世界的资讯或内容进行数字化处理后与虚拟现实空间结合[18]。

老龄化社会让东京重视健康大数据建设。东京电子病历系统在各类医院已基本普及，该系统整合了各种临床信息系统和知识库，极大方便了医生进行检查、治疗、注射等诊疗活动。医院采用笔记本电脑和 PDA 移动终端，方便医生移动查房和护士床旁操作，实现医护环节无线网络化和移动化。通过在家中设置感应器及无线网络，随时随地将患者的生理状况传送到医院数据系统，以便医院提供更快速、便捷的远程医疗服务。"医疗健康云计算"系统作为"个人健康记录"的环节之一，将用户在家中测量的血压及体重等生命体征数据进行统一管理，与医院、诊所及保健所等保持联动。

大数据让东京成为交通最顺畅的全球特大城市。东京的公路交通、铁道运输系统及通勤车站十分复杂，优化城市交通解决方案势在必行。东京市政府提出的"智能化高速公路"计划包括汽车、高速公路和交通管理三大块的优化方案。首先，在汽车方面，实现汽车高度信息化，车载终端可以利用外部信息选择最佳行驶方案，从而避免追尾、碰撞障碍物和违规行驶等问题。其次，包括高速公路在内的所有公路均由信息技术控制和监测，随时提供重组的信息服务，避免各种自然灾害的发生，进一步提升城市公路运行安全管理智能化水平[17]。

大数据支撑东京绿色城市建设。2008 年推行"绿色东京大学计划"，利用信息技术以智能和智慧的方式降低电能消耗，减少碳排放量，改善城市环境。该计划以东京大学工程院信息网络为样板实验平台，利用传感器等先进元件及 IPV6 下一代互联网协议平台，将建筑物内的空调、照明、电源、安全设施等子系统联网，形成兼容性综合系统并进行智能数据分析，实现对电能控制和消耗进行动态、有效的智能化配置和管理。在与松下、埃森哲、东京煤气的合作下，建成将太阳能电池板、蓄电池及高效节能家电全部连接到智能电网的住宅，同时致力于推广智能移动解决方案。

（四）上海：国内城市大数据开放的先行者

上海从大数据的开放与兼容起步。"上海市政府数据服务网"于2012年6月在国内率先上线，截至2017年年底，该网已累计开放数据集逾6万项，涵盖了经济建设、资源环境、教育科技、道路交通等42个重点领域，并解决了数据来源长期稳定及正版化问题。同时，不同来源的数据还必须可以实现交叉验证及对比分析。

通过上海市城市发展战略数据平台，完善总体规划支撑和保障体系[19]。为做好《上海市城市总体规划（2016—2040）》工作，上海从实现城市治理现代化和城市管理科学性的要求出发，建设了上海市城市发展战略数据平台（Shanghai Strategy Development Database，SDD）。从源头上统筹整个数据规划，使得数据采集、分析、应用得以集成，并进行长期、持续的监测和规划评估。通过战略数据平台建设，完善总体规划支撑和保障体系，从源头上统筹整个数据系统，使数据分析、数据应用、数据反馈融入总体规划的全过程，对总体规划的实施进行长期连续的监测和过程性评估。SDD平台是基于涵盖多源头、多类型数据，面向业务人员、决策者、合作伙伴及公众等多角色，服务城市规划和城市发展要求、支持宏观决策的战略性功能应用平台。针对不同的用户类型，SDD平台明确了相对应的用户功能，实现各项功能的详细设计。对于业务人员用户，作为平台的核心用户，拥有比较全面、系统的数据使用和模型分析等功能，具体有数据基础展示（图表数据、资料数据、空间数据），规划分析支持（指标监测、模型分析），综合决策参考（规划报告），突出平台的过程支持性；对于决策者用户，根据决策者关心的重大问题进行相关功能的支撑，提供指标监测、分析决策或重大项目进度等功能，具体有数据表达功能（图表数据），现状监测功能（指标监测、实时数据监测），决策支持功能（规划报告、决策模型），突出平台的决策性和智能性；对于公众用户，满足规划的公众参与功能，同时顺应社会趋势向公众开放部分数据，以空间数据展示、指标监测等功能为主，突出平台的服务性与开放性（图2-10）[19]。

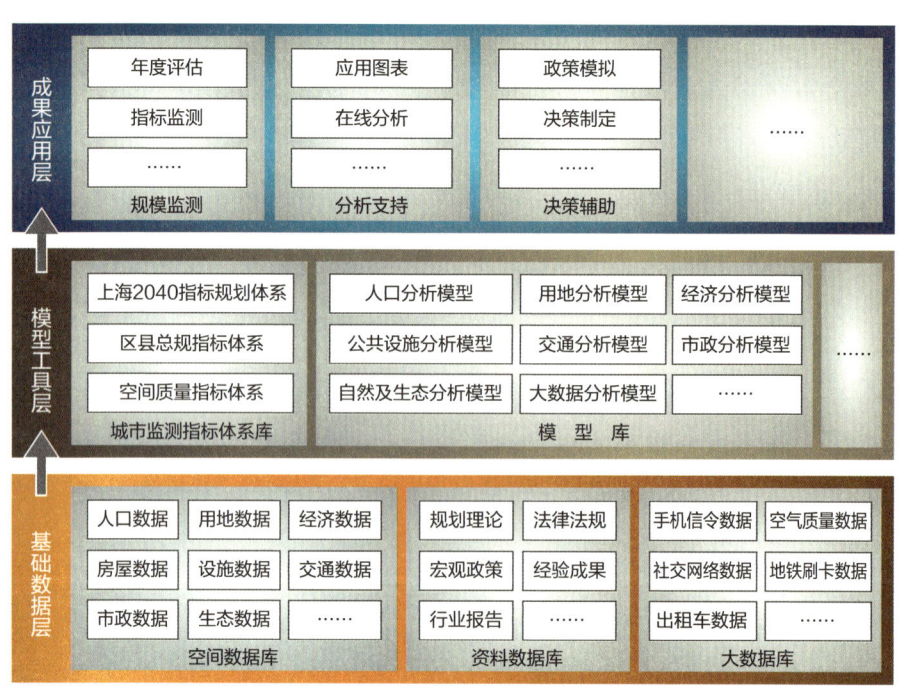

图2-10　上海市城市发展战略数据平台内容框架

大数据在新一轮上海总体规划中得到应用。它的特点在于从城市最重要的活动主体——"人"出发，发挥大数据能够反映人在城市空间流动的特点，为城市规划带来全新的视角。这打破了传统规划局限于物质空间的思维模式，更有利于实现对城市空间各类现象的深度理解，且更加符合"以人为本"的规划理念。具体来说，主要有3个方面的应用。

1. 问题诊断

主要是开展空间评估类工作，如利用手机信令数据开展基于人的行为活动现状分析；基于互联网地图数据和实时车流数据进行交通可达性分析；基于手机信令数据、POI、LBS数据开展居职平衡分析、非交通通勤分析、轨道交通对城市空间的引导作用分析等。

2. 趋势模拟

通过大数据分析方法，模拟城市发展趋势，识别城市发展的关键要素，进而总结规律，支持方案编制。例如，利用手机信令数据识别全市就业中心和商业中心；基于大数据企业关联网络测度上海大都市区的区域联系强度，识别与上海经济联系密切的地区；基于SLEUTH模型预测未来用地发展模式等。

3. 方案评价

结合大数据的分析，对规划方案进行情景模拟，评价其合理性。例如，进行居住用地供给与人口规划调控匹配性模拟分析，公共活动中心能级与交通支撑条件、岗位密度等适应性模拟分析，轨道承载能力与沿线人口容量、岗位容量合理性模拟分析等。

从发达国家大数据产业和应用的发展中可以看到，政府发挥了重要的引导作用。与我国国内大数据产业如火如荼的急速推进不同，发达国家发展大数据往往是平稳有序地开展。在国家统一规划的前提下，各级政府根据辖区内具体情况，对智慧城市的建设进行合理引导，避免了盲目投资和重复建设。韩国政府U-City计划就是由政府引导，吸引民间投资，让大数据和现代信息技术在城市公共管理中得以广泛应用。新加坡政府专门成立了资讯通信发展管理局（IDA），负责推动通信技术产业的发展与电子政务的大数据应用。对我国现阶段的城市规划来说，把握好战略定位、空间格局、要素配置，坚持城乡统筹，落实"多规合一"，形成一本规划、一张蓝图，着力提升功能划分与保障，做到服务保障能力同城市战略定位相适应,人口资源环境同城市战略定位相协调,城市布局同城市战略定位相一致,不断朝着和谐宜居城市目标前进。特别是,倡导开放数据、构建共享平台、实现多规融合。正在全国开展的多规融合工作旨在加强经济和社会发展规划、国土规划、城乡规划在空间上的协调和规划编制体系、规划标准体系、规划协调机制等方面的制度建设,强化规划的实施和管理,使规划真正成为建设和管理的依据和龙头。在大数据获取、分析、应用的同时,通过政策措施或者机制保障,倡导政府部门逐步开放与城市规划建设管理相关的数据,并倡导在智慧城市数据基础设施及共享服务平台的支撑下,城市国土资源、住房城乡建设、交通、环保等相关部门的规划数据逐步走向共享,规划过程逐步走向协调,以便开展多规融合的工作,促进多规融合目标的实现。规划、建设、管理都要落实世界眼光、国际标准、中国特色、高点定位的要求,这也是提高政府公共治理能力和服务水平的重要方面。

(佟贺丰　宋培彦)

第三章
一遇风云便化龙：工业4.0让制造变"智造"

党的十八大以来，以习近平同志为核心的党中央高度重视工业发展，扎实推进工业转型升级和制造强国建设，中国特色新型工业化发展取得重大成就。党的十九大报告指出，加快建设制造强国，加快发展先进制造业，推动互联网、大数据、人工智能和实体经济深度融合，培育新增长点、形成新动能。

一、支撑引领：工业4.0

"把制造业搞上去，创新驱动发展是核心"。工业4.0是一个产业的技术转型，是产业的变革。工业4.0提出的智能制造是面向产品全生命周期，实现泛在感知条件下的信息化制造。智能制造技术是在现代传感技术、网络技术、自动化技术及人工智能的基础上，通过感知、人机交互、决策、执行和反馈，实现产品设计过程、制造过程和企业管理及服务的智能化，是信息技术与制造技术的深度融合与集成。

（一）工业 4.0：吹响新时代工业革命的号角

工业革命（The Industrial Revolution）开始于 18 世纪 60 年代，通常认为开始于英格兰中部地区，是指资本主义工业化的早期历程，即资本主义生产完成了从工场手工业向机器大工业过渡的阶段。工业革命是以机器取代人力，以大规模工厂化生产取代个体工场手工生产的一场生产与科技革命。工业革命是现代文明的起点，是人类生产方式的根本性变革。18 世纪末的第一次工业革命创造了机器工厂的"蒸汽时代"，20 世纪初的第二次工业革命将人类带入大量生产的"电气时代"，这两个时代的划分已经是大家公认的。20 世纪中期计算机的发明、可编程控制器的应用使机器不仅延伸了人的体力，而且延伸了人的脑力，开创了数字控制机器的新时代，使人－机在空间和时间上可以分离，人不再是机器的附属品，而真正成为机器的主人。从制造业的角度，这是凭借电子和信息技术实现自动化的第三次工业革命。进入 21 世纪，互联网、新能源、新材料和生物技术正在以极快的速度形成巨大产业能力和市场，将使整个工业生产体系提升到一个新的水平，推动一场新的工业革命，德国技术科学院（ACDTECH）等机构联合提出"第四代工业"（Industry 4.0）战略规划，旨在确保德国制造业的未来竞争力和引领世界工业发展潮流。按照 ACDTECH 划分的四次工业革命的特征，如图 3-1 所示，工业 4.0 与前三次工业革命有本质区别，其核心是信息物理系统的深度融合[1]。工业 4.0 概念包含了由集中式控制向分散式增强型控制的基本模式转变，目标是建立一个高度灵活的个性化和数字化的产品与服务的生产模式。在这种模式中，传统的行业界限将消失，并会产生各种新的活动领域和合作形式。创造新价值的过程正在发生改变，产业链分工将被重组。

第三章
一遇风云便化龙：工业 4.0 让制造变"智造"

第一次工业革命　　第二次工业革命　　第三次工业革命　　第四次工业革命

借助蒸汽机实现生产装备机械化　　借助电能和流水线进行大批量生产　　借助电子和信息技术实现生产自动化　　借助互联网和无线通信构建信息物理融合系统

图 3-1　四次工业革命的不同特征

（二）工业 4.0："中国制造 2025"力推制造业强国

国务院总理李克强在 2015 年《政府工作报告》中提出推动"中国制造 2025"之后，2015 年 5 月 19 日，国务院印发了由工业和信息化部会同发展改革委、科技部、财政部、国家质检总局、中国工程院等部门和单位联合编制的《中国制造 2025》[2]。《中国制造 2025》提出了"一二三四五五十"的总体结构。所谓"一"，就是 1 个目标，要从制造业大国向制造业强国转变，最终要实现制造业强国的一个目标。所谓"二"，就是通过两化融合发展来实现这个目标。党的十八大提出了用信息化和工业化深度融合来引领和带动整个制造业的发展，这也是制造业所要占据的一个制高点。所谓"三"，就是要通过"三步走"的战略，大体上每一步用 10 年左右的时间来实现从制造业大国向制造业强国转变的目标。所谓"四"，就是确定了 4 项原则。第 1 项原则是市场主导、政府引导；第 2 项原则是既立足当前，又着眼长远；第 3 项原则是全面推进、重点突破；第 4 项原则是自主发展和合作共赢。所谓"五五"是有两个"五"，第一个"五"就是有 5 条方针，即创新驱动、质量为先、绿色发展、结构优化和人才为本。第二个"五"就是实行五大工程。第

1个是制造业创新中心的建设工程；第2个是强化基础的工程，叫强基工程；第3个是智能制造工程；第4个是绿色制造工程；第5个是高端装备创新工程。所谓"十"，就是10个领域，作为重点的领域，在技术上、在产业化上寻求突破。例如，新一代信息技术产业、高端船舶和海洋工程、航天航空、新能源汽车等，选择了10个重点领域进行突破。

2017年2月10日，为细化落实《中国制造2025》，着力突破制造业发展的瓶颈和短板，抢占未来竞争制高点，国家制造强国建设领导小组启动了"1+X"规划体系的编制工作。"1"是指《中国制造2025》，"X"是指11个配套的实施指南、行动指南和发展规划指南，包括国家制造业创新中心建设、工业强基、智能制造、绿色制造、高端装备创新五大工程实施指南，发展服务型制造和装备制造业质量品牌2个专项行动指南，以及新材料、信息产业、医药工业和制造业人才4个发展规划指南。编制"1+X"规划体系的目的是通过加强政府引导，凝聚行业共识，汇集社会资源，围绕重点、破解难点，着力突破制造业发展的瓶颈和短板，抢占未来竞争制高点。11个"X"由国家制造强国建设领导小组相关成员单位共同研究编制，目前均已发布实施。

2017年3月29日，中国人民银行、工业和信息化部、银监会、证监会、保监会联合印发了《关于金融支持制造强国建设的指导意见》[3]。其中提出，要高度重视和持续改进对"中国制造2025"的金融支持和服务，始终坚持问题导向，聚焦制造业发展的难点痛点，着力加强对制造业科技创新、转型升级的金融支持。当前，我国制造业仍存在大而不强、创新能力弱、关键核心技术与高端装备对外依存度高等问题。从整体来看，对制造业科技创新和技术改造升级的中长期金融支持仍然不足，技术密集型、中小型制造业企业融资渠道仍然有限，需要进一步提升金融支持力度。

2017年6月30日，"国家制造强国建设专家论坛"在北京举办，论坛现场权威发布了《中国制造2025蓝皮书（2017）》（以下简称《蓝皮书》）[4]。《蓝皮书》由国家制造强国建设战略咨询委员会组织全体委员、国内相关领域研究机构和行业协会共同完成。《蓝皮书》从综合、领域、专题、区域4个角度，系统梳理了2016年我国制造业整体推进、十大重点领域突破、重点任务实施、重点区域布局的进展情况，分析了我国制造业发展面临的新机遇、新挑战，总结了我国制造强国建设两年来的成功做法和典型案例，并提出了制造强国建设的下一步重点工作和相关政策措施建议，为国家和各地推进制造业提质增效与企业创新发展提供重要参考和指引。此外，本书附录列举了美国、日本、德国等发达国家及俄罗斯、印度等新兴经济体推动制造业发展的新动态和新举措，旨在为我国推进制造强国建设提供重要借鉴。

2017年12月1日，由工业和信息化部节能与综合利用司组织编写的《中国工业绿色发展报告（2017）》[5]在北京正式发布。《中国工业绿色发展报告（2017）》系统总结了我国推进工业节能与绿色发展的主要工作及进展，是我国工业领域第一部全面梳理总结工业绿色发展进程的重要资料，集中展示了我国推进工业绿色发展的实践经验和积极成效。其中包含大量行业及地方数据，是社会各界把握绿色发展国内外形势的重要指引，能够为工业战线提供重要参考。分为综合篇、行业篇和区域篇3篇，共计22章，约20万字。"综合篇"从工业绿色发展背景、节约低碳、清洁发展、资源综合利用、节能环保产业等不同维度总结分析了我国工业绿色发展的总体进展；"行业篇"围绕钢铁、有色金属、石化化工、建材、电力、轻工、纺织、机械、电子信息等重点行业，系统阐述了有关行业绿色发展基本情况和取得的成效；"区域篇"全面总结了31个省（区、市）推进工业绿色发展的重点工作和目标完成情况。

为深入贯彻党的十九大精神，加快发展先进制造业，推动人工智能和实体经济深度融合，落实《中国制造2025》和《新一代人工智能发展规划》部署，工业和信息化部于2017年12月14日印发了《促进新一代人工智能产业发展三年行动计划（2018—2020年）》[6]，以信息技术与制造技术深度融合为主线，以新一代人工智能技术的产业化和集成应用为重点，推进人工智能和制造业深度融合，加快制造强国和网络强国建设。《促进新一代人工智能产业发展三年行动计划（2018—2020年）》将充分利用现有资源和手段，加强部省联动，依托国家新型工业化产业示范基地建设等工作，支持有条件的地区发挥自身资源优势，培育一批人工智能领军企业，探索建设人工智能产业集聚区。推动建设相关领域的制造业创新中心，设立重点实验室，鼓励行业合理开放数据，支持重点行业和关键领域加大应用力度，促进人工智能产业突破发展。力争到2020年，实现"人工智能重点产品规模化发展、人工智能整体核心基础能力显著增强、智能制造深化发展、人工智能产业支撑体系基本建立"的目标。

（三）工业4.0：各国加紧布局工业变革战略

工业4.0各国现状如图3-2所示。

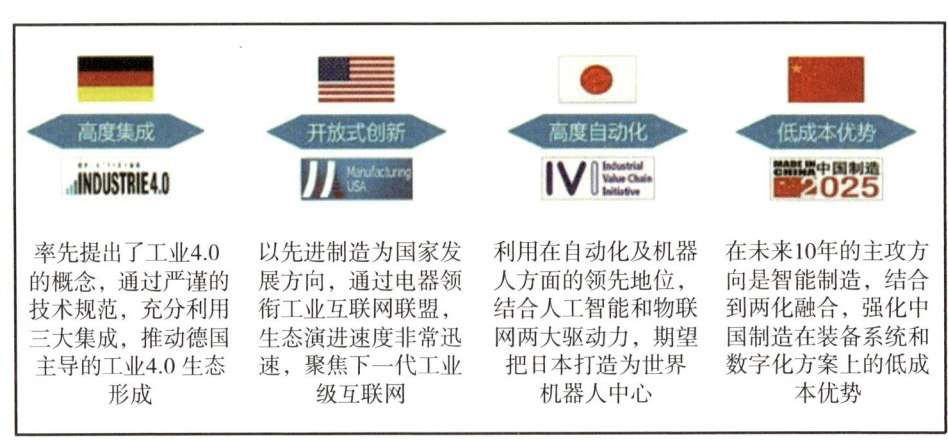

图3-2　工业4.0各国现状

在2013年汉诺威工业博览会上，工业4.0的理念和计划由德国政府正式发布，描绘了制造业的未来愿景。目前，工业4.0计划已经从"德国高技术2020战略行动计划"获得2亿欧元投资，启动了包括"信息物理生产系统"（CPPS）在内的若干项目。此外，德国教育与研究部（BMDF）建立的"信息通信技术（ICT）2020——创新研究"计划及德国科学研究联盟（FU）经济与社会促进组（原通信促进组）发起的"智能服务——基于网络的商业服务"也都在"德国高技术2020战略"框架下开展，并且与工业4.0紧密相关，其中前者属于"数字德国2015"ICT战略，后者则成为十大"未来计划"之一，2015年3月提出了最终的战略建议报告。

美国提出的"工业互联网"旨在将人、数据与智能设备衔接，以交换数据来驱动制造业智能转型。相比德国，美国积极推进的"新工业战略"更加注重"软"的方面，如大数据、软件、互联网等对于传统工业的再工业化。在美国，工业4.0就是将虚拟网络与实体连接，通过大数据分析等来重塑制造业，形成效率更高的生产系统。美国的工业互联网范畴更广阔，它试图将人、数据和机器连接起来，形成开放而全球化的工业网络。目前，美国国内80多家ICT和互联网巨头公司如GE、IBM、思科等企业成立了IIC（工业互联网联盟），以期打破技术壁垒，以通过大数据来实现制造业的创新。美国凭借其在工业3.0的领先优势及互联网和ICT先进巨头公司的影响力，正推动着全球工业4.0的发展。

在面对德国率先开启了"智能制造"这一通向未来新工业革命的大门时，安倍政府也开始采取行动，制定和规划了日本工业4.0的发展方向。2015年版的《日本制造业白皮书》正是日本力求赢得"全球产业价值链主导权"的关键举措。在政界，日本经济产业省把3D打印机列为优先政策扶持对象，投资45亿日元，实施名为"以3D造型技术为核心的产品制造革命"的大规模研究开发项目；在业界，三菱电机、富士通、日产汽车和松下等日本电子、信息、机械和汽车行业的主要企业等组建名为"产业价值链主导权"的联盟,共同探讨工厂互联的技术标准化,并争取使其成为国际标准。

2015年5月,我国国务院发布了"中国智能制造2015"计划,这是制造强国战略的第一个阶段。继2015年发布《中国制造2025》之后,至2016年年底,十一部委单位发布了11份文件,形成了"1+X"体系。从国务院发布的资料来看,已经形成了较为完善的智能制造理论体系,如图3-3所示,智能制造理论体系中包含了智能产品、智能生产和产业模式变革,覆盖的范围比较广泛。工业和信息化部信息化和软件服务业司针对制造业与互联网融合,推出了五大细分领域的"试点示范"项目(共70家企业),其中包括海尔集团公司的智能协同制造云服务平台、中国电信股份有限公司的中国电信天翼云3.0-工业企业云应用平台、万达集团股份有限公司的万达集团多业态跨地域大型云应用平台项目等。

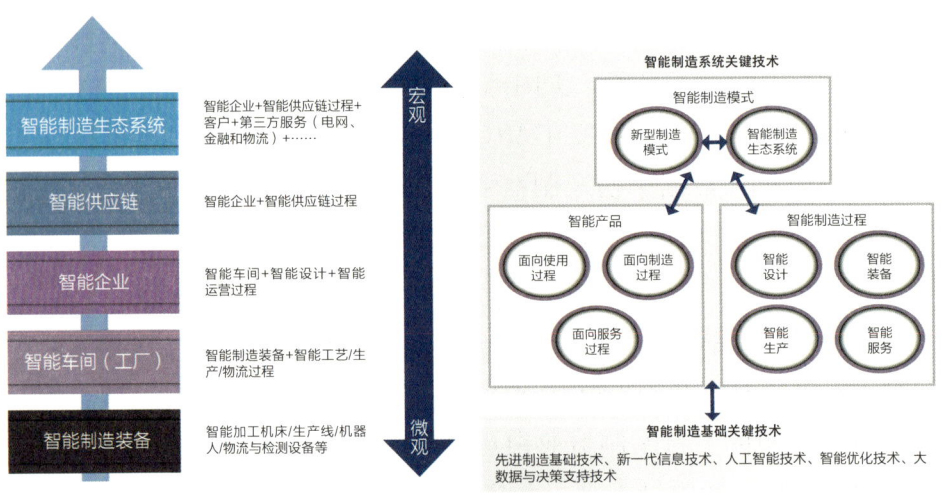

图3-3 智能制造理论体系

二、由"点"到"面":工业 4.0 的智能工厂实践

(一)德国西门子安贝格智能工厂

作为工业 4.0 概念的提出者,德国也是第一个实践智能工厂的国家。位于德国巴伐利亚州东部城市安贝格的西门子工厂就是德国政府、企业、大学及研究机构合力研发全自动、基于互联网的智能工厂的早期案例。占地 10 万平方米的厂房内,员工仅有 1150 名,近千个制造单元仅通过互联网进行联络,大多数设备都在无人操作状态下进行挑选和组装。该工厂的员工主要从事计算机操作和生产流程的监控,在安贝格工厂中,自动化运作程度已达到 75% 左右,产能提升了 8 倍,每 100 万件产品中,次品约为 15 件,可靠性达到 99%,追溯性更是达到 100%。这样的智能工厂不仅实现了从管理、产品设计、研发、生产到物流配送的全过程数字化,还能通过先进的信息技术与美国研发中心进行实时的数据互联。

2015 年西门子安贝格智能工厂的发展目标是"Perfection for Our Custormers"(为客户而完善),因此,他们将"质量第一"列为其三大发展战略之首。西门子安贝格智能工厂为了保证质量第一,创新性地提出了"dpm-A"的指标,即百万出错率,从而使得产品质量迅速提升,从 20 世纪 90 年代 560 的百万出错率,下降到现今十几的水平。2014 年,西门子安贝格智能工厂的百万出错率仅为 11.5,相当于质量水平达到了 99.9989%。

西门子安贝格智能工厂的物流自动化与信息自动化在其生产过程中已经达到了相当程度的匹配。西门子安贝格智能工厂的生产车间在二楼,而一楼是智能的物流配送系统。物流配送系统的运用方式是在正常

的计划配送的基础上，根据生产线的使用情况，技术人员将快要用完的物流扫描物流号后，通过 RFID 自动将信息传递到中央物流区，中央物流区会自动地将相关物流准确地配送至相应的线边库，整个过程不需要人工参与，依靠信息系统全自动化完成，用时 15 分钟左右。

西门子安贝格智能工厂主要生产 Simatic 可编程逻辑控制器（PLC），以及其他工业自动化产品，产品种类达到了 1000 种。目前，西门子安贝格智能工厂的每条生产线均实现了超过 1000 个站点的数据采集，而这些均使用西门子自己的产品。也就是说，Simatic 系列产品的生产过程正是由其自身控制的，换句话说就是"自己生产自己"。其生产过程完全透明，1150 名员工都可以看到实时的生产状态的信息，从而实现实时在线放映生产状态报告，利用统一的分析管理工具进行管理，还能够对生产过程的每个环节进行有效的监控，即真实的生产工厂与虚拟的数字工厂同步运行，真实工厂生产时的数据参数、生产环境等都会通过虚拟工厂反映出来，而人则通过虚拟工厂对真实工厂进行把控。

不仅如此，为了配合自己的工业自动化产品，西门子推出一款名为"西门子工业支持中心"的 APP。APP 目前包含西门子的 5000 多份手册、操作指南，以及 60 000 多个常见问题解答。

（二）德国博世洪堡工厂

博世洪堡工厂，作为博世公司旗下智能工厂的代表，其生产线的特殊之处在于，所有零件都有一个独特的射频识别码，或者说是"身份证"，它能同沿途关卡自动"对话"，将信息反馈到控制中心进行相应处理，从而提高整个生产效率。比如，运货卡车载着它驶出物流中心，5000 米外的装配工厂即获知了动态；装配工人把它端上生产线前，物流中心和供应商就知道该补货了。这套系统是对工业 4.0 技术的有效应用，获得了 2014 年德国汽车工业协会颁发的物流奖。

第三章
一遇风云便化龙：工业4.0让制造变"智造"

在博世洪堡物流中心，工人每拿出一盒零件，就把记录着产品信息的"看板条"夹到一个长方形塑料夹里。这个夹子被粘贴在盒子上，夹子底部有一块射频识别码——这盒零件的"身份证"。每经过一个生产环节，读卡器会自动读出相关信息，反馈到控制中心进行相应处理。

作为一种无线电通信技术，射频识别的原理并不复杂，其可通过无线电信号识别特定目标并读写相关数据，而无须识别系统与特定目标之间建立机械或光学接触。给产品贴智能标签有几种方式：条形码、二维码、射频码和传感器。条形码和二维码必须进行近距离扫描，容易受水和化学品等腐蚀，而射频码可以穿透各种介质快速读取。博世洪堡工厂引入的射频码系统需几十万欧元，但却是值得的。使用射频码系统之前，工人需要在电脑上手动扫描和输入相关信息，不仅烦琐，而且容易出错。新系统投入使用后，生产线的生产情况都通过网络上传到系统，生产线总管通过发布分析系统上的信息传达给操作和技术人员，比如，存在什么问题，哪条生产线的速度减慢了，哪里出现了故障。然后根据了解到的这些信息来计划安排每天的工作，布置任务，解决各个环节上可能出现的问题，并保证生产线上产品的质量。由此，工厂库存减少了30%，生产效率提高了10%，节约的资金可达几千万欧元。使用射频码也使得整个产品流程的控制更加透明化、实时化。目前，博世在全球10家工厂每个月扫描200万个射频码。

博世洪堡工厂让射频识别系统发挥了良好的效益，并为我们如何更好地将物联网技术应用到工业领域提供了参考。因为射频识别系统不仅能够节省生产运营成本，缩短生产周期，更重要的是解决了多品种产品混线生产的需求。射频识别系统可以贯穿从产品组装到产品运输的整个生产及物流环节，这将大大降低人工采集数据的误差，提高运营效率，并可以实时存储生产过程信息，满足产品可追溯性要求。

（三）中国九江石化智能工厂

九江石化是中国的第一家智能工厂试点。作为中国石化首批4家试点单位之一，九江石化在国内外没有成熟经验可供借鉴的情况下，结合石化流程型企业特点，大胆探索，开展具有"自动化、实时化、可视化、模型化、集成化"特征的智能化应用，初步打造了一个集绿色、高效、安全和可持续发展于一体的石化智能工厂。

九江石化智能工厂在国内石化流程型企业典型信息化三层平台架构之上，创新构建了集中集成、数字炼厂、应急指挥3个公共服务平台，有效消除了各类"孤岛"，实现了"装置数字化、网络高速化、数据标准化、应用集成化、感知实时化"。建成投用生产管控中心，实现了"经营优化、生产指挥、工艺操作、运行管理、专业支持、应急保障"六位一体功能定位，生产运行管理模式从"分散管控"走向"集中管控"，并支撑进一步向"智能管控"提升。自主开发并成功应用以经济效益最大化为目标的炼油全流程优化平台，实现了"月计划—周调度—日平衡"的双闭环管理，提升了快速复杂变化市场情况下石化企业生产经营的敏捷性和准确性，最大限度提升了企业的经济效益。

九江石化智能工厂在国内外为首家建成投用数字炼厂平台，实现企业级全场景覆盖、海量动态数据实时交互，开展了实时泛在感知、工艺设备管理、安全环保管理等一系列深化应用，支撑本质安全、本质环保水平的进一步提升。首家建成投用面向工业企业的移动宽带专网，实现了复杂生产环境下的高速无线网络全覆盖，开展了音视频融合通信、智能巡检、施工作业视频监控、应急指挥管理等一系列智能化应用。

截至2017年上半年，公司在流程型工业智能制造领域已申报发明专利6项（已授权3项）、软件著作权19项、国家和行业标准3项；已设立2座院士工作站；参与的国家自然科学基金委员会重大课题"炼油生产过程全局优化基础理论与重大技术的开发与应用"已正式启动。

未来，九江石化将认真贯彻落实《中国制造2025》规划纲要精神，致力于打造国家级流程型工业智能制造示范企业，努力实现传统炼化企业的提质增效和转型升级。

（四）中国中车青岛精益数字工厂

中国中车青岛四方机车车辆股份有限公司（以下简称"中车青岛"）是我国轨道交通装备制造业的领先企业，在高速动车组研发、制造等方面处于行业领先地位。我国首列时速200～250公里、首列时速300～350公里和长编组卧车高速动车组均诞生于该公司。目前，中车青岛已构建起具有国际先进水平的高速动车组设计、制造和产品平台，形成持续自主研发、制造的完整产业体系，成为具有世界一流水平的高速动车组研发制造基地。

2014年，中车青岛根据两化融合的发展趋势，系统研究了工业4.0的发展方向和核心技术，在此基础上，完成了"数字化工厂"的初步方案。中车青岛也是当时中国南车唯一一家"数字化工厂"试点单位。"数字化工厂"已成为中车青岛"十三五"期间的重点建设项目。

通过项目实施，生产效率总体提升，达到了一天（8小时）2辆车的目标，生产效率由1.6辆车/天提高到2辆车/天，提高25%。其中，总装间壁安装通过对工序能力的重新分析、组合后，作业效率提升26%左右；地板风道物料配送改善后提高效率15%；侧墙自动焊工序作业能力提高13%；侧墙零件安装工序改善后作业能力提高28%。

产品制造周期缩短，通过对工艺内容进行重新分割，下达新的生产作业计划排产顺序，节拍化生产，提高台位利用率，缩短制造周期。转向架、车体通过减少在制品，加快零部件流转，产品制造实际周期缩短。总装制造周期由41天减少为38天。其中，车顶受电弓框架安装制造周期由 5 天减少为 2 天，转向架侧梁制造周期减少 3 小时，横梁制造周期减少 1 天。

精益制造总体原则如图 3-4 所示。

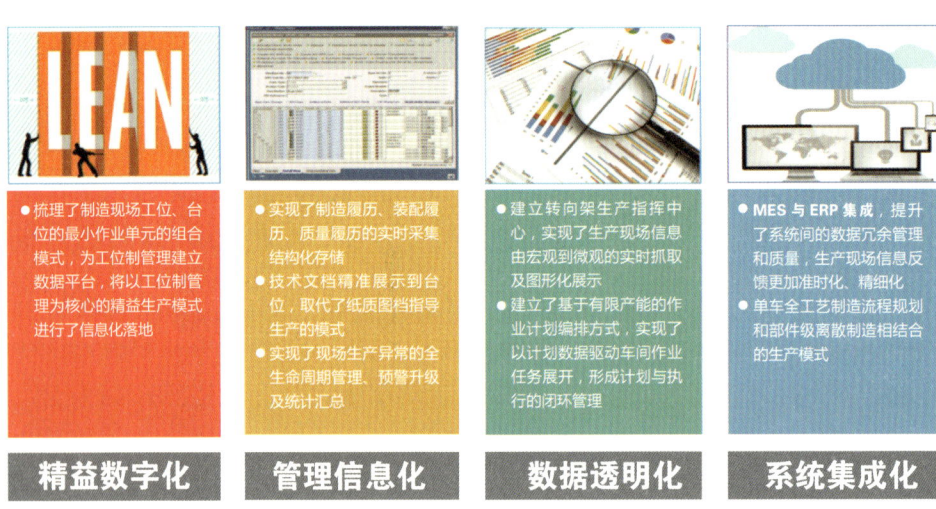

图 3-4　精益制造总体原则

三、由"黑"到"绿"：工业 4.0 的物联网大数据应用

当北京大兴区某建筑工地上的水泥泵车正在施工作业的时候，操作员或许想不到远在千里之外，位于湖南长沙的售后服务中心 20 多名员工透过大屏幕，正在密切监测着这台泵车的工作状况。这就是三一重工的全球客户管理系统——ECC 控制中心，它通过综合运用 AI（人工智能）、GPS（全球定位系统）、GIS（地理信息系统）、遥感技术、流媒体等最新的技术，实时监测着三一重工分布在全世界各地的工程机械设备，从而能够充分调度企业资源以卓越的服务为客户创造最大的价值[7]。三一重工全球客户管理系统如图 3-5 所示。

第三章
一遇风云便化龙：工业 4.0 让制造变"智造"

图 3-5　三一重工全球客户管理系统

曾经，三一重工与其他制造业企业一样运用离散制造的方式进行加工生产，这种制造模式分散且独立，需要大量的人力物力予以配合才能完成产品的生产制造。随着人工成本的提高和工程机械行业的深度发展，这种制造模式已经无法满足企业高质量的发展需求。因此，三一重工通过剖析中国制造业的竞争优势和不足，深入研究德国工业 4.0 战略，吸收西门子等国际企业的成功经验，开始构建自己的"终端+云端"工业大数据平台，积极探索大数据在提升工业效率上的应用之道，建设设备远程管控"数字化工厂"，开启了智能制造的新时代。

从 2008 年开始，三一重工开始构建"终端+云端"物联网大数据平台，基于自主的控制器和自主研发智能器件、专用传感器等"终端"，实现了泵车、挖掘机、路面机械、港口机械等 132 类工程机械装备的位置、油温、油位、压力、温度、工作时长等 6143 种状态信息的低成本实时采集，实现了全球范围内 212 549 台工程机械数据接入，至今积累了 1000 多亿条的工程机械工业大数据。依托大数据，三一重工在设计、研发、制造、营销和服务等多个环节，拓展了产业链价值边界，实现了自身的创新发展、产业链的协同发展和国际化的开放发展。

（一）树立行业标杆：提供更高效的智能化服务

工程机械的故障会直接导致建设项目的延期，因此，在国内工程机械行业有句话广为流传："国外的机器很好用，半年都不坏，但是一坏就得坏半年。"可谓一语道破了售后服务对于工程机械行业的重要性。作为工程机械行业的佼佼者，三一重工总裁向文波认为，三一重工在深刻理解客户需求的基础上，确定了两项核心能力：一是一切源于创新；二是一切源于服务。因此，三一重工率先在中国建立了 ECC 控制中心，依托"终端+云端"大数据平台将地面的服务人员位置、车辆开工信息、配件库存信息进行集中管理，从而建立了一套全球化的智能服务体系。当工程机械发生故障的时候，三一重工的工程师可以借此判断设备的故障情况，从而进行远程诊断，并利用 GPS 掌握故障设备及服务工程师的地理位置，进行合理、有效的调度。借助全球化智能服务体系的运营，三一重工实现了 2 小时抵达、24 小时完工的服务承诺，遥遥领先国外竞争对手。据统计，仅 2015 年上半年，服务部接受的60 000 余次召请订单中 2 小时到达率已达到 98% 以上，24 小时完工率达到 96% 以上[8]。

（二）实现创新发展：构建数据驱动的产品研发体系

对于起吊设备来说，坚固与效率很重要。为了保障强度，保险系数需要留足，然而，这个数值和材料的使用情况是正相关的。这也就意味着，要想系数大就要增加材料的使用，而材料使用得越多，产品的制造成本就会越高，客户的购机成本也会提高。如果为了坚固一味地增加材料，会加大起重机的自重，从而影响其工作效率。那么，这个系数究竟定多少最为合适呢？传统上，抽样调查或者征集一些客户进行会议调研是很常见的数据获得方法，但是这种操作存在弊端。以起重机保险系数设计为例，无论是抽样还是会议调研，能得到的数据都是有限的，而且，即便是某个吊车驾驶者亲自参与调研，他是否存在超载的习惯是个未知数，即便他存在超载习惯，他对于自身超载数值是否能够做到百分之百精确也是未知数。也就是说，这样得到的数据，无论是从数量上，还是从质量上，都显得先天不足。但是在大数据的帮助下，三一重工完美地解决了这个问题。通过对数据的采集，三一重工不仅了解到吊车的实时作业情况、使用工况这些设备本身的信息，而且还掌握了一个客户在使用吊车过程中普遍存在的问题——超载。有了这些资料，三一重工就可以在产品研发阶段设计一个最佳的轻度系数，让其在客户超载的前提下依旧可以保持可靠和工作效率。

另外，在62米超长臂架混凝土泵车的远距离数字化遥控器设计方面，三一重工在小批量试制阶段即开始对110台车辆的操作手使用行为进行数据采集，用3个月的时间收集了36 541条数据，通过分析测量6节臂架遥控手柄的拨动操作、高低压开关设置、排量调节习惯，结合无线信号强度数据，很快发现了末级臂架的特殊姿势对无线信号遮挡导致遥控可靠性的问题45起，并迅速调整控制程序，大幅提高了遥控操作的可靠性。2011年3月，日本福岛核电站发生核泄漏事故后，日本东京电力公司通过中国外交部向三一重工发来求助函，请求三一重工紧急驰援一台62米臂架混凝土泵车，用于高层送水，通过液压压力将水泵送到高处，给福岛第一核电站降温。在日本福岛核电站灾难救援中，三一重工的泵车（图3-6）不负众望，实现了2公里半径外超远距离的稳定遥控操作，在国际市场为中国制造赢得了广泛的赞誉。

图 3-6 三一重工的泵车

（三）促进协同发展：优化产业生态链资源效率

围绕工程机械整个产业链，三一重工聚集了 8000 家全球供应商、100 多个全球分支机构、400 家全球代理商、12 万多个全球客户和数百万名机械操作手的庞大生态系统。三一重工围绕智能设备，以产业链各环节产生的数据为依托，建立起"互联网+"产业链生态系统，协同发展优化资源效率，提升产业整体竞争力。三一重工根据用户采购订单、库存状态，结合补货周期、策略，以及车辆实时开工数据，将各地开工数据对不同季节、趋势、波动性进行分析，实现了配件需求的精准预测。一方面，帮助上游配件供应商实现精细生产；另一方面，将易损件备件呆滞库存降低 40% 以上，每年为下游经销商降低备件库存超过 3 亿元。

在大数据的监测下,得到的数据会趋向于全样本,因而营销部门有能力为潜在客户提供高精准购机建议。例如,某位客户有意购买一台挖掘机进行对外出租,那么,他需要首先了解在当下的市场行情下,哪一类挖掘机更容易出租,是大挖、中挖还是小挖?如果凭借客户自己去询问,受到个人圈层的限制,他得到的信息是片面的。而三一重工依靠着大数据提供的资料,不仅可以知晓当下何种挖掘机市场最好,而且可以预见未来的市场情况,从而可以给顾客精准化的建议,以便于客户获得更好的盈利。

(四)成为决策助手:挖掘机指数洞察中国经济状况

借助大数据和物联网技术,一台台机械通过机载控制器、传感器和无线通信站,与一个庞大的网络连接,每挥动一铲、行动一步,都形成数据痕迹。海量机械的应用场景和开工率等来自一线的真实情况,从无数最基层的工人手中"汩汩流淌",流动到三一重工的数据中心,然后经过分析演化成为最直接反映全国基建全景图的挖掘机指数。

通过多年的积累,三一重工形成了 5000 多个维度、每天 2 亿多条、总量超过 40 TB 的大数据资源。当一台台设备成为大屏幕上跳动的亮点时,数据分析师突然发现,这不就是基础建设行业的全景动态地图吗!这是最底层的核心数据。不管宣布多少投资,真实落实和施工量紧密相关。三一重工作为行业龙头企业,一些类别的机械国内市场占有率超过 40%,数据代表性远超过统计抽样,具备指数条件。2014 年 3 月,国务院有关领导视察三一重工,观看了大数据平台后,要求每个月报送相关工程机械运营情况数据[9]。

最新的数据显示:5 年来,挖掘机的施工时间形成了一条明显的 U 形曲线。2014 年 6 月,大挖掘机的平均开工时间 76.03 小时,2015 年 6 月开工时间 72.90 小时,2016 年 6 月为 88.70 小时,2017 年 6 月达到

113.35小时，同比增长28%。2013年2月，小挖掘机平均每月开工时间是55.65小时；2014年2月到2016年2月，开工时间都在50小时上下徘徊；2016年2月仅为52.85小时，但2017年2月达到72.82小时，同比增长达38%。新华社在《中国经济华丽"转弯"：挖掘机指数走出U形曲线》一文中写道："春江水暖'机'先知，5年来，从开工下降低迷，到触底反弹，再到浴火重生的'一跃'，不会说话的数据，用无言的方式给出了一份5年来中国经济新常态下的成绩单。"

国家行政学院汪玉凯教授说："过去经济供给端的数据，主要依靠企业上报给地方政府，地方政府汇总后再上报中央，数据在层层报送中容易出现扭曲，时效也严重滞后。而实时数据更能反映出经济的真实状况，让政府调控更加精准。"三一重工总裁向文波认为，引入大数据思维是国家治理理念的飞跃。尽管挖掘机指数（图3-7）仅仅是观察中国

图3-7 2015年12月三一集团各地挖掘机开工率分析

经济的一个微观侧面，但这反映出中央政府调控经济的思路已经发生了积极的变化。

（五）推动跨界转型：玩转"互联网+工程机械"

与互联网对传统行业的入侵类似，三一重工这家工程机械制造企业迈出了自己的领域，开始在电商、银行、保险、风投、手机行业频繁亮相。如果把三一重工的产业链铺开，每一个环节都在发生商业模式的变革。而这些布局未来可以让三一重工建立以生态系统为中心的视角，借助客户和生态的洞察，审视竞争格局。

今天的三一重工已经可以被银行、保险企业视为竞争者。"以前的设备保险是一年一年地卖，但我们现在可以根据设备运行数据判断运行状况，然后以全生命周期规划专业保险。"三一重工全球高级副总裁、首席流程信息官贺东东介绍，"在这个领域，我们是跨界竞争，而传统的机械设备保险行业正面临来自机械行业的挑战。"2015年4月2日，保监会批准三一集团等15家公司共同出资筹建久隆财险，这也是中国第一家专业的装备制造类财险公司。而在此之前，三一重工还联合3家湖南企业成立了湖南省首个民营银行——三湘银行，该银行可以在三一重工的销售环节中为客户增加金融服务。贺东东介绍，"在传统商业模式中的利益格局十分清晰，零部件厂给主机厂供货，主机厂卖给代理商，代理商面向客户，然后是后市场提供服务，企业、渠道、服务与客户之间已经形成了清晰的生态链。"但现在，游戏规则变了。每个人都想面对最终客户，整个利益格局在慢慢改变，这是产业融合带来最大的变化。各个环节都在变化，谁能绕过所有的渠道直接给客户提供方案，谁就能赢得创新。2012年，三一重工开始建设电商平台，尝试在传统销售环节的代理商模式中引入互联网电商。电商平台还改变了供应商管理环节，以前是由招标师通过商务部招投标方式进行，现在三一重工开始用找钢网等 B2B 平台寻找供应商。财报显示，2015 年上半年，三一重工销售费用同比下降 21.69%，管理费用同比下降 12.27%，成本费用控制取得显著成效，此外，公司库存较上年同期下降了 18.95%。

贺东东表示："即使打通客户关系、产销协同这类的流程改革基本都梳理完毕，但面向互联网转型、智能制造的挑战越来越大，如何打造集物联网和工业大数据平台的商业模式都还需要探讨。"因此，2015 年 10 月，三一集团和本土创业投资机构成立明照资本，该基金专注于工业 4.0 领域和物联网的创新投资，计划于 3 年内投资 50 个项目。此外，三一重工还成立了三一制造科技，在体制外尝试创新业务。在贺东东看来，"未来的颠覆性创新都需要在体外成立一个机构，或者依靠创投孵化出来。"

四、由"知"到"智"：工业 4.0 的传统制造业升级

以黄金叶生产制造中心为例，探索我国工业 4.0 发展布局中智慧工厂的建设。黄金叶生产制造中心于 2014 年 11 月建成投产，由原新郑、郑州卷烟厂合并而成，生产规模 130 万箱以上，是长江以北最大的卷烟工厂。制造中心成立 3 年多来，积极贯彻两化融合理念和精益管理思想，将智慧工厂建设作为推进企业管理整合的有效载体，边学边干，敢想敢干，不断探索，积极推进，初步探索出一条智慧制造的管理之路。

（一）体制创新：稳步推进智慧工厂建设

1. 成立组织

2014 年 11 月，制造中心成立了由总经理任组长、决策层和管理层全面参与的智慧工厂建设领导小组，加强顶层设计，做好战略管理。

2015年4月,从全中心选拔了4名优秀部门经理,从有工作经验的优秀大学生中选拔了20名业务骨干,组建智慧工厂建设办公室,以业务驱动为主导,以信息集成为支撑,建立矩阵式工作机制,深入研究智慧工厂建设的目标、路径、方法,推动创新,积极实践,促进管理理念、管理方式的变革。

2. 建立机制

根据智慧工厂建设需要,建立了"四纵三横"矩阵式工作机制。"四纵",即质量、效率、物耗、能耗4个纵向业务推进组,研究智慧工厂的质量管控、效率提升、物耗管理、能耗控制四大业务;"三横",即流程优化、数据分析、全员改善3个横向专项课题组,建立智慧工厂管控的流程优化、数据分析和全员改善三大模块。通过研究四大业务、建立三大模块,实现精益管理和智慧管控的有机结合,打造智慧工厂。

3. 构建模式

为实现系统整合、信息集成、智能管控、螺旋提升,打造敏捷、智能、高效的智慧工厂,提出并构建了一个平台、两个循环、三级管控的"123"智慧工厂管控模式,如图3-8所示。

"一个平台"——建立大数据分析应用平台。以生产制造执行系统(SMES)为基础,整合制丝集控、卷包数采、物流集控、能管系统、设备资产管理系统(EAM)、实验室信息管理系统(LIMS)6个子系统,建立大数据分析应用平台,实现数据的互联互通,分析挖掘历史数据,建立模型和标准,识别生产过程异常,推进问题及时改善,固化改善效果,开展企业管理的智慧化整合。

"两个循环"——建立"六化业务"和"四层数据"循环。一是建立市场导向的"六化业务"循环。以市场需求为起点,反推企业生产制造管理过程,对各项作业进行梳理和优化,实施作业流程化、流程信息化、信息标准化、管控智能化、改善全员化、提升螺旋化。通过"六化业务"循环,实现工厂和市场、内部和外部的无缝对接,实现物流、信

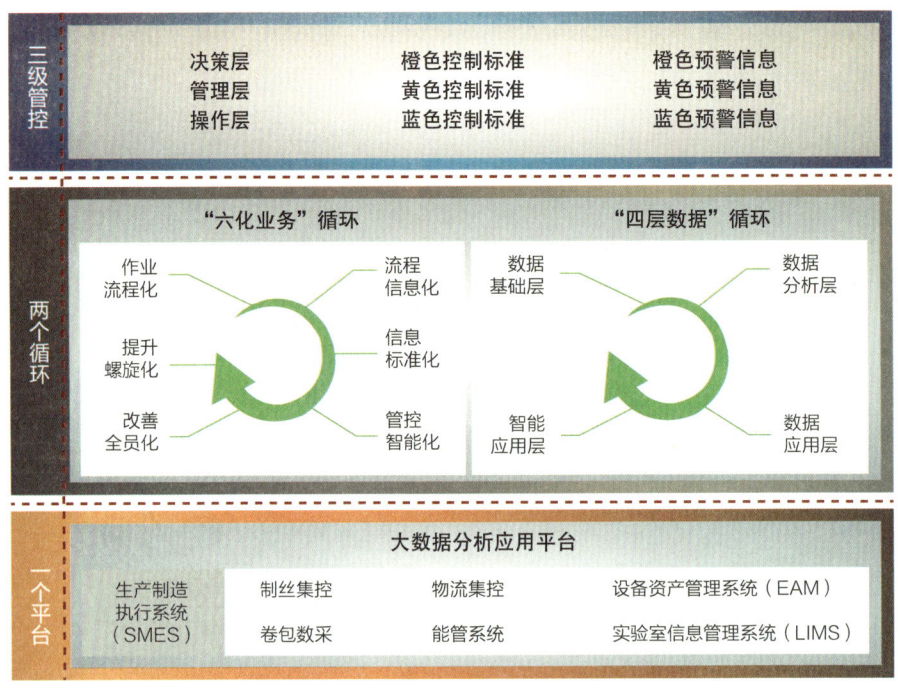

图 3-8 "123" 智慧工厂管控模式

息流、价值流三流合一与各类资源的有效整合，快速响应市场需求，实现企业价值最大化。"六化业务"循环的核心是构建以满足消费者需求为核心的业务运作模式。二是建立反应敏捷的"四层数据"循环。以快速满足下道工序需求为核心，对生产过程各类数据进行全面采集和整理，建立数据基础层、数据分析层、数据应用层、智能应用层4个层级的数据循环，通过分析、判断、改善、固化，重新指导生产过程，不断满足内部顾客需求，实现管理的最优化和效率的最大化。"四层数据"循环的核心是构建以满足下道工序需求为核心的内部管理模式。

"三级管控"——做好决策层、管理层、操作层管控。以企业管理整合为核心，将管理业务与工作岗位进行关联，建设决策层、管理层和操作层三级管控模式，使各级管控者做正确的事，正确地做事。具体推进中,从生产、质量、设备、物耗、能耗 5 个类别梳理出 693 个管控参数,建立蓝色、黄色和橙色三级控制标准,依据标准监控生产过程,并按照工作岗位推送三级预警信息,让决策层、管理层、操作层分级了解所需信息,实现生产过程的三级管控。一是让决策者"站得更高"。通过企业关键指标的透明化,决策者实时看到市场需求的变化、排产工单的进度、机台的产量,能够监控吸阻标偏、一次成品率、台时产量等 36 个关键指标的运行态势,各类信息一目了然,实时把握管理的重点。二是让管理者"抓得更准"。通过对差异的时间和空间进行定位,管理者能够直观地看到生产过程的差异,并精准定位差异发生的时间、工序、机台,以及差异的程度,带着差异到现场,分析差异产生的根源,依据改善监控流程,随时了解改善的进展,提高解决问题的效率。2017 年前 9 个月,共完成质量、效率、物耗、能耗、管理、信息 6 类全员改善(TPRS)课题 563 项。三是让操作者"控得更稳"。对同机型的机台进行强制排序,让操作者直观看到与历史最好水平的差距、与先进机台的差异、与对标值的偏差,明确调整方向,不断优化操作方法。2017 年前 9 个月,共总结形成作业标准 21 项,先进操作法 8 项,生产过程各项指标运行平稳。

在智慧工厂建设的推动下,制造中心管理整合取得明显突破,初步实现了"四化"管控目标。

一是管理整合高效化。通过智慧工厂建设,尤其是通过一个平台、两个循环、三级管控的"123"管控模式的建立,在短时间内实现了超大规模工厂的全面整合,初步实现了敏捷、智能、高效的目标。2014 年当年整合当年达产,生产卷烟 130 万箱(含整合前),创历史新高。

二是市场保供及时化。制造中心整合 3 年多来(2014 年至 2017 年 9 月),共生产卷烟 437.03 万箱,占公司总产量的 35.95%,其中一二类烟占公司一二类烟产量的 68.78%,实现了 100% 的市场保供。

三是生产组织柔性化。制造中心深入挖掘专线潜能,提升组织效率,柔性生产能力明显提高。整合 3 年多来,每年生产卷烟规格达 30 个以上。2017 年前 9 个月生产规格 29 个,制丝批次准时化时间差降低到 6 分钟以内,生产线换牌时间控制在 15 分钟左右。

四是制造过程集约化。整合 3 年多来,制造中心生产效率稳步提升,物耗、能耗逐步下降。2016 年,卷接和包装设备运行效率分别达到 99.34%、92.19%,处于行业先进水平;单箱综合能耗同比下降 1.01 千克标煤;细支烟单箱耗叶同比下降 1.09 千克。

(二)做实做细:大数据促进精益落地生根

当前,行业精益管理经过多年探索,已逐步形成了一个有机系统。而在这一系统中,一些关键局部又往往起着主导作用。梳理并解决好关键局部的关键问题,影响甚至决定了企业精益的整体水平。因此,破解精益难题,提升精益水平,首先必须锁定问题之源、切中问题要害。

1. 聚焦精益营销,着力打造"124"访送新模式

针对大数据分析发现的"订货量排名后 20% 的客户销量只占 2%"的不合理现象,改变已运行 16 年的每月 4 次访送模式,根据商户月均订货量进行每月 1 次、2 次、4 次的动态访送,使企业访送效率显著提高。针对访送模式优化后,部分客户存在的"疑、惑、忧、难"问题,通过采取紧俏货源差异化投放、订货提醒、应急补货、增加办理"烟草贷记卡"等措施,确保商户"减顿不挨饿,保量保营养"。推行"124"访送新模式后,客户满意度不降反升,实现了客我共赢。同时围绕提升终端客户经营能力,密切商商关系,组织实施客户盈利能力倍增计划,打造"平等互利、长期合作、共同发展"的现代卷烟零售终端。

2. 聚焦精益财务,构建"365"定额管理体系

以"一张卡片全覆盖"为基本思路,编制定额标准卡片 365 张。卡片设置标杆定额、总控定额和执行定额 3 个维度,覆盖收入类、成本费

用类、税金类、资产配置、人员机构和定额标准管理办法六大板块，同时严守5项原则。以信息化手段为依托，搭建"全面管控、无缝对接、上下贯通"的预算管理信息系统，消除人为干预因素，实现费用的全面下降。2017年前9个月，3项费用同比下降942万元，3项费用率在连续3年下降的基础上，又同比下降0.5个百分点。

3. 对接协同创新，大数据升级企业管理与创新

"互联网+"协同模式的最大创新点是基于大数据去改变管理、服务和体验，了解、对接、聚合客户需求，构建新的协同模式，提高效率，缩短了企业与市场的距离，实现了企业内客户"跨职能"协同，企业外客户"无边界"协同，促进企业管理升级，对新形势下烟草企业管理升级和创新发展有一定的借鉴意义和现实作用。

全价值链协同模式以"互联网+"思维和技术的导入应用为出发点，重点在管理、品牌、营销、生产、供应链物联和文化传播六大领域开展工作，构建基于PDCA闭环、开放式研发创新、工业工程改善、供应链物物互联、网络营销和微信矩阵六大平台，构建立体式协同体系，实现企业全面实践精益平台化、平台精益化。

（三）"五精"效果：坚持目标导向的实践主线

制造中心建设智慧工厂过程中，始终坚持"锻造精益品质、厚植品牌价值"的工作主线，围绕市场、服务生产、促进管理，以产品发展检验智慧工厂建设成果。黄金叶（天叶）作为河南中烟的旗舰产品，在市场上有良好的口碑。为保证黄金叶（天叶）的高端品质，借助大数据分析应用平台进行智能管控，实现了黄金叶（天叶）过程管控的"五精"效果。

1. 作业流程精细

依托大数据分析应用平台，以黄金叶（天叶）产品的市场需求为起点，以下道工序需求为标准，在生产、质量、设备、原料、材料、能耗、现场、营销 8 个管理领域，梳理出 17 项业务流程、81 个关键业务节点、433 个量化参数。其中，仅烘丝工序就建立了 53 个量化参数。通过这种数据化、可视化的管理，黄金叶（天叶）生产作业流程的精细化程度达到了一个较高的水平。

2. 内控标准精确

从工艺技术、质量管控，到生产管理、设备运行、仓储物流等，黄金叶（天叶）始终坚持"高于行标，严于行标；优于同类，严于同类；严控现有标准，新增潜在标准"3 个基本原则，以消费者的需求为导向，以平台精准过程管控为依托，分析生产过程历史数据，制定天叶产品最严苛的专属内控标准，实时监控生产过程各项参数和指标的波动，跟踪产品批内、批间的物理指标，实施批监测、日评价、周分析，实现天叶产品质量的顶格管控。

比如，烘丝工序出口物料含水率、流量波动的工艺技术标准的允差分别为 ±0.5% 和 ≤1.0%，黄金叶（天叶）及"天系列"产品加严控制到 ±0.15% 和 ≤0.1%。再如，行业对烘丝出口的物料温度没有要求，根据数据分析，新增该项指标，标准为（49±2）℃。实践证明，这一指标的设定，对烟丝加工的稳定性有很好的促进和提升。目前，黄金叶（天叶）制造过程的六西格玛水平达到了 4.3，这个数据不仅行业领先，就是在一些精密加工行业，也是比较靠前的。

3. 智能管控精准

将黄金叶（天叶）的专属内控标准纳入平台的标准中心，实时对生产过程的工单进度、工艺质量、设备运行、物耗能耗等进行全方位监控，自主发现过程差异，自动推送预警信息，自发监控改善过程的人员、时间、进度等状态，自觉固化改善效果，实现生产过程的智能管控。

目前，制丝过程不仅管控水分、流量、温度等常规参数，还管控分季节、分规格、分工序的批次物料重量等参数；卷包过程不仅管控吸阻、单支质量、通风率等参数，还进一步监控各环节残烟和一次成品率，以及万支卷烟的能耗，实现了对质量、效率、物耗、能耗的精准管控。

4. 产品评价精密

通过黄金叶（天叶）的两级管理评价、首批生产评价、三级"飞检"、成品综合评价，实现了多层级、全过程的精密评价。目前，每天由产品维护人员进行感官评吸，从光泽、香气、协调性、刺激性、余味等多个方面进行辨别，进行燃烧锥脱落和燃烧状态检验，分析班组间、批次间的质量稳定性，保证内在、外在质量的持续稳定。

5. 螺旋提升精益

大数据分析应用平台总结过程经验，固化改善效果，形成优秀操作法，及时修订相关制度、流程和标准，实现了信息到知识的归集，重新指导生产过程，实现管控水平的螺旋提升。

依托智慧工厂建设，黄金叶（天叶）及"天系列"产品生产制造水平稳步提高。2017年上半年，黄金叶（天叶）在国家烟草专卖局卷烟产品质量监督市场抽查中，包装与卷制质量获得100分；黄金叶（天叶细支）在国家烟草专卖局细支卷烟产品质量监督市场抽查中，包装与卷制质量获得100分，综合质量排名第一；黄金叶（天香细支）被确定为行业高端一类细支卷烟感官标准样品。

2017年前9个月，黄金叶（天叶）累计实现商业销量29 143箱，位列高价位卷烟第2位；增幅29.49%，位列高价位卷烟第1位。市场份额稳步扩大，品牌影响力持续提升，以稳定的高端品质赢得了广泛赞誉，被誉为"最具价值感的高价位卷烟品牌"，对黄金叶品牌的引领作用持续增强。

2015年以来，制造中心共完成技术革新188项，管理创新课题59项，取得专利173项，发表科技论文141篇，出版专著2部，获得计算机软件著作权9项；获公司科学技术进步奖13项；获得国优QC成果9项、省优QC成果75项、优秀六西格玛项目13项；评审激励全员改善（TPRS）课题1391项；3项课题分别获得首届全国企业创新方法大赛一等奖、二等奖、三等奖。

五、由"重"到"轻"：工业4.0的互联网大数据逻辑

2014年3月6日，金山和小米公司董事长、全国人大代表雷军在两会期间提交了《关于加快实施大数据国家战略的建议》报告。雷军建议大数据国家战略应从国家层面上重点考虑数据主权、数据创新能力、关键技术、人才、数据研究、覆盖全行业的产业链、法制环境支持等几方面的问题[10]。

（一）小米崛起背后的互联网大数据逻辑

2011年8月16日，在北京798艺术区，雷军站在演讲台上，身穿黑色的T恤加牛仔裤，发布了小米公司的第一台小米手机。出乎所有人意料的是，一家从未做过手机，也没有自己制造工厂的初创型企业当年就卖出去30万台手机。之后，更像是开挂了一样进入疯狂模式：2012年销售713万台，2013年销售1870万台，2014年出货6112万台，销售额达到743亿元，一举夺得国产智能手机销量桂冠，成为全球第三大手机厂商。最新数据显示：2017年前三季度小米手机出货量达到6400万台，全年有望突破9000万台，营收突破1000亿元。

与小米的疯狂增长形成鲜明对照的则是"百年老店"诺基亚的江河日下。成立于1865年的诺基亚，2013年即将迎来自己150周岁生日之际，却传来了其被微软收购的消息。人们终于可以确信，世界上又一个巨人企业倒下了。关于诺基亚衰落原因的探讨有许多，有的归咎于其庞大而僵化的官僚体系；有的认为其产品设计理念落伍，导致市场竞争

力不足；有的认为其不该抱守残缺、死守老旧的塞班系统；等等。正如星巴克创始人舒尔茨所说："衰败发生得安静而平缓，就像脱线的毛衣一样，从松动的那一针开始，一点点脱线。等到终于察觉的那一刻，一切已经晚了。"其实，在我们看来，诺基亚的衰落和小米的崛起背后的原因是一致的，即顺应互联网潮流者生，逆潮流者死；拥抱大数据者强，质疑者弱。

诺基亚是工业时代的王者，它遵循精益生产的法则，拥有全球最精密的采购链，每个环节都必须精确控制风险与成本，力求在成本与质量之间达到某种动态平衡。这使其获得了早期的成功，但是，也限制了它的后续发展。成本思维制约了诺基亚的前进，管理者总是在权衡利弊中倾向保守，不愿将研发转化为产品，而既有的成功又让其丧失了推进全面创新的动力。

进入21世纪，全球采购和供应链的成熟，降低了产品制造的门槛，使得硬件不再是一个问题。而谷歌公司推出的安卓（Android）系统，则解决了软件障碍，它的开放性助长了行业混战，从而为"快品牌"塑造创造了可能，使得三星异军突起，HTC、小米这样年轻的品牌有机会脱颖而出。互联网时代的急剧变化中，变革才是生存之道。诺基亚的商业基因，仍停留在工业时代的制造思维和成本思维，没有与时俱进地进化，因而被时代淘汰。

（二）大数据赋能小米金融风险控制

小米是一家硬件公司，也是一家移动互联网公司，更是一家大数据公司。硬件方面，在过去几年中，小米一共售出了超过2亿台手机和1500万台电视和"盒子"，另外，路由器和手环等生态链产品的销量也非常好。软件方面，深受用户喜欢的MIUI是一个深度定制的安卓系统。依托强大的硬件销量和MIUI等软件系统，小米在过去几年积累了大量的用户数据，包括 APP 使用、搜索、购物、社交、娱乐等。现在，使用小米云服务的客户已经达到 9700 万人，为用户存储了 405 亿张照片，504 亿个视频，存储量超过 100 PB。小米是一家真正的大数据公司，和其他公司相比，小米大数据最大的特点和优势是"全生态、多样性"。2015 年，在贵阳国际大数据产业博览会暨全球大数据时代贵阳峰会上，小米创始人雷军表示："大数据是信息化之后的产物，也是互联网化的产物。它并非是直接延伸出的结果，而是一个全新的行业，或许看起来和互联网行业很像，但其本质是以数据为中心。怎么把数据联通起来产生大数据行业，是未来应该思考的方向。"

2017 年年初，雷军将互联网金融定位为小米五大核心战略之一，实际上小米公司在金融领域的布局从 2015 年年初就开始了，消费金融便是其中重要的一块。随后的一年多时间，小米不断扩张金融业务，逐步涉足贷款、保险、理财、支付等多个领域。2016 年，小米联合新希望等公司取得银行资质，已开始筹建新网银行；同年 9 月，小米联合中国银联打通手机支付业务，推出 Mi Pay 产品；小米保险也已推出健康险、意外险、财产险、旅行险、车险等几十款险种产品。2017 年 4 月 11 日，小米借贷向外界发布了上线一年半以来的业绩：贷款发放总额近 100 亿元人民币，较 2016 年年初增长迅速[11]。

小米信贷定位于提供小额信用贷款服务，单笔额度最低 100 元，最高为用户可用额度。虽然雷军等一众"明星"晒出最高 100 万元的额度，但当时公测用户得到的实际额度很多在 2000～3000 元，小米信贷目前单笔平均额度为 5000～6000 元。小米信贷业务负责人陈曦表示：在消费金融领域，一个平台的风控能力至关重要。小米信贷在技术上也做了大量投入，员工中 50% 都是技术人员。目前，小米信贷的风控模式是完全数据驱动的，通过机器学习、大数据技术，平台能够侦测用户的风险，有任何变化都能及时更新到系统中。另外，生物识别技术也提高了用户身份认证的效率和用户体验。

2015年11月，小米信贷表示，旗下信用评分体系已正式上线，正式进军个人征信领域。陈曦表示，小米信用评分体系主要基于小米生态的自有数据，包括行为数据、支付数据，甚至包括未来将引入的聊天数据。同时也和第三方数据公司合作，通过建立一定的数据模型，最终得出用户的信用评分。目前，该模型涉及多个来源的异构数据，包括小米商店的购买行为、游戏使用频率及花费等，由于系统需要考虑的变量很多，单一变量的变化不一定会带来信用评分总分的变化。小米信贷从多维度考察用户，评估其信用风险，以反欺诈和以中介为核心的团伙作案为重点，因为，这两块是最大的损失来源。据陈曦透露，从一开始设计风控系统时，小米就对这两类风控重点做了防范，目前，小米信贷的不良率远低于市场平均水平。

（三）大数据赋能小米生态链

2013年年底，小米启动了生态链计划，雷军定下了5年内投资100家生态链企业的目标。截至2017年9月，小米生态链已有89家智能硬件公司，其中，7家公司年收入过亿元，2家公司年收入破10亿元，4家公司估值已达10亿美元，成为"独角兽"：华米、紫米、绿米、青米、智米、创米、蓝米、云米、万魔声学（1MORE）、iHealth（九安医疗旗下）、纳恩博（Ninebot）……所推出的产品覆盖了耳机、移动电源、手环、插座、血压计、空气净化器、净水器、运动相机、平衡车、电池、床头灯、电饭煲……短短4年时间，小米生态链已经形成规模效应，在智能硬件、智能家居等诸多领域处于领先地位。2017年12月29日，小米官布，小米生态链企业2017年销售额突破200亿元。

小米生态链的强大之处，表面看起来是创造了一系列"爆款"产品和200亿元的销售额，从深层次来说，是搭建起绝对优势的供应链，可以支持一家初创公司以很低的成本进入一个硬件领域，创造最低价的产品。例如，小米移动电源之所以价格低，就是因为其拥有强大的供应链整合能力。没有这样优势的企业是做不到的，成本就没有办法降低。所以说，21世纪的竞争不再是企业与企业之间的竞争，而是供应链与供应链之间的竞争。

另外，小米生态链更大的价值是借机布局了新领域，如物联网和人工智能。根据小米副总裁、生态链负责人刘德在2017米家年度发布会上公布的数据：截至2017年5月31日，小米IoT平台联网设备超过8500万台，MIUI全球联网激活用户已经突破3亿人，在地域分布上已逐步遍及全球，小米生态链已成为全球最大的智能硬件平台。小米生态链掌握的数据是关乎家庭乃至个人健康的各种数据，未来，这些数据与阿里的电商数据、腾讯的社交数据，可能将成为中国最有价值的数据。2017年，小米对外发布了IoT开发者计划，在发布会上，雷军强调："AI（人工智能）战略是公司现在最重要的战略。"在雷军看来，小米有用户、有设备、有数据，这就是小米做人工智能的独特优势。这才应该是小米生态链真正的野心，雷军高呼的"星辰大海"。

（四）大数据赋能小米新零售

2014年，小米成为中国手机市场销量冠军之后，2015年和2016年却陷入了增长乏力、甚至衰退的危机之中。2015年，小米手机出货量没能达到其预定的8000万台的目标，营收为780亿元人民币，同比仅增长5%；2016年，小米则宣布不再公开当年的销量数据。有机构估计，小米智能手机在国内市场的出货量仅为4150万台，同比大幅下滑36%，营收则不足600亿元。2016年销量暴跌，使小米在中国智能手机制造商中的排名从第一跌至第五。在全球智能手机业务的堑壕战中，没有哪家公司在遭受如此重创之后，还能东山再起。

与此同时，OPPO和VIVO却凭借强大的线下渠道，实现了惊人

第三章
一遇风云便化龙：工业 4.0 让制造变"智造"

的增长。2016 年，OPPO 总销量增幅达到了 132.9%，达 9940 万台，市场占有率为 6.8%。VIVO 在 2016 年卖出了 7730 万台手机，增幅达 103.2%，市场占有率达到了 5.3%。OPPO 和 VIVO 的零售商店能够从一线城市覆盖到"八线"乡镇，广告代言覆盖所有高收视率节目，而小米仍然只有线上销售渠道，线下的广告投放也少得可怜。

2017 年，一直以来过度坚信线上营销的小米终于在新零售的狂风暴雨中幡然醒悟。这一年，小米新开设了超过 250 家线下零售店。而在此之前的 3 年时间中，小米线下门店的数量不足 50 家。小米是互联网销售模式的先驱，为什么现在要转向线下实体店呢？雷军在接受媒体采访时表示，7 年前他认为，只有电商能完成超高的效率，当时的模式是"前店后厂一体化"，所有中间成本基本等于零，用户只要付个运费，所以用电商完成销售。直到现在，电商仍然占据了收入中非常大的比例。但是，增长到一定阶段后遇到了瓶颈，就是电子商务占社会消费品零售总额的比例约为 10%，手机行业网上销售不到 20%。电子商务有优势，但也有缺点，它没办法体验，只能在网上看图片、下订单，过几天才能收到。在商店则可以体验，觉得好，马上可以付钱拿走。所以，线上电商、线下零售各有特点，二者结合对小米来说有利无害。雷军对采访的记者说："过去两年，我们犯的最大的错误，就是忽视了线下。" 2016 年开始，小米开始大举推进线下实体店，并承诺线上线下同价。

马云曾表示，以后电商将是一个过时的词语，强调效率、个性和体验的新零售才是商业的方向。而电商通过大数据的精准匹配，能让销售和消费变得更加智能。例如，用户刚下单，离他最近的零售店立刻就可以给他送货上门，甚至用户没有下单，大数据就知道用户将会买什么，从而提前备货。小米新零售策略的效果可谓立竿见影。根据小米内部人士的数据显示，由于 2017 年迅速扩张线下实体店，小米电视的销量在第三季度增长了 90%，同时，也促进了生态链企业产品的显著增长。目前，小米之家的坪效比达到 27 万元 / 平方米，仅次于苹果，全球排名第二,相当于 4.5 个优衣库,6 个海底捞。而 2017 年"双 11"当天,小米之家单日零售额超过 1.14 亿元,是上一年"双 11"的 3 倍多。

关于新零售模式,雷军的诠释是:新零售就是用互联网效率干零售,用互联网技术手段、方法论和人才来改进传统零售业,能帮助传统零售业提高效率、改善用户体验。实践的结果是,可以用电商的成本完成传统零售。但这中间也需要很多改革,要完全自营而不是找各级代理、加盟、挂牌子、层层加价,整个都是小米的统一流程,进行统一管控,保持了很高的性价比。目前,小米设定的目标是,2019 年小米之家的数量要达到 1000 家。

近日,关于小米公司 2018 年将在香港 IPO 上市的传闻甚嚣尘上。据接近小米高层的人士称,2017 年 11 月,雷军与投行进行了接触,高盛、摩根士丹利、瑞信和德银有可能率先拿下承销商资格。毫无疑问,大数据、人工智能、生态链、新零售和国际化,将是助推小米上市、撑起千亿美元估值的武器与法宝。

(张英杰 负 强)

第四章

河有源泉水更深：
大数据赋能战略性新兴产业

2010年，国务院发布的《国务院关于加快培育和发展战略性新兴产业的决定》指出："战略性新兴产业是引导未来经济社会发展的重要力量，发展战略性新兴产业已成为世界主要国家抢占新一轮经济和科技发展制高点的重大战略。"基于我国国情和科技产业基础，提出"十二五"期间要重点培育和发展节能环保、新一代信息技术、生物、高端装备制造、新能源、新材料、新能源汽车七大产业。进入"十三五"时期，战略性新兴产业依然是我国未来发展的重点。2016年11月，国务院印发的《"十三五"国家战略性新兴产业发展规划》指出，要把战略性新兴产业摆在经济社会发展更加突出的位置，提出到2020年战略性新兴产业增加值占国内生产总值比重要达到15%。

大数据是"十三五"时期新一代信息技术产业的首要发展任务，并上升为国家战略，引领着新一代信息技术产业中其他技术方向的发展。同时，大数据也有力支撑了其他战略性新兴产业的数字化转型发展，节能环保产业、生物产业、高端装备制造产业、新能源产业、新材料产业、新能源汽车产业都已经与大数据深度融合。产业大数据联盟、大数据平台、大数据库、数字化平台、互联网平台，无论哪种方式都已经深深地植入各大战略性新兴产业中。互联网、物联网、云计算、智慧城市、智慧地球正在使数据量沿着"摩尔定律"飞速增长，大数据对战略性新兴产业的赋能作用也将进入一个崭新的时代。

大数据：城市创新发展新动能
BIG DATA: Enabling Urban Innovation

一、新一代信息技术产业：大数据引领产业发展

新一代信息技术是以移动互联网、社交网络、云计算、大数据为特征的信息技术架构，具有网络互联的移动化和泛在化、信息处理的集中化和大数据化、信息服务的智能化和个性化3个显著特点。新一代信息技术产业是围绕下一代信息网络、移动互联网、云计算、物联网、三网融合、集成电路、新型显示、新型元器件与专用设备、高端软件、信息服务等与新一代信息技术相关的领域发展的产业。

《"十三五"国家战略性新兴产业发展规划》提出，到2020年，把新一代信息技术产业及其他6个战略性新兴产业发展成为产值规模10万亿元级别的新支柱产业。可以看出，新一代信息技术产业得到国家的高度重视，具有极高的战略地位，发展新一代信息技术产业成为我国增强国际竞争力、保障国家安全、转变经济发展方式、带动新兴经济增长的重要途径，也成为区域促进产业结构转型升级、加快转变经济发展方式的重要抓手。

当前，新一代信息技术产业加速变革推进，《大数据产业发展规划（2016—2020年）》的出台，使大数据产业发展迎来黄金期。数据已经渗透到当今每一个行业和业务职能领域，成为重要的生产因素。人们对于海量数据的挖掘和运用，预示着新一波生产率增长和消费者盈余浪潮的到来。

《2016年中国大数据交易白皮书》预测，随着各项政策的配套落实及推进，中国大数据产业市场在未来5年内仍将保持高速增长。到2020年，我国大数据产业市场规模将由2014年的767亿元增长至8228亿元，年复合增速达到48.5%。国家制造强国建设战略咨询委员会预测，到"十三五"末，大数据产业市场规模将突破万亿元大关。更为重要的

第四章
河有源泉水更深：大数据赋能战略性新兴产业

是，大数据产业在快速发展的同时，还有望引领市场规模万亿元之巨的IT服务业转型，使其在已有的庞大产业规模基础上，实现进一步发展。

（一）中科曙光：大数据助力构建AI城市和科学大脑

计算力和大数据是人工智能技术进阶和产业化发展的引擎和保障，同时也是助力城市和科技发展的重要前提[1]。2016年，中科曙光在"大计算"和"大数据"这"两大"核心业务体系上均实现了全面的业务布局。2017年，随着"人工智能"被写入《政府工作报告》和国务院《新一代人工智能发展规划》的印发，发展人工智能被提升至国家战略高度。中科曙光正式对外发布其人工智能的发展战略——"数据中国智能计划"。旨在通过先进、高效的智能计算，让数据变成智慧知识和智能服务能力，从而更快实现"让全社会共享数据价值"的愿景。

先进计算是基于高性能计算、云计算、量子计算、智能计算、绿色计算、类脑计算等多种计算技术和理念的融合创新与应用。中科曙光的先进计算业务在2017年推进迅速，先后与贵安、兰州、太原、徐州、福建等城市签订战略合作协议，落地部署我国首批"资源+项目+产业"一体化的"先进计算中心"，助力城市和区域产业转型升级，打造全国先进计算网络，使先进计算发挥更大的社会和经济效益（图4-1）。此外，中科曙光还与青岛战略签约，成立"中科曙光国际"，将其全球研发总部落子青岛，致力于加速青岛智能化建设，推进先进计算等高端信息产业快速聚集。

在先进计算的细分技术领域，中科曙光也不断寻求布局的扩展和技术产品的创新突破，占领前沿技术的制高点。例如，在类脑计算领域，中科曙光发布全球首款基于寒武纪人工智能芯片的AI推理专用服务器；在量子计算领域，中科曙光与国科量子签约，并发布全球首款基于量子通信的云安全一体机，切实为信息安全保驾护航；中科曙光"面向深度

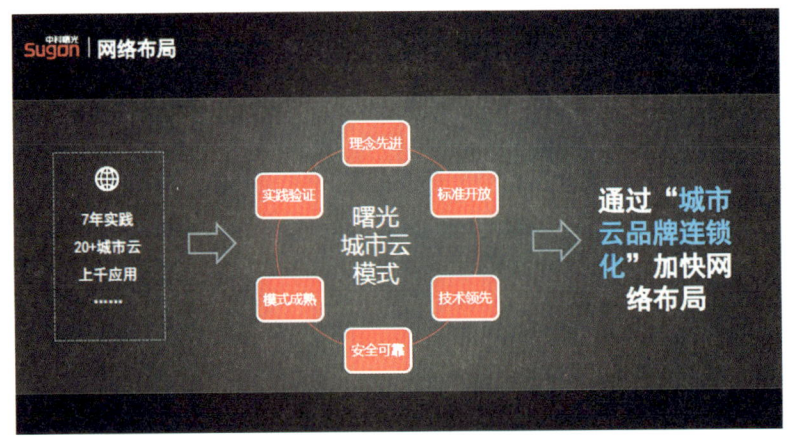

图4-1 中科曙光城市云模式

来源：中科曙光官网，http://special.ccidnet.com/160420/index.shtml。

学习应用的开源平台建设和应用"项目入选发展改革委"2018年'互联网+'、人工智能创新发展和数字经济试点重大工程"；在绿色计算领域，中科曙光于2017年交付国内首套商用全浸没式液冷服务器。

在发挥大数据技术优势方面，2017年，中科曙光持续推动政府、科学、安全、工业4项大数据的建设和发展。在政府大数据领域，曙光作为发起单位之一，成立了中国科学院智慧城市产业联盟。在科学大数据领域，中科曙光联合中国科学院大气物理所等合作单位申请的"地球数值模拟装置"即将在北京开工建设。中科曙光网络安全公司落子武汉，关键业务布局得到进一步推进。此外，中科曙光获批承建大数据分析技术国家工程实验室，进一步完善了中科曙光大数据从汇聚、融合到分析、共享的生态链条。

中科曙光在"大计算"和"大数据"领域的一系列布局和持续深耕，为创建AI城市、构造科学大脑提供了强有力的驱动和保障，助力"数据中国"战略愿景早日实现。

（二）高通：5G 时代的大数据应用布局

作为全球知名的通信企业，高通在 2G/3G/4G 的发展中一直起着非常重要的作用。如今，高通也正在引领全球 5G 之路。早在 2006 年，高通就开始对 5G 进行前瞻性研发，并致力于推动 5G 新空口（5G NR）全球标准的制定，为 3GPP 标准化活动做出重要贡献。在 5G 核心技术和芯片方面，高通也投入了大量的资源，并取得了丰硕的成果。除了基础通信技术研发以外，高通在 5G 和应用上，尤其是在重要的应用技术——大数据方面进行了布局[2]。

高通积极推动 5G 新空口技术演进，助力物联大数据采集。自 2016 年 10 月高通宣布业界首款 5G 调制解调器后，2017 年 2 月，高通又将骁龙 X50 5G 调制解调器系列扩展至可支持 6 GHz 以下和多频段毫米波频谱运行，可通过单一芯片支持 2G/3G/4G/5G 多模，支持全球 5G 新空口标准和千兆级 LTE，由此带来更加强劲的移动表现。2017 年 2 月，高通宣布实现了首个基于 3GPP 5G 新空口的 5G 连接，采用 6 GHz 以下 5G 新空口原型系统，展示了利用先进的 5G 新空口技术可高效实现每秒数千兆比特数据速率。

这一重要的 5G 技术将促进不同技术的跨界融合，数十亿的移动终端将与机器人、人工智能、自动驾驶等领域的创新紧密结合，人类将迎来历史上从未出现过的快速创新时代。

（三）华为：大数据安全防护体系成"智能大脑"

近几年，各种数据泄密事件、网络安全事件频发，网络攻击的规模也在向网络战方向发展。与此同时，越来越多的 IT 设备接入互联网，所产生大量数据的商业价值日益凸显。如何利用大数据，成为网络防护战的新思路。

华为通过构建立体协同的安全防护体系，来实现全天候、全方位感知网络安全态势。这套防护体系接收网络设备的流量、基础设备的可疑样本及 IT 设备的日志，通过大数据分析系统进行样本分析和策略控制，实现对黑客供给链的精准呈现和及时防御。同时，建立信誉查询系统和知识库升级系统，进行信誉查询及知识库同步[3]。"智能大脑"安全防护体系有两大特点：

第一个特点是基于大数据分析。基于大数据分析的安全解决方案能够精准迅速地发现并清除威胁。通过对异常流量、木马病毒、0day 漏洞、C&C 及钓鱼邮件进行大数据威胁分析，能够精准发现病毒。通过可视化呈现感知全网的安全态势，并通过阻断 C&C、阻断威胁渗透，将恶意文件进行清除，实现对病毒的快速响应。

第二个特点是全网防护。通过全网感知、全网响应、全网防御来实现全网安全协防。通过采集全网的安全事件，并进行大数据关联分析，监测当前网络运行状况；全网内统一调度，将网络资源进行动态分配，实现全网响应；安全能力动态性扩容，对未知威胁进行及时有效防护，实现全网防御。

"智能大脑"安全防护体系可以做到事前防御、事中检测和事后响应。在事前防御上，通过打补丁、最小端口开放、FW 访问控制、IPS/AV 签名、FW/ASG/NIP 信誉防御等措施减少攻击面。在事中检测上，利用沙箱、流量探针、日志探针，结合大数据机器学习，快速检测未知威胁；整合网络和终端的信息，确定攻击事件，并确定优先级；联动网络、终端、隔离、拦截威胁。在事后响应上，提供涵盖终端、网络的响应能力；自动生成情报，联动 FW/IPS 等安全策略执行点，实现防御闭环。

这种闭环式防御策略可以实现客户价值的最大化。保护投资，兼容现有安全技术和资源，抵御高级威胁；高级安全，更快检测未知、定向、高级威胁；快速响应，更快响应安全事件；安全可控，全网安全态势感知，整体把握并改善安全状况。

二、节能环保产业：大数据提升产业综合效益

节能环保产业是为节约能源资源、发展循环经济、保护环境提供技术基础和装备保障的产业，是跨产业、跨领域、跨地域，与其他经济部门相互交叉、相互渗透的综合性新兴产业，是一种典型的跨行业、多类型的大数据综合应用产业。因此，基于大数据思维的创新必不可少，"开放、共享、标准、融合"是关键所在[4]。

首先，以开放的态度实现创新思维。一方面，加大监测力度，把监测的数据开放给社会，增加公众知情权；另一方面，也要海纳百川，把更多的数据引入环保。其次，以共享的模式激发创新活力。节能环保不是一个区域、一个部门所能完成的，其区域性、复合型特征日益明显，这对数据共享的要求日益迫切。而数据资源的独特性就在于，一份数据能够以非常低的成本为多方所分享、使用，而且不减少数据的价值。在"互联网+"浪潮下，通过数据共享可以迅速创造更大的经济价值和社会价值。再次，通过标准规范打破创新壁垒。标准规范不统一，系统和系统之间将难以达成"对话"，数据难以真正流动起来。当前，节能环保产业的数据来源于不同的数据生产部门，其组织管理方式、标准、参考体系各不相同，给环保大数据的快速形成与综合应用提出了挑战。要使得数据能够真正相互关联，实现多源异构环境大数据的一体化组织方法，打破创新壁垒，统一的数据模型和数据标准必不可少。最后，通过关联融合提升创新价值。大数据的魅力在于数据之间的关联、融合，从而找出新的信息，为决策提供科学依据。节能环保产业涵盖大量的数据，以空气质量预报预警为例，就要综合气象背景场数据、地面气象观测数据、空气质量实测数据、卫星数据、交通数据等。这些数据简单放在一起，并不能给出一个科学合理的预报结果，只有通过模型（无论是

数值预报模型还是统计预报模型)将这些数据融合在一起,才能得到真正预期的结果。

(一)Vestas 公司:风电大数据提升风电效能

世界能源发展面临的资源紧缺、环境污染、气候变化等形势愈加严峻,清洁能源在改善能源结构方面的重要作用日益突出,大力发展清洁能源是当前国际社会应对能源紧缺、保障能源供应的重要发展方向。近些年,清洁能源已得到了高速发展,尤其是风电装机容量增加较为迅猛。然而,伴随着风电的快速大规模发展,众多问题也纷至沓来,如弃风限电、发电量损失大、故障率高、设备损坏较早及维护不合理等。

大数据时代的来临,为风电行业带来了曙光,利用大数据技术可从多方面分析风能,如在前期的设计阶段可展开风资源评估、风电场微观选址及风机选型等工作,机组运行期间可进行故障诊断与预警、风电功率预测,风场运维期间可进行发电量损失分析、故障分布与维护策略制定及提高风场功率预测精度等工作[5-7]。风电领域的大数据应用空间十分巨大。

在国外,大数据技术在风电领域已有所建树,丹麦能源公司 Vestas(维斯塔斯风力技术集团)、美国通用电气公司等风电整机企业已积累了多年的经验。国内企业远景能源基于智能传感网和云计算形成智慧风场全生命周期管理系统,包括"格林威治"(Greenwich)云平台、智慧风场 Wind OS 管理系统及 Wind OS 高级应用[8,9],积极构建全球智慧能源蓝图,推动传统能源领域的智慧变革。

Vestas 作为全球领先的高科技风能系统提供商,将大数据与云计算技术应用到自身风电平台,与 IBM 公司开展合作,利用 Vestas Online、SiteHunt、SiteDesign、Electrical PreDesign 收集数据,使用 IBM 大数据分析软件(BigInsights)和 IBM 超级计算机系统(iDataPlex 超级计算机

"Firestorm"），分析 PB 级别的结构和非结构化数据，如风力和天气数据、湍流度、地形图、地球空间信息、卫星图像、气象报告、气象模型、潮汐周期，以及公司遍及全球的 2.5 万多个受控涡轮机组发回的传感器数据等，在自有平台（电厂控制系统、Vestas 预测、商业 SCADA 系统）进行建模分析，实现最优能源输出的效果，提升大数据在风场全生命周期管理中的应用，全面提升风电场效能。

Vestas 在 1222 台相互连接的 System x iDataPlex 服务器上运行 BigInsights 软件，这些服务器经过工作负荷优化，共同组成了"Firestorm"超级计算机，每秒钟能进行 150 万亿次运算。BigInsights 软件采用开源技术 Apache Hadoop，可提供大规模并行处理框架、TB-PB 级别数据的可扩展存储，支持情景假设。数据软件平台除 BigInsights 这一重要组成部分之外，还包含 InfoSphere Streams 软件，它可实时分析流入组织的数据，检测其变化，了解数据中是否出现了新的模式或趋势。

Vestas 利用气象数据、地理数据及历史运维数据进行建模分析，其中，气象数据包括风速分布（日、月、季节、年）、风向分布、气温、气压（梯度）等历史运维数据，如运行小时数、风机类型及运行状况、故障率等，地理数据如地形信息（粗糙图、梯度图等）、风场分布信息等，并与已知数据不断比对优化，最终实现气象预报、优化风力涡轮机配置方案、风能发电量预测、风机性能整体优化及风电运维，进一步提升风电设备利用率。

（二）亿利资源集团：生态云平台助力生态文明建设

随着全球经济的发展，全球生态环境问题日趋严重，在环境污染、气候变化、土地退化、森林锐减、生物多样性丧失及水资源枯竭等多方面表现突出，而这些问题往往涉及尺度大、过程复杂、驱动因素众多，解决起来难度大。随着大数据时代的到来，大数据为各种生态环境问题的解决提供了新的机遇。生态大数据系统可从海量、杂乱、无序的数据中挖掘潜在、隐含的信息和知识，发现那些对生态环境建设至关重要的知识和智慧，有助于破解世界生态环境科学难题。为了让生态环境得到更好的保护，还更多绿水青山于自然，构建生态大数据系统至关重要。

亿利资源集团联合国家测绘地理信息局、山东农业大学等合作伙伴，共同开发库布齐、腾格里、乌兰布和、毛乌素和塔克拉玛干五大沙漠的土壤生物地理信息数据库，构建生态沙漠大数据平台。亿利资源集团将累积30年的治沙、治水、治气、绿化、环境修复等生态建设中的"山水林田湖草"生态数据储备建成大数据云平台，提供从政府决策、监管、产业开发到民用领域的全链条产品和全方位服务[10]。

生态沙漠大数据平台数据库构建了土壤成分动态监测系统、水质数据动态监测系统、沙漠大气动态监测系统、土壤微生物动态监测系统及卫星遥感技术土壤水质分析系统等子数据库，定时统计相关变化情况，囊括五大沙漠的地理信息、土壤物理特性与成分、土壤肥力、土壤含水量、土壤微生物、是否存在污染、地表水及地下水资源状况方面的数据及分析等内容。通过数据采集，如卫星遥感数据、无人机数据、智能实时集成、智能移动集成、历史数据及共享数据平台等，进行气象数据分析、土壤数据分析、水质水位数据分析及作物生态适应性分析。同时，可对旱情、虫害等监控预警，完成单点多数据、多点单模块或多点多模块的土壤报告，并提供决策服务。

亿利资源集团目前已成功完成对库布齐沙漠的治理。通过研究培育沙柳、柠条、沙棘、甘草、沙枣、梭梭、肉苁蓉、油莎豆、黑果枸杞、中天玫瑰等20多种免耕无灌溉的耐旱经济植物，在沙漠里修筑多条穿沙公路，以路划区，各个击破。沿公路两侧通电、通水、扎网格，大规模种树、种草、种药材，形成"生态长廊"。自主创新"水气法""甘草平栽""螺旋打孔种植"等20多种沙地种植技术，突破沙漠植树的世界性难题。

亿利大数据平台将对环保领域数据源能力、数据挖掘分析能力、数据建模能力等进行最大限度汇集，实现生态环境综合决策科学化、监管精准化、公共服务便民化，提供领先的生态环境大数据应用及服务。

三、生物产业：大数据助力个性化医疗

生物产业是21世纪创新最为活跃、影响最为深远的新兴产业，是我国战略性新兴产业的主攻方向，对于我国抢占新一轮科技革命和产业革命制高点，加快壮大新产业、发展新经济、培育新动能，建设"健康中国"具有重要意义[11]。近年来，美欧等发达经济体也纷纷聚焦生物经济，在促进可持续发展的同时，进一步巩固其领先地位。

自"人类基因组计划"完成以来，以美国为代表的世界主要发达国家纷纷启动了生命科学基础研究计划，如国际千人基因组计划、DNA百科全书计划、英国10万人基因组计划等，这些计划使得生物数据呈现爆炸式增长趋势[12]。近年来，随着生物技术与信息、材料、能源等技术加速融合，使得大数据贯穿从基础研究到药物开发，到临床诊疗，再到健康管理的所有环节。

高通量测序技术得到快速发展，使得生命科学研究获得了强大的数据产出能力，对建立起大量专用数据库、医学文献查阅、资料的共享和分析具有重要价值。例如，未来诊断某种疾病，医生可以直接通过患者的基因数据、电子健康档案等大量医学参考数据，来辅助疾病的诊断与治疗，实现个体化诊治原则。除此之外，在大数据背景下，生物医药产业各方均可基于现有数据进行分析，来支持不同种类的业务，如医疗费用及报销、患者病史分析、归档影像分析、实时临床数据分析，并可应用于远程会诊，无线移动技术医疗信息采集、分析及共享，以支持医疗

协同、临床决策支持和公共卫生管理。总之，在"基因 + 大数据"的新时代下，生物医药产业呈现百花齐放态势，共同助力个性化医疗。

（一）谷歌公司：Google Genomics 平台推进基因组存储和分析

Google Genomics[13] 是谷歌公司于 2013 年推出的一项云端服务，帮助大学实验室和医院等机构将患者或科研对象的生物基因储存到云端上，推进人类基因组信息的存储、对比和分析。此外，Google Genomics 还支持基因组数据的处理，包括变异调用、三级结构分析（Tertiary Analysis）和群组对比等。

目前，Google Genomics 上已经存储了至少 3500 个来自公共项目的基因组。在 Google Genomics 存储一个基因组的价格为 25 美元 / 年，如果需要对数据进行计算还将额外收取费用。一个人的基因组原始数据大小约为 100 GB，而经过压缩后将不到 1 GB，也就是说只需要 25 美分。

Google Genomics 使得今后医学或将依赖于某种"全球 DNA 网络"，医生将可以在这个网络中搜索他需要的内容。例如，对癌症患者，医生就能对他进行基因测序，然后将他正常细胞和肿瘤细胞的基因组与数据库中的 5000 万个基因组进行匹配，然后给出最合适的药物。

（二）DNAnexus：云端 DNA 数据库平台有效实现基因数据管理

随着建立 DNA 序列的成本不断降低，未来每个人都可能会有自己的 DNA 序列信息，成为个人医疗记录的一部分。这意味着未来 DNA 信息会激增。如何管理海量 DNA 数据？DNAnexus 是一家为生物信息技术提供云端数据库的企业，使用云平台解决这个问题，让数据不再受计算机存储资源的限制。

DNAnexus 通过将 DNA 数据集中放到云端，科学家可以管理、访问和分析测序数据。DNAnexus 的数据主要储存于谷歌的云计算服务器中，存放在云端管理的 DNA 数据库，既可为不同的实验室提供安全、合规的云平台，也可以解决 DNA 的数据管理和测序分析等挑战带来的问题。目前，DNAnexus 基因数据库已成为谷歌云服务器中最大的第三方数据资料库[14]。DNAnexus 致力于打造从原始测序文件导入到结果解读的一步式分析平台。DNAnexus 提供了非常灵活的、多样化的关于数据的测序分析和比对的工作流程，数据可以有效地被管理，并且测序结果能够以很好的形式展现出来，或者把第三方数据安全可靠地共享出来[15]。

DNAnexus 平台代表了未来 DNA 数据储存和分析的方法，巧妙地将云计算基础设施、灵活的系统设计和专业的生物信息学结合在一起（图 4-2）。

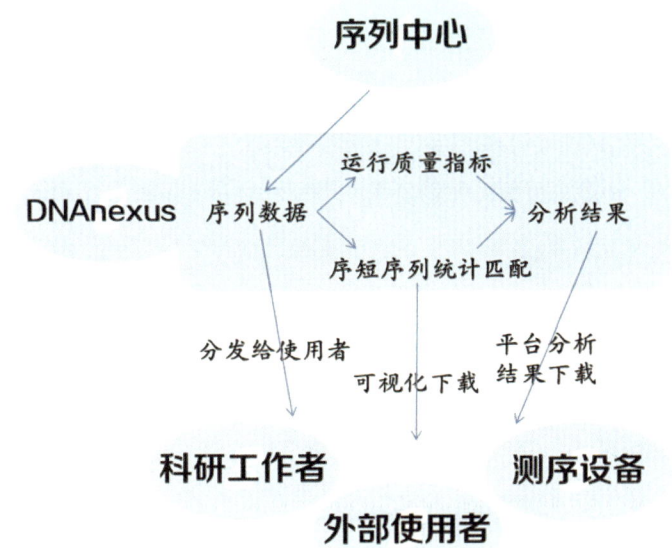

图 4-2　DNAnexus 的云架构

来源：亚马逊：大数据和云计算是天作之合.https://www.ctocio.com/points/9974.html。

所有上传的信息都会被放置在一起，这样就打破了数据重复和物理传输的限制。从公共基因数据库提取的数据、临床试验数据及通过基因测序仪的测序数据进入到服务器后，DNAnexus 平台会将分析程序加入服务器中进行计算，然后将分析得到的数据共享给订阅合作者，如药物研发团队、临床前研究团队及临床试验团队。DNAnexus 也会使用这些基因数据进行生物药品研发。

平台为临床诊断、生物制药、农业科学等行业的研究人员提供服务。利用其提供的共享工具，全球的科学家可以展开协作，加快基础科学与临床突破[16]。

（三）SAS 公司：基于大数据分析软件提供医疗保健解决方案

SAS 是数据分析领域的领导者。通过提供创新的分析、商业智能和数据管理软件与服务，SAS 帮助全球超过 80 000 家用户更好、更快地进行决策。自 1976 年以来，SAS 一直向全球客户提供知识的力量。SAS 提供一个坚实的健康分析基础，帮助将患者和企业数据转换为有用的信息，提供企业级数据访问和跨系统平台的处理功能，包括内部流程、患者信息、第三方或监管资源、互联网和其他平台。方案包含以下功能：数据整合，确保轻松访问各种系统各种格式的所有临床和运营数据；数据质量，保证数据的一致可靠并始终保持最新状态，提高数据的使用寿命，确保分析结果值得信赖；主数据管理，开发主数据管理计划，用来管控数据的一致性，创建数据的统一视图，实施更有效的数据处理；数据可视化，以全新的可视化探索方式查看医疗保健数据，发现能够得出新洞察的隐藏模式和联系；高性能分析，更快建立分析模型，比以往更快地获取洞察。

SAS 可以提供关于患者医疗和再次入院模式的完整视图，以及访问所有临床数据和非临床数据来做出实时决策,更好地了解临床治疗表现。SAS 的分析软件和医疗保健业大数据解决方案能够帮助提高病患的治疗效果,解决最要紧的问题,主要包括:再次入院,了解影响再次入院的临床和非临床因素,以最适当有效的方式防止可避免的再次入院;观看视频,学习如何使用 SAS 可视化分析改善再次入院状况;医疗预后,分析海量结构化和非结构化的临床和运营数据,发现指示因子、病患/医疗服务提供者所关心的事情和其他能够影响病患医疗服务的问题,然后将这些洞察转换为有据可依的知识,帮助预测和改善预后;病患安全,通过分析不同的数据源来预测患者的安全信号,并进行医学探查,在潜在问题变成事实之前发现它们。此外,SAS 还可以深入了解个体病患级别的成本和影响成本的因素,提供更有效的医疗服务,合理规划医护人员配备,做到适时适地具备适当的技能。

SAS 作为商业分析软件与服务领域的领跑者,可协助将医疗数据转化为一种洞察力,利用大数据分析解决方案,打造更高标准的医疗服务。

四、高端装备制造产业:大数据支撑产业转型

高端装备制造业是以高新技术为引领的战略性新兴产业之一,全球化、经营化、协同化、服务化是高端装备制造业管理变革的主要趋势,而大数据是高端装备制造业转型的重要支撑手段。二维码、RFID、传感器、工控系统、物联网、ERP、CRM 等技术的广泛应用,推动了工业企业实现生产流程各环节的互联互通,促进了互联网与工业融合发展。

高端装备制造业产业链可划分为七大环节,即原料生产、设计研发、原料采购、仓储运输、制造、订单处理、批发零售。其中,原料生产和设计研发属于产业链上游,原料采购、仓储运输和制造属于产业链

中游，订单处理和批发零售属于产业链下游[17]。大数据对产业链各个环节都有着一定的影响，实时感知、采集、监控产业链各环节的大量数据是高端装备制造业各环节互联互通的核心内容。

产业链上游的设计研发环节是高端装备制造业全球竞争最为激烈的部分，大数据的引入将会对设计的多样性和精确性带来深刻的影响。中游的物流和产品制造环节能够产生更多的产品附加值，大数据技术的引入可在提高管理效率、降低生产成本等方面产生巨大效益，是突破中游发展瓶颈的有效方法。下游的订单处理和批发零售是高端装备制造业各环节中最容易引入大数据实现创新的部分，通过引入大数据能够促进营销、开拓市场，可有效弥补上游的竞争劣势。

随着产业互联网和智能制造时代的到来，工业大数据技术将成为制造业转型升级的重要支撑，其以智能化为核心、以端到端数据流为基础、以全面深度互联为支撑，成为驱动研发设计、生产过程、管理经营、服务运维智能化的关键要素。

（一）宝马集团：大数据分析和预测系统改变生产服务模式

德国领先的汽车制造商宝马集团，联手两大世界级软件公司——SAP 和 IBM，率先研发大数据分析和预测系统，并将其分别引入汽车的生产过程和面向客户的服务环节中[18]。大数据平台的应用正在深刻影响着汽车领域生产方式的变革、服务模式转换，以及消费者生活方式的改变。

生产方式上，宝马集团将大数据分析检测技术植入产品的设计、生产及维护环节中。汽车的个性化生产得以实现，利用全球范围、历时多年收集统计的错误报告信息，大数据系统帮助宝马集团在研发和制造环节改善了车辆的品质，在维修环节压缩了时间和成本（图4-3）。

第四章
河有源泉水更深：大数据赋能战略性新兴产业

图 4-3 依托大数据系统的宝马 i8 车身结构制造

来源：宝马公司官网，http://www.bmw.com.cn/zh/all-models/bmw-i/i8/2014/efficiency-dynamics.html。

服务模式上，宝马将自己研发的 Pivotal（关键技术）大数据分析平台系统置于硬件后端，在保证客户隐私的前提下，可实现故障的提前预测功能，全面提升行车安全。同时，在服务模式创新中，宝马与 SAP 软件公司联合开发的"互联驾驶系统"大数据平台，利用远程车辆信息交互科技，将互联网与车辆的软件、驾驶辅助系统硬件联为一体，为驾驶者提供即时的行车资讯，为用户提供个性化的信息增值服务和车内电子商务平台。两大数据信息系统的搭建大大提升了车辆出行的安全性、用户使用的便捷性，并丰富了用户的驾驶体验。

（二）罗罗公司：大数据平台提升发动机维护效率

利用大量智能数据分析功能、预测工具和工程专长来获得更深入的洞见，有助于航空公司减少燃油消耗，提升航线效率，确保部署合适的团队和设备，提供更高效的发动机维护服务，使可用性保持在最高水平。

英国航空发动机制造商罗尔斯·罗伊斯公司与美国微软公司合作进行航空工程领域数字化功能建设，该功能建立在微软 Azure 云平台上，利用微软 Azure 物联网套件从地理位置分散的不同数据源收集和汇总数据，并利用 Cortana 智能套件来深入了解这些数据，从根本上转变发动机相关的运行和维护工作，从而对更加广泛的航空运行数据进行管理和整合[19]。罗尔斯·罗伊斯公司将该功能整合到 TotalCare 服务解决方案中，从而显著降低成本，提升准点表现，为客户乃至整个行业带来更大价值。

（三）通用电气：工业数据云平台辅助发动机故障预测

Predix 是通用电气推出的全球首个专为工业数据分析开发的云服务平台，可与各种云环境中的应用和服务进行无缝衔接，将其用于发动机状态监控，可帮助发动机监控团队捕捉更多的数据，并使数据分析变得更精确、更快捷[20]。

Predix 最开始是一个 PaaS 平台，但是随着通用电气（GE）对其的不断完善，现在已经超越了平台的概念，成为通用电气数字部门（GE Digital）的"当家花旦"。目前，Predix 已经远远不止是平台，而是包括了边缘、平台、应用 3 部分（图 4-4）。其中，边缘和平台都只是配合应用的，应用才是 Predix 的最终目的。在边缘端，Predix 提供了 Predix Machine 的开发框架，支持开放现场协议的接入，并增强了边缘计算的功能，由合作伙伴开发相应的设备接入和边缘计算的功能。平台端的 Predix Cloud 是整个 Predix 方案的核心，围绕着以工业数据为核心的思想，提供了丰富的工业数据采集、分析、建模及工业应用开发的能力。

第四章
河有源泉水更深：大数据赋能战略性新兴产业

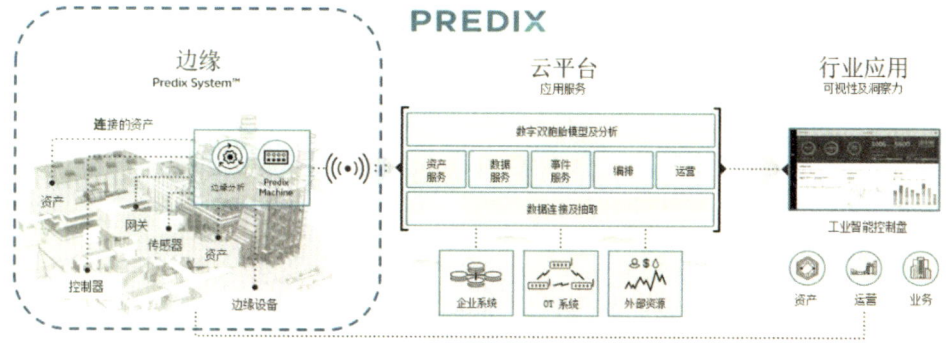

图 4-4　GE 公司 Predix 平台架构

来源：http://www.donews.com/technology/detail/25735777。

在应用端，Predix 针对的不是我们耳熟能详的 MES、ERP、PLM 等传统 IT 类应用，而是为各类工业设备提供完备的设备健康和故障预测、生产效率优化、能耗管理、排程优化等应用场景，采用数据驱动和机理结合的方式，旨在解决传统工业几十年来都未能解决的质量、效率、能耗等问题，帮助工业企业实现数字化转型。

在 Predix 平台启用之前，通用电气主要依靠工程师组成的智囊团对飞行数据进行分析。尽管工程师拥有对具体问题进行判断的能力，但却无法用来自于不同发动机的复杂数据快速预测出整个机队的发展趋势。而 Predix 擅长于对多变量数据进行分析。例如，一台在高温、沙漠环境下运营的发动机的参数基准与一台在正常环境下运营的发动机完全不同，Predix 平台能够将这些因素全部考虑进去，为每一台发动机提供具体的数据分析，并及时调整那些预警参数。在此过程中，Predix 平台还能够利用额外的变量过滤掉不相关的数据信息，使数据分析更加规范化，结果也更准确。

目前，Predix 数据平台的主要任务是分析、处理所获取的数据包。下一步，Predix 将会实现数据流的在线实时分析，以更好地进行故障预测。现已有 30 多家客户为通用电气提供持续的发动机运营数据（CEOD）或者原始的数据信息。受网络带宽的限制，大多数参数只有在超出额定范围时才会被记录，而且是在飞行结束后才能下载。未来，随着飞机联通性的增加，Predix 将有望实时获取飞行数据，从而大幅提高预测分析的准确性。

五、新材料产业：大数据制造超级材料

材料产业作为工业和制造业的一部分，在产业链中常常起到前端支撑的作用。新材料产品在发展高新技术改造、提升传统产业、增强综合国力和国防实力等各个方面起着至关重要的作用。在大数据时代的今天，各种材料的信息数据品种繁多、类型各异、数量巨大、变化无常，使得材料数据信息的收集、整理、加工和处理成为困扰行业发展的重要因素。

互联网和大数据的加入能为材料基因组计划带来无法预知的进步和发现，利用大数据获取新型有价值材料的案例已有很多。例如，用大数据定制更好的碳环结构化学反应全新催化剂，研制有机太阳能电池新物质，设计多功能添加剂等。美国在 2008 年提出"集成计算材料工程"（Integrated Computational Materials Engineering，ICME），旨在通过跨层次多尺度计算，加快材料的设计进程。2011 年 6 月，美国发布了"先进制造伙伴计划"，其核心部分之一为"材料基因组计划"（Materials Genome Initiative，MGI）[21]，用于满足新兴制造业对高性能新材料的需求，带动高端制造业的发展。

大数据贯穿新材料研发、设计、制造全过程，成为创新材料研发模式的关键手段。在材料设计过程中，大数据的引入能够打破计算与模拟过程的各尺度、环节、方法的分立，建立起基于互联网的交互关联关

系，形成虚拟材料设计生产线，实现材料设计的优化。在材料生产过程中，大数据的引入使得数字化贯穿于材料生产的全链条，实现生产过程的自动化，每一步生产过程的数据通过关联关系传输到各环节进行验证、反馈与优化，在生产过程中实现产品性能的实时优化操作。

开展新材料的研制离不开海量数据处理，包括各种材料数据库、工艺流程、大量的原始数据及国内外同行的数据等。大数据的加入引发了新材料研发进程的"蝴蝶效应"，在大数据技术、信息物理系统的支撑下，形成了"大数据＋材料"的新格局。

（一）America Makes 大数据库：大数据布局提供增材制造资源库

美国国防部、能源部、美国宇航局、美国国家科学基金会、商务部 5 家政府部门，以及俄亥俄州、宾夕法尼亚州和西弗吉尼亚州的企业、学校和非营利性组织组成的联合团体共同出资建立了 America Makes 机构，旨在通过增材制造和 3D 打印技术提升美国制造业的全球竞争力[22]。

America Makes 正在为增材制造领域的教育内容建立存储库，并要求参与开发课程的教育工作者和行业专业人士提交相关可能的资源库。内容包括职业技术教育、社区学院、大学教育、在职培训等[23]。

目前，America Makes 的大数据布局包括为其成员提供了一个新的资源，将每个成员单位的能力通过数据关键词记录形成"能力数据库"，该数据库只有注册会员才能够查询和使用。通过这个数据库，Amercia Makes 的会员能够更便利地找到自己的合作伙伴，最大限度地利用资源和知识，全面提升增材制造技术的应用和发展。

America Makes 的数据库还与半开放型的 Senvol 数据库对接，以增强其用户从上游供应商搜索到加工过程决策的无缝衔接需求。Senvol 数据库，就像是一个增材制造行业的 Google，包含了工业增材制造设备和材料的数据。用户可以在上面根据自己的需求搜索与之相关的信息。其强大的专有算法可以帮助生产者确定哪些部分使用增材制造会比传统工艺更加有效。这个算法分析了整个供应链，并考虑了如库存、停机时间和运输等各项因素。

目前，America Makes 引领的美国增材制造行业的大数据布局，正在为推动增材制造在美国的发展贡献自己的力量。

（二）"Antsoo 俺搜"平台：智能材料信息平台提供汽车材料大数据服务

2017 年，上海迪塔班克数据科技有限公司推出的汽车新材料应用领域的大数据平台"Antsoo 俺搜"网正式上线[24]。"Antsoo 俺搜"致力于搭建高分子工业上下游企业在研发、生产、经营、营销等环节的大数据应用平台，服务汽车及零部件、轨道交通、智能装备、家电制造等行业，为企业提供数据服务，转化经济价值。

"Antsoo 俺搜"是一个智能信息平台，能有效解决汽车材料市场中找企业难、找产品难、找人难的三大难点。"Antsoo 俺搜"网页版主要解决找产品难。例如，主机厂需要降本创新，替换一种性能更优且价格更低的材料，用户只需在平台输入所需材料中的一个物理性能指标，如设置一个材料的拉伸强度范围，"Antsoo 俺搜"就能瞬间罗列出全国乃至世界范围内拥有该拉伸强度范围的所有匹配材料，供用户比对选择。对于会员客户，"Antsoo 俺搜"将制定个性化服务，大幅提高企业运作效率。

"Antsoo 俺搜"有两大技术创新，一是精准搜索，智能匹配：通过数据平台的物性库、材料库、企业库的数据积累，用户可以通过企业、产品、物性 3 个维度分别精准查找所需信息。二是材料替换，降本增效：基于材料和物性两大数据来源，平台会精准向潜在用户推送材料或物性相近的数据，帮助用户提高工作效率。通过这些功能，"Antsoo 俺搜"实现了材料、物性、制品、企业之间在实际应用场景下的有效关联，同时帮助使用者在大数据库中智能化地实现材料对比的可能，这一突破提升了实际操作，简化了流程，提升了效率。

"Antsoo 俺搜"平台目前已有超过 30 万条材料物性数据，拥有产业链企业超过 11 万家，20 多万高分子工业上下游人脉资源。多维度物性角度精准搜索材料，可根据用户要求，推送低成本、高质量替代材料和解决方案，帮助企业快速锁定目标市场，提高企业竞争力，为企业打造个性化电商平台，建立自己的在线企业、产品橱窗、业务窗口，一键分享企业名片，宣传企业品牌，提高企业曝光率。

"Antsoo 俺搜"是以市场为导向，连接高分子工业上下游企业科研、生产、营销各环节，提升行业效率，助力高分子工业上下游企业转型升级的大数据平台。作为高分子产业大数据平台，瞄准汽车产业未来新材料发展趋势，致力打造最大、最全、最精准的新材料数据库。匹配上下游需求，对应材料、企业、工程师的多维度关系，大力整合制品产品标准数据、材料物性数据、物性与材料的分类匹配，形成行业标准化大数据规范，建立以大数据为核心的产业服务平台，为汽车行业从选材、工艺、项目开发等方面的工作提供更加便捷和高效的服务。"Antsoo 俺搜"作为高分子工业大数据平台，将不仅服务于传统企业，帮助企业通过数据内核，实现业务增长，更为行业的互联网企业提供大数据服务的解决方案。

六、新能源产业：大数据打造智慧能源系统

新能源产业是我国战略性新兴产业和能源结构变革的主攻方向，是

解决能源环境问题、履行对国际社会承诺的重要突破之一。当前，随着大数据技术在能源领域的渗入应用，能源大数据的概念被不断提出[25]。能源大数据是将电力、石油、燃气等能源领域数据进行综合采集、处理、分析与应用的相关技术，是能源生产、消费及相关技术革命与大数据理念的深度融合，有力支撑了新能源产业的结构调整。

大数据与新能源行业的结合目前主要体现在智能电网和风电两个行业[26]。在智能电网领域，利用大数据实时监测技术监测家庭用电量特征，帮助电力公司调配电力供给，为客户提供最佳用电方案。通过错峰限电，用户会在电力成本低的时间段使用，避免了高峰时期电力负荷过重的局面。在风电领域，通过进行风电场分布式风机的在线监测，周期性及瞬时的实时数据采集和在线分析，维护人员进行数据管理和可视化分析，简化了大规模监测系统的部署，大数据的实时性为风电行业提供了精准的解决方案。

能源互联网智慧化平台建立主要是基于海量经验数据，创新可再生能源电场设计与运营服务模式，提供资源评估、电场选址选型、发电性能提升、智能运维等应用服务，为全行业提供可靠的风电数据公共服务；通过开展网络协同制造，统一整合、存储、组织、管理和控制各种类型数据，实现贯穿风电全生命周期业务管理的协同创新。借助工业大数据等信息技术手段，建立智能化产品开发、制造和服务体系，实现可再生能源发电机组全生命周期的信息化管理。

（一）美国 C3 energy 公司：能源分析引擎平台提升能效

从能效管理切入来影响气候变化，美国 C3 Energy 公司以自行研发的 C3 数据集成器（C3 Data Integrator）为基础，历时 5 年，投入 1.3 亿美元，整合来自公用事业公司拥有的仪表数据、能耗数据，第三方或用户的建筑物特性、企业运营情况、地理信息数据等超过22种数据，形成了实时大数据分析系统——C3能源分析引擎平台（C3 Energy Analytics Engine），提供电网实时监测和即时数据分析（图4-5）。

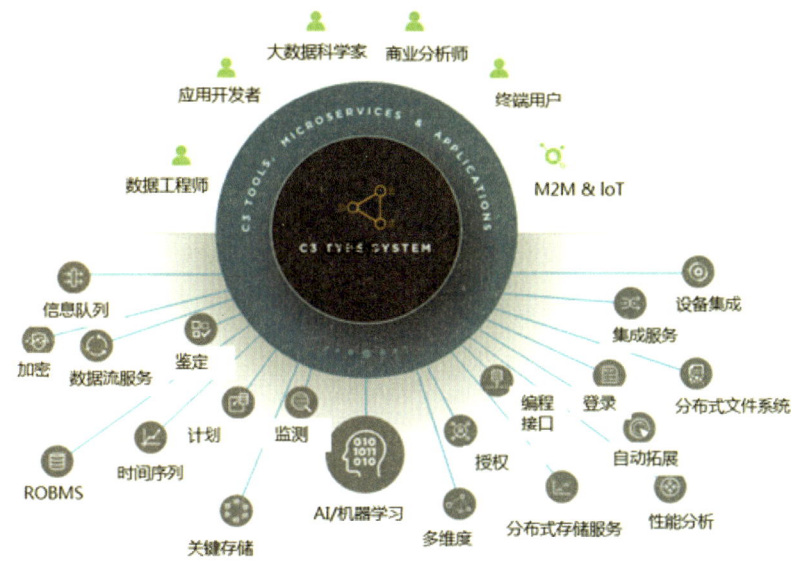

图4-5 C3数据云数据系统

来源：C3 Type System，https://c3iot.com/products/c3-iot-platform/c3-type-system/。

C3能源分析引擎平台将多个分散电力系统数据存储在云平台上，与工业标准、天气预报、楼宇信息、持久协议和其他外部的数据相结合。逐步形成了智能仪器控制、资产保护、预测性维护、需求响应分析、负荷预测等10种成熟的解决方案。主要服务于供应侧的如公用事业公司、调度机构、输配电公司等智能电网拥有者、操作者、使用者，用于电网运营中降低成本、预测并应对系统故障、掌握用户耗能情况等。

C3能源分析引擎平台通过运用大数据、智能电网分析、社交网络、机器学习和云计算等技术手段，提供电网实时监测和即时数据分析，同时也能对终端用户进行需求响应管理。目前，C3 的分析云平台和软件应用被 20 家北美及欧洲公用事业公司和电网广泛使用。

（二）IBM 公司：混合可再生能源预测系统增强清洁能源稳定性

为解决电力行业中可再生能源间歇性问题，提升可再生能源的稳定性，IBM 公司结合大数据分析和天气建模技术，研制出能源电力行业先进解决方案——混合可再生能源预测（HyRef）系统。利用天气建模模型、先进的云成像技术和天空摄像头、接近实时的跟踪云的移动等信息，结合涡轮机上传感器监测所得的风速、温度和方向等数据，为风电厂提供未来一个月区域内的精准天气预测或未来 15 分钟的风力增量[27]。

通过混合可再生能源预测（HyRef）系统可精确预测来自太阳能和风能的电力产出[28]，准确预测风电和太阳能的可用性，促使更多的可再生能源并入电网，减少碳排放量，为消费者与企业提供更多的清洁能源（图 4-6）[29]。

国家电网所属的国网冀北电力有限公司正在使用 HyRef 来整合可再生能源并入所属电网中，这项应用将是冀北电力的张北县 670 MW 示范项目第一阶段的重点，将涉及风能和太阳能发电的集合，以及能源存储和传输等范畴[30]。通过使用 IBM 风力预测技术 HyRef，张北项目可至少增加 10% 的可再生能源的整合发电量，大约可供 14 000 个家庭使用。通过分析提供所需的信息，将使能源电力公司得以减少风能与太阳能的限制，进而更有效地使用已产出的能源，来强化电网的运行。

第四章
河有源泉水更深：大数据赋能战略性新兴产业

图 4-6　清洁能源助力构建绿色地球

来源：实现能源转型升级——绿色的电力消费即将在国内开启，贤集网，http://www.xianjichina.com/news/details_41887.html。

（三）阿里云公司：智慧光伏云 iSolarCloud 利用大数据精准发电

光伏电站在运维和管理方式上一直面临方式落后、效率低、成本高、发电效率难以掌控、缺乏客观的运营绩效指标考核体系、电站资产金融化困难等一系列问题。为有效推进光伏产业的管理革新，2015年阳光电源联合阿里云共同打造了电站运维管理系统——"智慧光伏云 iSolarCloud 4.0"，针对性地解决了分布式光伏应用的特定难题，从而推动新能源向"互联网+"的产业革新[31]（图 4-7）。

"智慧光伏云 iSolarCloud4.0"对光伏电站进行实时运行数据监测、自动化管理、收益结算、远程专家咨询和大数据分析。通过建立相关数据库，可以达到电站设备故障安全预警的功能，结合天气环境资料，可

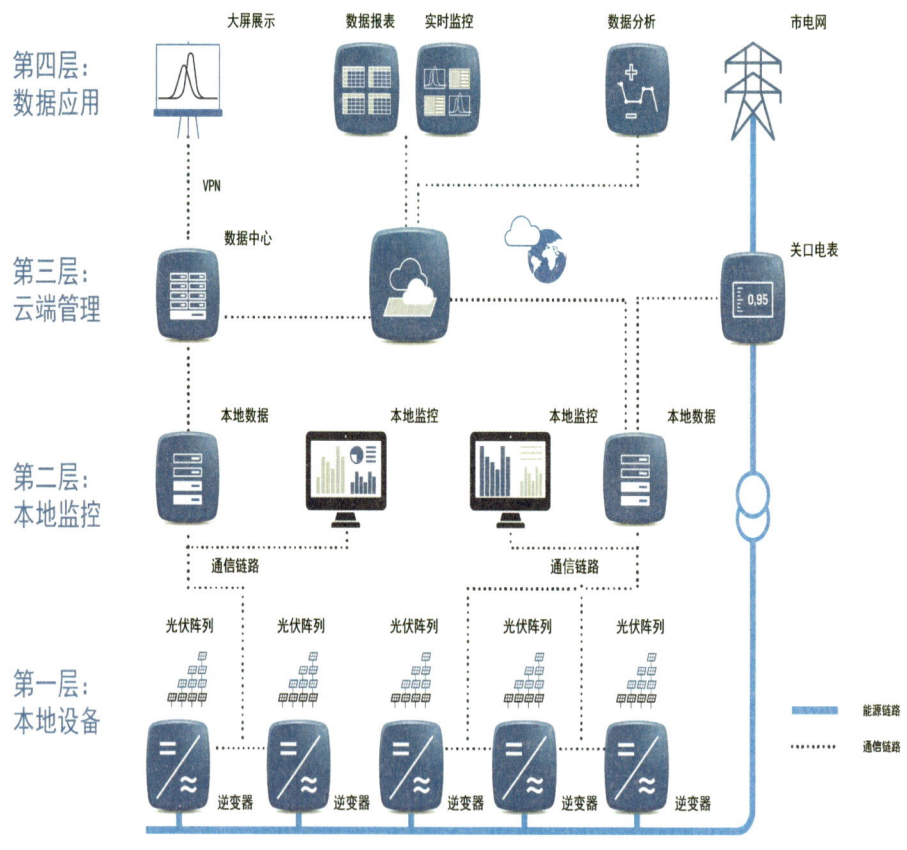

图 4-7 新能源云管理平台

来源：新能源云管理平台，复晨能源，http://www.fortune-energy.cn/machinery_energycloud_manage.html。

实现光伏电站发电量的精准预测。

通过"智慧光伏云 iSolarCloud 4.0"运营管理平台，可随时检测每一块阳光电源的太阳能电池板、逆变器的运行状态，如出现运营故障可以及时进行排查[32]。最大限度降低了人员维护成本，并且管理平台可以随时监控运行数据。通过对所监测的光伏数据进行深度挖掘与分析，可以作为光伏行业分析和发展的数据参考，并对光伏电站未来的收益增长、资产评估、风险控制有重要意义。

七、新能源汽车产业：大数据带来新商业模式

汽车产业是国民经济的重要支柱产业，历来受到全球各主要国家的高度重视。随着能源结构安全和环境保护压力的不断增大，既可以减少空气污染又能缓解能源短缺的新能源汽车产业，成为未来全球汽车产业发展的导向与目标。新能源汽车亦是促进我国汽车产业转型升级、抢占国际竞争制高点的必由之路。

近年来，全球新能源汽车产业发展迅速，且随着大数据技术的不断引入，汽车行业正在发生着从工业思维到互联网思维的产业思维转移，跨界融合使得汽车产业生态链正在发生变革，未来新能源汽车将成为信息化的一个终端，承载车辆信息入口、互联网入口、能源入口，从而形成车联网、互联网、充电网"三网融合"的新的商业模式[32]。车联网以汽车作为基本单元是跨界融合的第一步，互联网作为第二步融合了汽车和消费者两个实物单元，充电网融合清洁能源信息，是"三网融合"中的关键。

（一）电动汽车共享平台：大数据+新能源打造绿色出行新方式

在日益严重的环境危机、能源危机背景下，倡导节能减排、绿色出行已是全社会责任。上海国际汽车城集团自2015年起打造电动汽车分时租赁商业模式——环球车享（EVCARD）（图4-8），以新能源汽车制造为基础、以车桩网一体化建设为纽带、以绿色能源综合体为节点、以大数据信息化联通底端、以智能云平台实现统筹管理的新能源产业发展的模式，打造大数据+新能源+智能交通产业体系，形成绿

色出行新方式[33]。

图 4-8 环球车享（EVCARD）共享电动车

目前，环球车享(EVCARD)已进入全国 24 个城市，拥有 3600 多个租还热点，在运营车辆、用户数量、租赁网点、电动化率等指标上实现了全球第一[34]。会员全程自助，使用手机定位、解锁、支付，每 5 秒就有一个客户下单用车。

电动汽车共享平台是将绿色与共享相结合，在方便个人出行的同时减少汽车保有量，既有低碳节能、缓解拥堵的公益特性，又是充满希望的商业模式。

（二）特斯拉：Autopilot 2.0 系统迈向智能驾驶新阶段

高度自动化驾驶将会使出行更安全，而且也有助于提升人们的生活或工作效率。自动驾驶带来共乘共享的机制还能让车辆减少，城市堵车

第四章
河有源泉水更深：大数据赋能战略性新兴产业

和污染问题也能因此迎刃而解。智能驾驶系统一直是全球车企巨头奋力抢占的制高点。特斯拉研制出 Autopilot 2.0 智能驾驶系统，利用传感器收集数据，通过车载电脑进行数据分析处理，提供驾驶决策[35]。

Autopilot 2.0 系统包括了 8 个摄像机、12 个超声波传感器及 1 个前向探测雷达。摄像机将提供 360° 的视角，最大识别距离 250 米，其中 3 个将观察前方，提供冗余以确保安全；超声波传感器能够探测软性和硬性的物体；而雷达则可以确保在雨天、雾天、沙尘和雾霾天气中正常工作。车载电脑——新系统的大脑"Tesla Neural Net"（特斯拉神经网）基于 Nvidia 的 Titan GPU——每秒钟能进行 12 万亿次计算，迅速提供决策（图 4-9）。

图 4-9　全新特斯拉 Autopilot 2.0 的 360° 探测系统

来源：彻底科普特斯拉自动驾驶技术的传感器系统，电动汽车网，http://auto.ifeng.com/xinnengyuan/20161124/1077048.shtml。

特斯拉 Autopilot 2.0 系统让我们离自动驾驶近了一步，但实现完全自动驾驶，还有很长的路要走，特别是在软件和实际测试，以及相应的法律法规的制定等方面。

（郑　佳　梁琴琴）

第五章
扬帆起航正当时：
大数据打造现代服务业新引擎

党的十九大报告明确指出："支持传统产业优化升级，加快发展现代服务业，瞄准国际标准提高水平。"随着我国经济结构中服务业比重不断加大，现代服务业在我国从工业大国走向工业和服务业并重大国，以及推动新旧动能转换、保持经济增长、促进转型升级中将发挥越来越重要的作用。当前，现代服务业的发展对于新兴技术的需求日益增强，而大数据等新一代网络信息技术的快速发展和广泛应用，加快助推现代服务业向着网络化、专业化和融合化发展。与此同时，现代服务业的发展呈现聚集化的特点，多种要素资源高度聚集的城市正在成为现代服务业发展的主要载体。在新时代，以大数据为代表的新兴技术将成为现代服务业发展的重要引擎，而以大数据驱动的现代服务业正有力地推动着我国城市的创新发展。

一、遇见：大数据时代的现代服务业

如今，世界经济已处于服务经济的时代，全球经济构成中服务业的比重已超出了一半，而且其所占份额还在不断上升，服务业的发展对于国民经济发展的重要性日益突出[1]。经过多年的发展，全球服务业由初期量的增长进入以质取胜的新阶段。联合国贸发组织曾公布的数据显示，服务业已成为全球产业转移的新兴领域，服务业与传统工农业之间的界线日益模糊，人们生产生活正在进入服务性社会的新阶段，全球性产业组织正在由"生产化"转向"服务化"。

（一）新动力：现代服务业打上深深的信息技术烙印

从发展历程来看，现代服务业是指在工业化比较发达的阶段产生的、主要依托信息技术和现代管理理念发展起来的、信息和知识相对密集的服务业，包括传统服务业通过技术改造升级和经营模式更新而形成的服务业，以及伴随着信息网络技术发展而产生的新兴服务业[2]。从服务领域来分，现代服务业主要包括生产服务、流通服务等生产性服务业和社会服务、居民服务等生活性服务业两大类[3]。总之，现代服务业已经与大数据、互联网生生相息，打上了深深的信息技术的烙印。

在云计算、大数据、移动互联网、物联网等为代表的新一代信息技术的驱动下，现代服务业进一步向全球化、专业化、网络化深度发展，技术原创驱动的服务创新和规则制定成为现代服务业竞争的重要内容。随着新技术应用的不断加快，许多新兴的服务模式不断催生并快速发展，尤其是各种基于新一代网络信息技术的新兴服务模式不断发展壮大，推动着行业融合、垂直整合、平台经济、特种定制、一站式集成服务成为未来发挥主导作用的商业模式，这种商业模式创新也成为现代服务业竞争的核心要素。

以我国正在快速发展的共享单车为例，这种新型的自行车租赁业务，在给人们出行提供更加绿色和便利化服务的同时，也集成了多项高科技领域的创新成果。在一辆辆直接提供给消费者的小小单车上，实际上综合了大数据、智能芯片、射频识别、位置服务、电子围栏、移动支付等多个领域的先进技术，得益于中国在卫星导航、超级计算、移动通信、智能终端和互联等重点领域科技创新的超前部署。不仅如此，基于共享单车形成的大数据也为智慧城市建设带来了新的工具和手段。共享单车企业小黄车（ofo）和摩拜单车相继宣布开放其拥有的海量出行大数据。例如，ofo已将其旗下的奇点人工智能大数据系统中的城市、单车、热力分析等数据资源向政府部门开放，相关管理部门可以通过该系统清晰地看到ofo在城市的车辆投放数据、分布图、骑行热力图、用户骑行距离等信息，从而更好地推进共享单车的精细化、智能化管理。

（二）新引擎：大数据和互联网驱动我国现代服务业跨界融合

大数据和互联网的深度应用使现代服务业的跨界融合成为可能，而且在轮番上演的经济转型升级"大戏"中挑起大梁。生产性服务业向专业化和价值链高端延伸发展，生活性服务业向精细和高品质转变[3]。一方面，现代服务业通过延伸服务提升价值，与现代农业、先进制造业及服务业内部不同领域之间进行互动融合、共生发展，形成产业协同创新发展体系，培育出一批服务新技术、新模式、新产业和新业态；另一方面，我国已经进入工业化中后期，创新驱动发展对现代服务业特别是生产性服务业的依赖性增强，新服务业态发挥对农业和制造业的全产业链支撑作用，逐步推动农业、制造业走向"微笑曲线"的两端，实现高端化。

"现代服务业+现代农业"，孕育出全新的农业生产性服务业。近年来，我国工业化和城镇化进程加速推进，农村劳动力大量向外转移，"谁来种地""怎么种好地"的问题日益突出。现代服务业与现代农业深入融合，构建全程覆盖、区域集成的新型农业社会化服务体系，孕育出农业生产性服务业，从一定程度上解答了这一难题。农业生产性服务业涵盖了从"田间"到"餐桌"整个农业产业链及全部生产环节的相关服务内容，称得上一个独立完整的新产业，包括农业市场信息服务、农

第五章
扬帆起航正当时：大数据打造现代服务业新引擎

资供应服务、农业绿色生产技术服务、农业废弃物资源化利用服务、农机作业及维修服务、农产品初加工服务和农产品营销服务[4]。它有利于引导新型农业生产经营主体向生产经营服务一体化转变，发展融合出创意农业、功能复合型农业、休闲农业、乡村旅游、会展农业等新业态，并利用平台型企业和信息技术打通农业生产和流通各环节，开展农业大数据、物联网应用服务。目前，相应的各类农业社会化服务组织蓬勃兴起，数量达到115万家，服务领域涵盖种植业、畜牧业、渔业等各个产业，创新出全程托管、代耕代种、联耕联种等多种服务方式[4]。

"现代服务业+先进制造业"，双向融合互动，出现国际上"制造业服务化"和"服务业产业化"的特征。大数据等信息技术成为这种产业融合的推进剂。现代服务企业利用大数据、信息技术、营销渠道、创意等优势，向制造环节开拓业务，实现服务产品化、标准化、连锁化，实现可复制和可推广。制造业从以产品为中心向服务端延伸，以智能服务为主导的反向制造、反向整合，推动生产制造环节组织调整和柔性化改造[5]，发展出个性化定制服务、全生命周期管理、网络精准营销和在线支持服务等制造新模式及网络化协同生产服务体系，工业互联网、工业电子商务、工业云计算、工业大数据等服务制造融合平台逐步兴起。"中国制造2025"将走向"中国智造"。

现代服务业内部跨界融合，优化服务供给结构和质量。我国农业和制造业对生产性服务业的需求，以及人民日益增长的美好生活需要对生活性服务业的需求，促进现代服务业细分行业的交叉、延伸和融合，服务品种日益丰富。平台经济、分享经济、体验经济、信息经济、虚拟经济、创意经济等新业态竞相涌现，"互联网+"和"大数据+"加快信息服务、科创服务、电子商务、网上支付、互联网金融、在线教育、现代物流、在线出行旅游、精准医疗、社区养老、文化创意等新兴领域和商业模式创新，现代服务业已经成为我国新的经济增长点和经济发展新动力。

二、谋略：现代服务业开创全球和城市发展的"新蓝海"

新经济增长理论认为，一个国家或一个城市的经济增长情况取决于该国或该城市的知识积累、技术进步和人力资本水平。一个城市的现代服务业聚集区恰恰是该城市的知识中心、技术创新中心和文化进步中心，无疑是城市实现转型升级和经济增长的新动力所在。伴随着现代服务业的迅速发展，向城市集聚是现代服务业发展的重要特征，现代化大都市的现代服务业正在成为城市经济发展的主导力量[6]。

（一）制高点：现代服务业成为各国发展战略"头条"

现代服务业从产生之初便与新兴技术发展之间有着天然的联系，随着大数据、云计算和物联网等新一代信息技术不断应用于服务业的各个领域和不同环节中，各种新兴的服务模式大量涌现并快速发展，现代服务业正在成为提升国家核心竞争力、拉动经济增长的重要支柱产业。从历史上看，政府的政策引导对现代服务业的发展起到了十分重要的作用。尤其是自金融危机以来，世界主要发达国家纷纷大力发展高附加值的现代服务业，积极抢占后危机时代经济发展的战略制高点，以重塑国际竞争优势。

美国为了推动现代服务业的发展，不仅积极推进北美自由贸易协议和亚太经合组织贸易自由化进程，还与加拿大、墨西哥、智利、新加坡、澳大利亚等签订双边贸易协定，为服务业出口市场提供支持。另外，美国以信息技术为基础，建立全球共享信息通信网络，创造了一个全球性的信息市场，有力支撑了本国通信产业等现代服务业的发展[7]。英国政府从20世纪80年代开始，利用制造业衰落带来的人才资源和产业结构机遇，通过设立宽松的服务业发展政策，实现了经济结构由制造业主导向服务业主导的转变[8]。

自20世纪90年代以来，现代服务业已经成为全球产业转移的新兴领域。全球性产业组织在由"生产化"向"服务化"转变的过程中，制造业生产企业的组织形式也逐步由大规模生产化向大规模客服化转变。欧盟在"再工业化"背景下，确立中小企业的主体地位，培育企业良好的自主研发等创新能力，促进服务业优化与升级[9]。日本通过二次创新催生现代服务业发展，推动制造业向生产性服务业延伸，带动生产性服务业的发展；同时，日本通过政府部门和行业协会的协调，结合本国实际产业发展状况，促进各个行业间的关联发展，如通过该国发达的通信业带动信息产业发展，而信息服务业又带动了相关的信息设备制造业的发展，从而达到各行业的良性发展循环[10]。

现代服务业的发展需要新兴技术的支撑，而大数据、移动互联网等新兴技术的发展又需要良好的信息技术基础设施作为支撑。英国政府针对当前现代服务业数字化发展的重要特点，加强基础设施领域投入，以"数字英国"战略为依托，加快手机、网络通信基础设施建设，加强数字产业与其他服务业产业的交互发展[11]。韩国首尔依托电子信息技术和网络技术，通过系统重点的财政和行政支持培育数字内容、金融服务、设计和时尚、旅游和会议等经济增长引擎产业。

（二）占先机：现代服务业制胜世界城市发展之道

现代服务业高度的产业融合性在推动生产、流通、消费等多个经济领域不断聚集的同时，也因其规模经济和资源整合的效应，强化了向拥有更多劳动力、资金、信息资源的现代中心城市核心区域集聚的趋势。

从全球范围来看，现代服务业呈现向大城市集聚的趋势，国际大都市已然成为现代服务业发展的领头军，纽约、伦敦、东京、巴黎等世界大都市在20世纪70年代或以前就完成了由制造型经济向服务型经济的转变。如今，现代服务业的发展水平已成为城市经济竞争力的一个重要影响因素，也成为衡量城市现代化国际化水平的重要标志。一方面，城市通过发展现代服务业，在推进城市产业空间重组的同时，带来了城市集聚效应和大区域城市空间要素的集约化；另一方面，现代服务业拥有高度的产业融合性，以及规模经济效应和资源整合效应，在延伸城市产业链的同时，大幅拓展了城市产业的发展空间，通过科技、文化、制造和服务业的融合带来的城市集聚效应，强化了中心城市强大的整体服务能力和创新能力，使城市形成各种特色城区，并进一步促成了以中心城市为核心的城市群或城市圈主体的新型城市体系。

世界上许多大城市均通过确立相关战略等方式推动现代服务业发展，并通过政府积极规划和适时调控，充分发挥政策在推动现代服务业发展中的催化作用。例如，美国芝加哥的"以服务业为中心的多元化经济"战略，日本政府提出的"新经济成长"战略，英国曼彻斯特市政府提出"巩固服务经济、迈入知识经济时代"的经济加速战略。纽约市政府的规划和调控政策，在推动曼哈顿金融服务业集聚发展过程中发挥了关键性的作用；伦敦通过系统的城市规划，有效地引导金融及商务服务多点式集聚发展；日本政府制定相关产业法律和整体战略规划，并提供大量资金支持，推进城市产业升级。

在美国纽约和英国伦敦这两个国际性大都市，金融业占据着重要地位。如今，这两座城市均通过充分挖掘大数据这一金融科技（Fintech）的"金矿"来推动金融创新，形成对金融市场、机构及金融服务产生重大影响的业务模式、技术应用及流程和产品，驱动金融业发展的内生动力正在不断增强。

在现代服务业世界领先的美国，都市区是美国现代服务业的核心载体，区域性产业链的良性循环是其现代服务业得以发展的重要因素。美国纽约是国际金融中心，早在 2010 年，其金融服务业占 GDP 的比重已达 40% 左右，纽约金融中心的外汇交易量、衍生金融产品成交量、外国债券发行量分别占全球的16%、14%和34%。纽约中心的曼哈顿地区形成了以金融业为主，会展业、商业、服务业、文化娱乐业等为辅的现代服务业产业结构。该地区中心商业区已成为纽约市发展的加速器，并使得纽约市吸引了大量的跨国性行业组织的投资，确立了纽约良好的国际形象。纽约也是全球创新中心，纽约金融机构的创新能力是目前其他任何一个国家或者地区（包括英国在内）都无法企及的，许多最热门的金融科技创业公司都在纽约设立了办公室。

在仅次于美国的全球第二大服务业大国英国，服务业总体产出规模占GDP比例和吸收就业人口比重一直维持在80%的高位，服务业成为拉动英国经济率先复苏的核心产业部门。英国的现代服务业中，金融业引领了大伦敦地区和英国经济的长期发展。作为欧盟最大的资本主义市场发源地，伦敦是国际金融、物流、咨询中心之一，是全球最大的国际保险中心、场外金融交易中心、基金管理中心和外汇交易市场，不仅在英国经济中，在国际金融领域，伦敦金融城也占据着举足轻重的地位。伦敦金融业的发展同样离不开技术创新的驱动。伦敦在金融科技、人工智能和大数据等方面处于科技创新的前沿，而这些领域也是伦敦投资增长最快的一些领域，有力地推动了这座城市整体经济的增长。伦敦通过金融创新和保险技术创新及与金融相关产业的全球标准来维持金融中心的前卫性，新的金融工具、金融市场和金融技术不断出现，金融服务业集聚发展的内生动力不断加强。

三、赶超：中国现代服务业日新月异

如前所述，现代服务业的发达程度是衡量一个国家或地区经济、社会现代化水平的重要标志。随着全球现代服务业的繁荣发展，我国正迎头追赶，以国内产业转型升级和供给侧结构性改革为契机，将现代服务业作为新时代我国建设现代化经济体系的重要内容,以增进人民福祉,促进国民经济可持续发展。

(一)新时代:我国服务业成就第一大产业

"十二五"以来,我国服务业发展取得了巨大成就。2011 年成为吸纳就业最大的产业,2016 年更是吸纳了我国 43.5% 的就业,分别高出第一产业和第二产业 15～16 个百分点。2012 年服务业增加值首次超过工业,并将优势保持至今。2015 年和 2016 年服务业增加值占国内生产总值(GDP)的比重和该产业对 GDP 增长的贡献率均占半壁江山[12]。从这些"闪亮"的指标来看,毋庸置疑,服务业已经成为我国国民经济第一大产业。我国经济和产业结构正由"工业主导"逐步向"服务业主导"转变,这与全球产业结构由"工业型"向"服务型"加速转型交相呼应。

国际经验和经济规律表明,人均 GDP 超过 1 万美元后,服务业将进入快速发展期。2016 年我国人均 GDP 突破了 8000 美元,超过 1 万美元的地区达到 9 个(北京、上海、天津、江苏、浙江、福建、内蒙古、广东和山东)[12],服务业进入全面跃升的重要阶段。以大数据、云计算、移动互联网、物联网、务联网和新型终端技术等新一代信息技术为代表的新科技革命正向深度和广度上加速推进,催生出包括现代服务业在内的新一轮产业变革。创新升级版的现代服务业与新一代信息技术和现代管理理念脉脉相通,成为信息密集型和知识密集型产业,它产生于工业化比较发达的阶段,又反过来促进和改变工业化进程与路径。

(二)出举措:国内政策、产业和技术环境齐头并进

1. 政策文件出台紧锣密鼓,奏响现代服务业发展最强音

现代服务业是国民经济增长的核心力量,是我国深入推进供给侧结构性改革的重要内容。国家、部门和地方政府对现代服务业都非常

第五章
扬帆起航正当时：大数据打造现代服务业新引擎

重视，从 20 世纪 90 年代至今，接连出台了一系列政策，其密集程度和政策持续性之高，充分彰显了国家和地方大力支持现代服务业发展的雄心。从国家层面，党和政府的纲领性报告、文件与政策均频频涉及现代服务业。1997 年 9 月，党的十五大报告中首次提出"现代服务业"这一名词。2001 年，我国加入 WTO，自此，现代服务业政策发布开始进入快车道。2001 年 3 月，《关于国民经济和社会发展第十个五年计划纲要的报告》中指出："积极发展信息、金融、会计、咨询、法律服务等现代服务业，提高服务业整体水平。"2002 年 11 月，党的十六大报告提出："加快发展现代服务业，提高第三产业在国民经济中的比重。""十二五"以来，进入现代服务业战略性、全面性和领域性政策供给相统一的新阶段。2006 年 2 月，国务院发布的《国家中长期科学和技术发展规划纲要（2006—2020 年）》指出："发展信息产业和现代服务业是推进新型工业化的关键。"并将"信息产业及现代服务业"作为重点领域和优先主题进行科技战略布局。2007 年 3 月，国务院颁发了《国务院关于加快发展服务业的若干意见》。2008 年 3 月，国务院办公厅又出台了《关于加快发展服务业若干政策措施的实施意见》，再次向现代服务业输出"政策红包"。2012 年 11 月，党的十八大报告中提出："加快传统产业转型升级，推动服务业特别是现代服务业发展壮大。"2014 年 7 月，国务院发布了《国务院关于加快发展生产性服务业促进产业结构调整升级的指导意见》，同年 10 月又颁布了《国务院关于加快科技服务业发展的若干意见》，首次明确了科技服务业的概念和范围，对科技服务业发展进行了全面部署。2015 年 7 月，国务院出台了《国务院关于积极推进"互联网+"行动的指导意见》。期间，国务院还对健康服务业、文化创意和设计服务、对外文化贸易、服务外包产业、推进农村一二三产业融合、发展物流与商贸流通等现代服务业重点领域出台了相关政策。2016 年 3 月，《中华人民共和国国民经济和社会发展第十三个规划纲要》专门用一章阐述了"加快推动服务业优质高效发展"，指出："开展加快发展现代服务业行动,扩大服务业对外开放,优化服务业发展环境。"2016年5月,中共中央、国务院印发《国家创新驱动发展战略纲要》,指出:"以新一代信息和网络技术为支撑,积极发展现代服务业技术基础设施,拓展数字消费、电子商务、现代物流、互联网金融、网络教育等新兴服务业,促进技术创新和商业模式创新融合。"2016年7月,国务院印发了《"十三五"国家科技创新规划》,在"构建具有国际竞争力的现代产业技术体系"一章中专门用一节阐述"发展支撑商业模式创新的现代服务技术"。

2017年,党的十九大报告指出:"支持传统产业优化升级,加快发展现代服务业,瞄准国际标准提高水平。"为现代服务业的发展指明了新方向,提出了新要求。

从部门层面,国家各部委积极出台了与现代服务业相关的政策文件。例如,早在2010年,发展改革委就印发了《农产品冷链物流发展规划》(规划期为2010—2015年)。2014年,发展改革委联合民政部、财政部等10个部门发布了《关于加快推进健康与养老服务工程建设的通知》。仅1年后,2015年11月,国务院办公厅转发卫生计生委等9部门《关于推进医疗卫生与养老服务相结合的指导意见》,强调"互联网+"养老,继续为养老服务政策"添砖加瓦"。2017年6月,发展改革委发布《服务业创新发展大纲(2017—2025年)》,为深入打造中国服务新品牌、建设服务业强国提供了指引。商务部在2014年9月发布了《商务部关于促进商贸物流发展的实施意见》。科技部一贯大力支持现代服务业的发展,在2006年颁布了《现代服务业科技行动纲要》,支持建设了若干重点实验室、工程技术研究中心和综合研究机构,加大了技术先进型服务企业等政策的实施力度。后来,又分别在2012年1月和2017年4月连续出台了《现代服务业科技发展"十二五"专项规划》和《"十三五"现代服务业科技创新专项规划》,助力现代服务业的科技创新。

从地方政府来看,各省市纷纷出台"十三五"现代服务业发展规划。广东提出:"以建设粤港澳世界一流湾区为导向,加快建设以珠三角尤其是广州、深圳为辐射中心,以汕头、湛江和韶关为次中心,延伸到市县两级及乡镇的辐射扩散式服务网络,各地根据不同情况发展有专业特点的区域服务,形成中心辐射与专业分工相结合的服务业发展格局。"[13]河北提出:"力争到2020年,全省服务业增加值占GDP比重达到48%左右。其中,省会石家庄将被打造成京津冀现代服务业发展'第三极'。"[5]山东明确指出:"'十三五'时期,全省将广泛推广应用新技术、新业态、新模式,培育形成服务、信息、绿色、时尚、品质和农村消费六大热点,充分发挥新消费在引领供给侧改革方面的重要作用,加快形成以服务业为主导的现代产业新体系。"[14]山西除了发布"十三五"规划外,还在2017年12月出台了《山西省支持现代服务业发展政策措施(2017年版)》,一次性抛出了百余个政策"大红包",干货满满,促进山西现代服务业提质增效,加快转型升级,力度之大令人惊叹。

2. 科技和产业创新让现代服务业大有可为

从科技创新环境来看,科技部不遗余力地推动着现代服务业的发展,创造良好的产业发展环境,为现代服务业发展扫清科技创新方面的技术瓶颈和体制阻碍。"十二五"期间,我国科技工作重点推动了生产性服务业、新兴服务业、文化与科技融合、科技服务业等领域发展,优化现代服务业产业发展空间布局。一是不断增强对现代服务业的科技支撑作用,突破了电子商务、现代物流、文化科技等领域一批共性关键技术,初步构建了现代服务业共性技术支撑体系和标准规范体系。二是推动产业融合,催生数字生活和数字医疗等领域新模式、新业态,带动形成了一批有影响力的服务型龙头企业。三是优化产业空间布局,建设现代服务业产业集群。批准建设了北京、武汉、上海等7个示范城市,以及62个现代服务业产业化示范基地和34个文化与科技融合示范基地,形成了"一轴两带多中心"的现代服务业区域布局,即包括北京、上海、广州在内的东部临海中心轴、北部发展带、南部发展带、沈阳—大连—

长春东北中心、郑州—武汉—长沙中部中心和重庆—成都—西安西部中心。"十三五"期间，我国将构建现代服务业科学理论体系：建立信息—物理—社会三元融合的现代服务模型，研究信息分布式存储模型、基于多维语义的信息对象处理算法、重点推进服务供给的区块链基础理论与技术研究等。攻克一批共性关键技术，包括服务的集成、协同与融合的共性技术，服务供给和交易的智能化技术，服务数据和内容的展示、分析和管理技术，信用管理技术等[2]。

从产业自身环境来看，现代服务业以"新的经济增长点"当仁不让成为社会投资的"新风口"，行业"人才红利"和"技术红利"集中爆发；数字消费、电子商务、现代物流、互联网金融、网络教育等新兴服务业极大开辟了新的产业源泉；商业模式创新如日方升，国外流行的行业融合、垂直整合、平台经济、特种定制、一站式集成服务等新兴商业模式，国内均已出现，并且创新"永远在路上"；企业主动追求创新和自我进化升级的愿望十分强烈。

从技术供给来看，大数据、互联网等新一代信息技术支撑着现代服务业的技术基础设施不断增强，服务计算、知识图谱等技术加深研究和应用；新材料、装备、能源及生物技术等领域不断取得突破，让信息技术与各领域的交叉融合加速前进，云制造、数字医疗、数字穿戴、智慧城市等新产业新模式新业态日益活跃。

四、激流勇进：科技服务业在大竞争中前行

2014年10月，国务院颁布了《国务院关于加快科技服务业发展的若干意见》，对科技服务业进行了全面部署，界定了研究开发、技术转移、检验检测认证、创业孵化、知识产权、科技咨询、科技金融、科学技术普及等专业科技服务和综合科技服务九大科技服务业重点任务，并提出了健全市场机制、强化基础支撑、加大财税支持、拓宽资金渠道、

加强人才培养、深化开放合作、推动示范应用7项重要政策措施。该政策的发布，为我国科技服务业的发展注入了强大的"助推剂"，各省市积极响应，出台了各自的相应政策，形成全国科技服务业"创先争优"、改革发展的大好局面。市场在科技资源配置中的决定性作用越来越凸显，业内创新创业活力被大幅激发，新型业态不断涌现，市场空间极大拓展，科技服务业正朝着专业化、网络化、规模化、国际化方向迈进。

在我国科技服务业空前大发展、大竞争、不进则退的新时期，传统科技服务机构正以时不我待的精神激流勇进。作为我国科技情报事业的开拓者和引领者，拥有60余年历史的中国科学技术信息研究所，与数据和信息有着天然的不解之缘。随着大数据时代的到来，中国科学技术信息研究所积极顺应变化，从提供传统的文献信息等科技服务向着基于海量数据的知识发现和知识分析过程转变，从经验科学、理论科学向着"数据密集型科学"这一新的研究范式演进，成效显著。这里分别介绍中国科学技术信息研究所在科技服务领域有代表性的4项最新成果，供大家参考。

（一）你问机器答：基于科技项目政策知识库的智能问答系统

智能问答系统是人工智能不可分割的一部分，人工智能如火如荼地发展，让智能问答系统迎来了春天。目前，智能问答系统在互联网、通信和医学领域取得显著成功，如医学的 Health Care、QA 系统帮助患者与医生及时交互，阿里小蜜和京东 JIMI 等都是智能问答系统在电子商务应用的典型代表。

智能问答系统诞生于1950年的图灵测试，但在后来的60年里一直默默无闻，直到2011年，苹果手机推出的智能语音助手 Siri 让用户获得更流畅的人机交互体验，为生活带来便利，以及 IBM 推出的商业人工智能 Watson 在智力节目《危险边缘》中用自然语言实现深度问答，打败了人类对手，这才引起人们的广泛关注。智能问答系统允许用户以自然语言的形式来查询信息，而系统会快速地给出最简洁、准确的答案。例如，你想搜索"中国的首都在哪？"，如果使用搜索引擎来查找的话，返回的往往是一连串关于"北京"的信息，而智能问答系统就有所不同，它会返回最简洁明了的答案——北京，或许这就是两者之间最大的不同，所以有人说它将成为下一代搜索引擎的理想选择。

随着大数据技术、深度学习与自然语言处理技术的不断进步，智能问答系统已经在越来越广的领域实践应用，类型也各种各样，但万变不离其宗。通常来说，根据数据流在问答系统中的处理流程，智能问答系统的处理框架都包括 3 个部分：问题理解、信息检索和答案生成[15]。用户在问答系统中输入问题后，系统首先对问题进行分析理解，包括确定问题的类型，提取出对后面检索系统有用的关键词并进行适当的扩展[16]，这是关系到后续处理模块效果的关键一环。信息检索模块用提取出来的关键词到异构语料库或问答知识库中查找相关的文档，这个过程相对复杂。搜索出来的相关文档再提交给答案抽取模块，以生成答案，答案可能是一句话，也可能是几句话，或者几个词、几个短语。

目前，除了现代服务业新兴企业外，国内研究智能问答系统的代表性高校和科研院所有中国科学院计算技术研究所、哈尔滨工业大学、复旦大学等。中国科学技术信息研究所基于长期以来的情报学学科和技术储备优势，致力于开发"基于科技项目政策知识库的智能问答系统"，将主要服务于国家科技管理信息系统公共服务平台。

该智能问答系统将科技项目管理过程中的共性客观问题，通过智能问答系统的方式来提供服务。在科技项目的管理过程中，各级各类政策相互交叉、叠加，政策之间的传递、补充、递进、替换等，对科技项目的各个环节产生效力，形成了一个复杂的政策体系，让项目研究人员和项目管理人员都很难梳理清楚各种计划与项目的具体规则。国家科技管理信息系统公共服务平台作为国家科研项目的对外窗口和服务平台，需要应对科研人员，尤其是项目申报人员和执行人员的各类问题。随着项目数量的增多及政策的快速更新，呼叫中心（Call Center）很难应对各种问题。该系统将以科技项目相关政策文本和网络学术互动问答数据为基础，利用文档结构化技术与专家智慧来构建科技项目政策知识库，并在此基础上借助大量的问答语料训练、用户问答理解、答案抽取等技术，搭建智能问答系统开展新型的科研管理服务。通过智能问答的过程，有助于掌握科研人员的真实需求，帮助科研人员解答常见的疑问，具有十分重要的实践意义（图5-1）。

图 5-1 基于科技项目政策知识库的智能问答系统界面

（二）科技决策好帮手：科技决策剧场

大数据环境下，政府公共治理要求"用数据说话、用数据决策、用数据管理、用数据创新"，应用大数据揭示出错综复杂的科技、经济与社会的关联关系，而不仅依赖于人的经验和直觉。面对这一挑战，电子决策剧场应运而生。它是虚拟现实的可视化决策支持平台,以数据和对象库作为公共资源,利用高性能计算机群与先进的图形技术处理系统构成三维沉浸式交互环境,将仿真、可视化、协作群决策三大平台整合为一体,对复杂问题的决策过程和结果进行图形可视化呈现,具有交互性（Interaction）、沉浸感（Immersion）和构想性（Imagination）3 个突出的特征（合称为"3I"特性）。

决策剧场的优势表现在：第一,可提供直观的决策环境,让决策者"眼见为实"地看到决策问题,"身临其境"地体验决策方案。第二,决策者可借助对历史、现实和未来模拟数据信息的窥察,认识和洞察决策目标对象。第三,直观高效地优化对比候选方案,形成决策者最为满意的决策方案。第四,通过对决策方案的预演,能够及时预见决策的效果并进行评估,为决策的最终成功提供强大的支撑。

决策剧场最早出现在美国。2006 年 5 月,美国亚利桑那州立大学公共决策实验室的决策剧场对外开放,该剧场可同时容纳 25 人,展现了一个 260° 的广阔视角,设有多种工具用于收集决策参与者的输入与互动,可围绕要解决的复杂问题进行三维动画演示。参与者通过观看关于行为、决策和政策方面详细的三维图形展示,以评估各种未来情景的方案。决策剧场还有一定的扩展功能,用于支持远程参与者与现场参与者分享过程[17]。该决策剧场最经典的应用是帮助亚利桑那州的首府凤凰城决策了因城市快速增长带来的水资源问题,为凤凰城水资源可持续发展提供了一个未来可视化水资源仿真决策模型。此外,它还将已知与预计的人口增长方式和相关的水资源及其他自然资源的需求考虑在内,模拟了 2040 年凤凰城的地铁规模和人口数量[18]。2010 年 6 月,美国亚利桑那州立大学与我国华中科技大学、哈尔滨工业大学共同组建了全球决策剧场联盟,确认 4 个方向：太阳能基础设施、碳捕捉和封存、水资源管理、绿色建筑/规划[19]。中国人民大学的"大数据管理与分析方法研究北京市重点实验室"也建立了电子决策剧场,为社会治理、舆情分析与预测等应用领域提供理论和技术的支撑。

目前,决策剧场在科技治理领域的应用还是空白,为促进科技决策的科学化和民主化,中国科学技术信息研究所正在全力打造科技决策剧场,提供基于科技大数据的科技决策支持服务。包括四大系统,物理空间子系统:用来形塑决策剧场的物理空间,为决策交互提供硬件支持和营造恰当的决策氛围;软件子系统:用来管理、维护决策剧场和决策任务产生的智力资产,为展示、交互和决策提供软件系统支持,以及为科技决策提供信息分析的理论和研究成果支持;人员子系统:是决策剧场的灵魂,是专家智慧的来源;决策任务子系统:是由委托方提出,交由决策剧场承担的任务所组成的集合。4个子系统相互配合,构成有机的智能决策系统(图5-2)。

(三)借问健康医疗何处有:阿里健康知识图谱

医疗卫生健康大数据作为一种国家重要的基础性战略资源,促进了现代服务业新秀"健康产业"的快速发展。2016年6月,国务院办公厅专门发布了《关于促进和规范健康医疗大数据应用发展的指导意见》,将健康医疗大数据纳入国家大数据战略布局。

国际上,健康医疗大数据发展起步较早。比较知名的健康医疗大数据平台——美国的WebMD网站(https://www.webmd.com),成立于1996年,已经有20多年的历史。它拥有全球最丰富、最完备的健康医疗资讯和人机交互的疾病和健康管理系统,被称为"全球医生最愿意付费上网的专业网站"。可为企业和个人提供线上和线下的健康风险评估、生活方式指导和电话健康咨询。

国内健康医疗大数据平台有国家级的平台,如国家人口与健康科学数据共享平台;地方政府和医院的数据平台,如上海精准医疗大数据中心;企业的数据平台,如阿里大健康云平台等[20]。

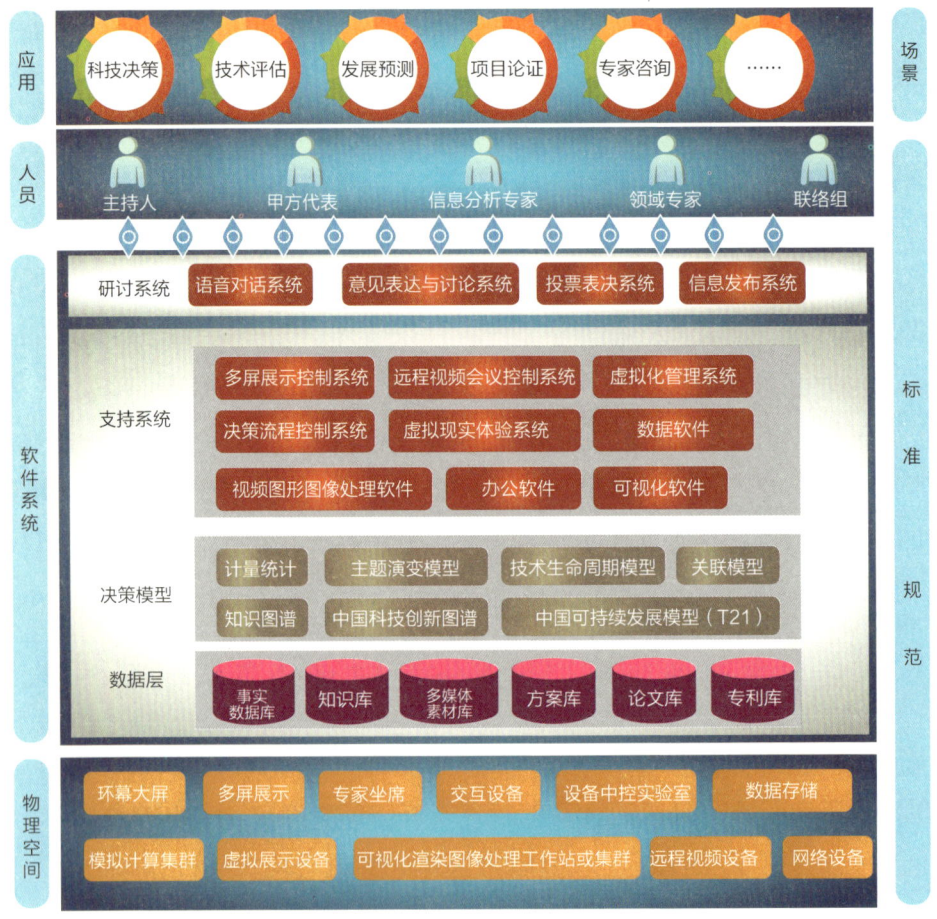

图 5-2 决策剧场组成的总体方案

科学技术文献出版社是国家新闻出版广电总局认证的第一批具有养生保健出版资质的中央级专业出版机构，在医学专业及科普领域一直在探索利用最新的技术手段和理念来传播健康医疗知识，以帮助专业人员和公众共同让生命更健康、更鲜活、更自由。科学技术文献出版社与阿里健康、循证医学研究专家团队共同创新和研发的阿里健康知识图谱系统"医知鹿"（http://mdeer.doctoryou.cn/），正是一个让公众更好地掌控生命力的平台，它将循证医学、医疗健康大数据和人文关怀完美结合起来，向公众提供更简洁、更人性化的权威医疗健康知识和最前沿的医学资讯，如疾病与健康问题指南手册，秒懂系列动画视频、最新资讯与临床研究等（图5-3）。下一步，还将组织全国知名三甲医院的顶级专家，共同完成阿里健康知识图谱的"健康科普知识词条"，利用人工智能技术促进专业化的医疗健康知识普及，传播正能量的健康理念。

"医知鹿"Ⅰ期建设将覆盖500种常见病和20种癌症的知识图谱。预计Ⅱ期将覆盖4000多种常见病、上万条症状、十几万条药品、上千部医学科普动画及海量的场景科普视频。其主要特点有：

（1）通过循证医学证据与互联网大数据结合，对庞大的医学知识群进行智能筛选，根据证据分级进行科学推荐，加强医患之间的沟通信息机制，增加医生与患者在医学信息结构方面的知识匹配度，避免医疗健康信息不对称。

（2）医药学知识图谱依据人工智能与算法进行跨界信息资源整合，以患者遇到的实际问题为索引进行知识抽提、场景代入，帮助社区、家庭、个人以更智能的方式获取有权威保证的、更解决自身问题、更活泼灵动的医学相关内容。当用户在阿里健康输入疾病名称时，可

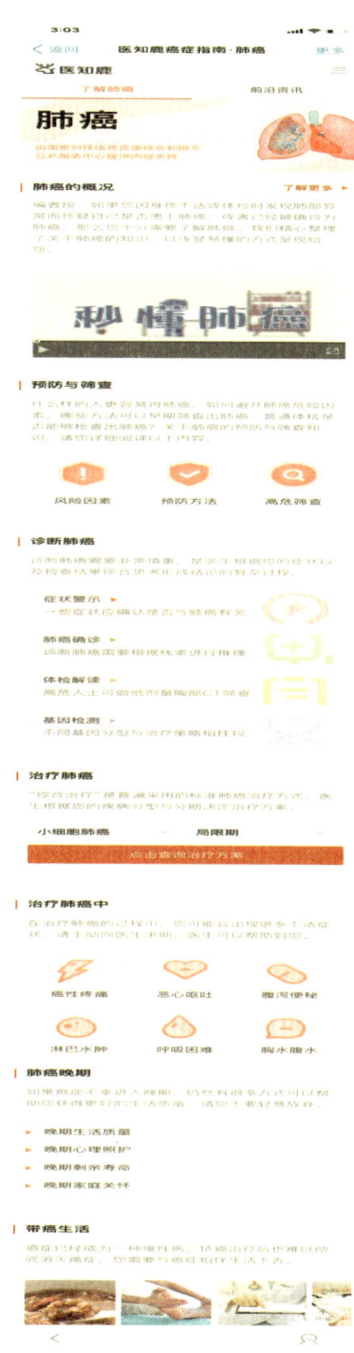

图5-3 "医知鹿"平台界面

以看到疾病定义、预防与筛查、症状提醒、诊断方案的选择、治疗方案的推荐、并发症的预防和照护等相关信息，可以让用户在就医前有针对性地准备，在治疗后积极配合康复，在疾病前积极有效地防控。

（3）国内顶尖的医学、循证医学研究团队，资深的专业医学编辑团队，确保一线的医务工作者成为科学健康科普的主力军，为老百姓提供科学、权威的医学科普和健康养生知识。

（四）企业竞争情报"独门功夫"：科信智搜平台

大数据时代，企业竞争情报的信息源表现出开源、动态、海量和多源异构的特征。从开源角度来看，有来自互联网上的公开信息、正式出版物与公开发表的论文、专利、产品宣传资料、企业年度报告、咨询机构研究报告，以及问卷调查所得到的数据等。其中，企业年度报告因为包含的信息价值高，成为"兵家必争之地"。当前，以企业年度报告的财务数据为基础的数据库有国外的Bloomberg、汤森路透Eikon、Haver等，以及国内的万得（Wind）、国泰安（CSMAR）、巨潮等。此外，国内一批关注非财务数据的数据库平台正在异军突起，如"企查查""天眼查"等，它们侧重于企业多维数据查询、风险监测和商业关系展现。从企业创新能力评价与监测角度搭建的企业竞争情报数据库平台还非常少见，中国科学技术信息研究所建设的"科信智搜"平台正是涉足这一领域的一匹"黑马"。

"科信智搜"平台是在中国科学技术信息研究所"上市公司年报数据库建设及服务系统研发"项目的基础上派生出来的。它以上市公司为主体，集成了包括上市公司年报、论文、专利、研究机构等数据在内的多源异构数据。采用统计分析、内容分析、计量分析、专利分析、情景分析等多种模型和方法，构建了以上市公司年报非财务性数据为基础、情报分析模型为核心的数据资源与方法工具体系，充分展现了中国科技

第五章
扬帆起航正当时：大数据打造现代服务业新引擎

信息研究所雄厚的情报理论与方法优势。在产品服务上，追求系统快速运行、界面友好，以上市公司年报信息和分析需求为基础，提供基础数据服务—增值服务—定制服务，可进行找人、找公司、找产品、找技术、找行业、找行业报告和定标比超。为产业和企业竞争情报分析、企业创新能力评价与监测等提供强大支撑，可为政府、企业和投资人等不同用户提供上市公司的全方位信息检索和分析综合服务，以满足用户多样化的信息服务需求（图5-4至图5-11）。

图5-4 "科信智搜"平台"找技术"界面

图5-5 "科信智搜"平台"找产品"界面

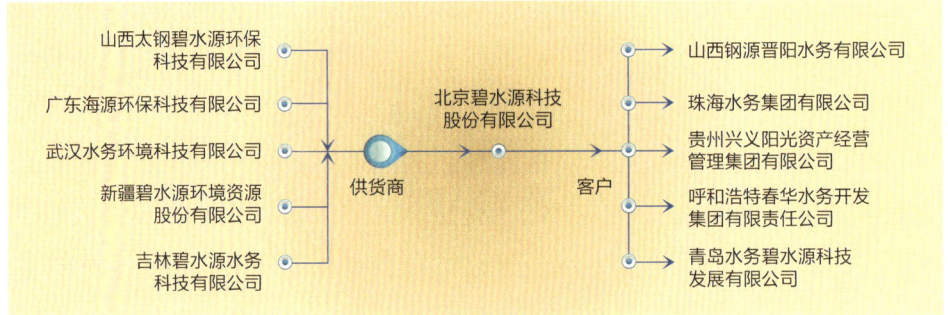

图 5-6 "科信智搜"平台"找公司"功能——企业供应链网络图案例

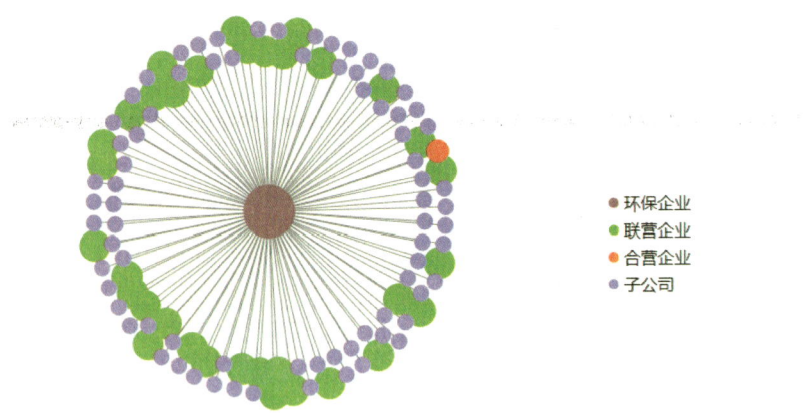

图 5-7 "科信智搜"平台"找公司"功能——企业关联机构网络图案例

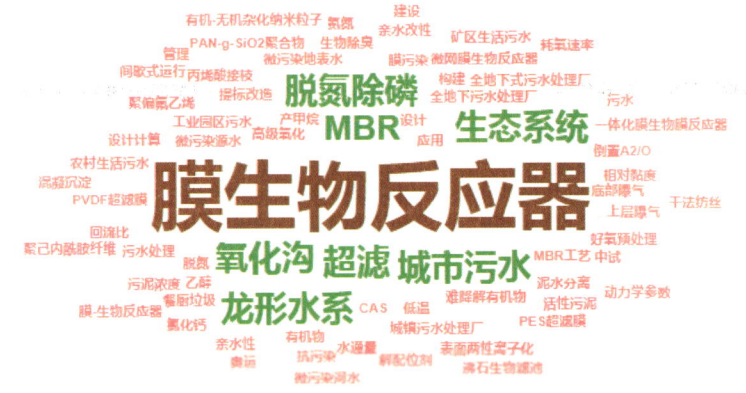

图 5-8 "科信智搜"平台"找公司"功能——企业论文关键词云图案例

第五章
扬帆起航正当时：大数据打造现代服务业新引擎

图 5-9 "科信智搜"平台"定标比超"功能界面

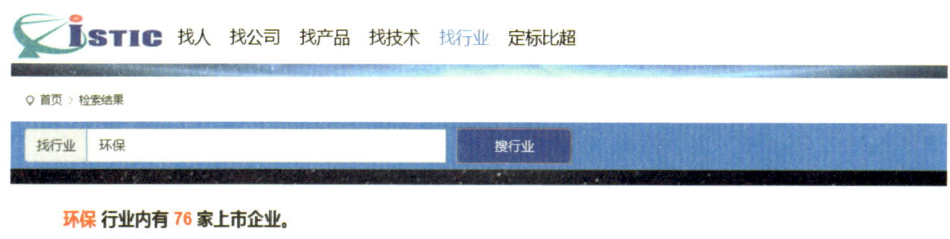

图 5-10 "科信智搜"平台"找行业"界面

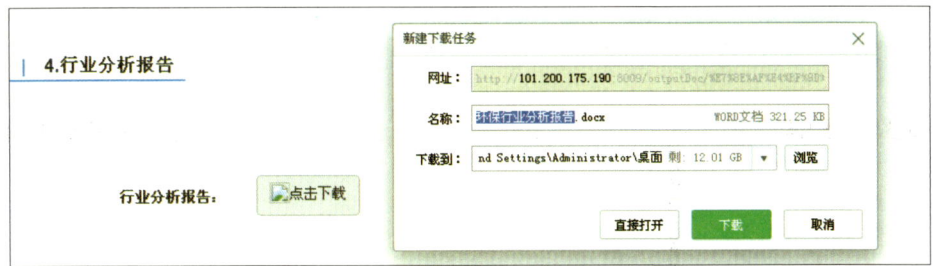

图 5-11 "科信智搜"平台"找行业"功能——行业分析报告下载功能

（徐　峰　于　洁）

第六章

春风送暖入屠苏：
不忘初心的惠农"红包"

改革开放以来，我国经济发展以工业、城市发展反哺农业的弊端已经显现，仅靠"输血"无法解决三农问题；现阶段，我国农业必须深入探索内涵改造的路子，向农业农村农民注入诸多现代元素来实现农业现代化。党的十九大报告提出，实施乡村振兴战略，要坚持农业农村优先发展，加快推进农业农村现代化。而现代农业不再是简单地使用化肥和农药、机械替代人力和畜力，而是拉长产业链条，实现农业、农产品加工业和农业服务业为一体的可持续发展的产业体系。我国人多地少，无法照搬美国农业在人少地多的情况下追求"单位劳动力产出最大化"的农业发展模式；限于农村人口的科学素养及社会环境也难以效仿日本走精细化生态种植的农业模式，比较现实的目标是追求"单位土地产出最大化"，探索有中国特色的土地适度规模化的农业现代化道路[1]。农业农村是大数据产生和应用的重要领域之一，是我国大数据发展的基础和重要组成部分，在农业领域应用大数据分析技术，无疑是加速农业现代化进程、重构农业生态的捷径。

一、当代"三农"之困

在农业领域应用大数据分析技术，是加速农业现代化进程、重构农业生态，实现"三体共化、十农并进"的必由之路。其中，"三体共化"，即作为本体的农业、作为主体的农民和作为载体的农村共同实现现代化；"十农并进"，则是农村人才、农民组织、农民工、农村道路、农田水利、农村土地、农产品与农资价格、农村金融、家庭农场、农村环境10个方面共同建设，同时推进。如何寻找破解"三农问题"的突破口和切入点，并制定切实可行的行动路线，是迫切需要研究的根本性理论问题。"三农问题"的根源在于农村封闭保守、农户小散多及小农经济效率低下，当前突出表现在投资难觅、市场无序、人才奇缺和品质难保4个方面。

（一）资金：难觅寸金酬一笑

农产品生产相对于工业产品生产有六大自身特点：不可间断、不可倒序、不可搬移、是活的生命体、遵循自然再生产与经济再生产两个规律、结果只能最终一次性显现[1]。这六大特点决定了农业的季节性和周期性很强，流动资金占用量大且周转速度慢，原料占款和储藏成本也很高[2]。农业生产占用资金量大，生产过程中不仅不可能有回款，而且还只能追加投资；农业生产过程中风险很大，随时可能遭遇干旱、洪涝、冰雹、疫病、倒春寒等突发风险侵袭，而且无法停止生产或者提前结束来止损，农业保险覆盖度还很有限[3]；农业生产融资困难，所经营的动植物和流转农民的土地难以抵押借款（直到2017年年底，北京才出现农村承包土地经营权担保抵押贷款案例[4]）。国家及地方各级政府都在政策层面对农业给予了重点扶持和补贴，但补贴政策通常会随市场变化而调整，且政策落地也受地方政府财力等诸多因素影响，故而长周期的农业很难追上国家补贴政策的步调。综合上述因素，农业生产领域的资金需求是一个难以解决的困境。

（二）市场：巷深实难飘酒香

农业市场挣钱不容易。有些农产品因事关国计民生而受到强力的宏观调控，并非完全市场定价[2]，如粮食、生猪等，因此其利润会受国家宏观调控的影响。农产品种类多样，有些产品的市场波动很大且不好预测，如"蒜你狠""姜你军"等，但这种高利润也没有回馈到农户手里；农产品的储藏成本很高，既有确保鲜活性而带来的保鲜储藏成本，也有储藏环节的30%左右的正常损耗；农村基础设施薄弱，既难以实现机械化耕作、规模化生产，也有损农产品有效转化成商品的潜力。

不过，农业市场赔钱却很容易！由于缺乏新型流通交易平台、获取市场信息滞后、不能准确把握市场经济规律等问题的存在，导致农户很难将特色资源转化为优势资源。但是，农产品一旦过剩，就只能眼睁睁看着烂在地里或库里，因为运费比菜还贵；时节一过，马上要种下一茬作物，只能翻耕入土做绿肥，白搭药肥、人工等费用；全国每年经受自然灾害的作物面积约为1/6，这更加不可控。因此，农业产品生产的风险很高，市场利润很难保持稳定。

（三）人才：遍顾茅庐难得士

受传统观念的影响，学农的人少，而学农又愿意从事农业的人更少，农村学生跳出农门后多数不愿再回去就业；农业行业的生产生活条件差，大型养殖企业肯定是建在远离城乡和村庄的孤山野岭，巨大的城乡条件差距也难以吸引人才前往工作；同时，由于大量年轻农民外出务工，老人和孩子留守，令农村本身的有效劳动力供给严重不足，仅维持简单生产已属不易，遑论体现新思想、新技术的现代农业发展了。

人才供给与企业发展很难匹配[2]。农业企业主要分为两类业务：一类是技术，如标准化生产、减少疫病、提高品质等；另一类是经营管理，如管理员工、开拓市场等。熟悉一种业务的专业人才已经很难找了，要想找到能两者兼顾的通才来掌舵企业，更是难上加难。加之农业企业普遍缺乏现代企业管理理念，留给人才上升的空间非常有限，更难长久地留住人才。

（四）质量：有心难候渡江春

农产品是动植物自然生长的结果，人为干预能够影响动植物的生长，但却不能完全弥补个体差异，因此，农产品自身的特性决定了它们无法达到完全相同的质量；不同农户在经营水平、技术管理、地力水平等方面存在差异，分散的农户小生产更是让农产品质量的标准化变得更加困难；由于绝大多数的农产品还得在大田生产，所以频发的自然风险让农产品的质量控制非常困难；此外，并不十分规范的市场秩序让质量问题扑朔迷离，农产品的质量监管工作目前尚有缺位，在利益诱导下，生产和流通的各个环节都可能掺杂使假[2]。因此，农产品的质量控制非常困难。

二、智慧农业：大数据支持下的智能农业管理

2015年12月31日，农业部发布的《关于推进农业农村大数据发展的实施意见》指出："随着信息化和农业现代化的深入推进，农业农村大数据正在与农业产业全面深度融合。"农业领域的海量数据每天都在新增，涵盖土壤、天气、水、种子、化肥和病虫害等方方面面。农业生产、生产资料供给、农产品流通、市场需求和农业管理等要素数据量大面广、搜集处理难，与农业关联的土地流转、气象、土壤、水文等数据分析难、应用难。上述弊端带来了农业生产的盲目性、片面性、随意性等问题。只有通过现代信息技术实现大数据分析与应用，才能解决预测的准确性

和科学性,才能回答农业生产什么、怎样生产,施什么肥料农药、施用多少,什么时候耕地、播种、灌溉、收获,用什么机械作业等问题。

(一)农业活动智能管家

浙江省智慧农业云平台(图6-1)是由浙江省农业厅推动建立的"大农业"数据中心,目标是借助新一代物联网、大数据、3S等信息化技术整合浙江省、市、县各级涉农资源,构建互联共享的"互联网+农业"信息服务体系,以顶层设计方式建成"一个平台、一个中心、N个应用",汇聚农业产业、农业"两区"、物联网、植保、农机、畜牧、农资、农经、科教等各级农业业务应用及数据,最终实现科学指导农业生产经营管理、政府决策监管和社会公众服务[5]。

该平台具备四大核心功能:一是形成省级农业数据中心,统一技术标准,实现各类涉农资源的整合及共建共享;二是进行农业物联网接入管理,整合并管理全省物联网应用基地及生产数据;三是实现现代农业综合管理,实现信息系统的集约化建设与统一低成本管理维护;四是实施应急指挥和灾变预警,将大数据分析结合全省视频会议系统开展应急指挥和预警决策,可以开展远程监控和指导处理,实现全省农业应急联动和统一指挥。

该平台现已整合10块业务资源,形成了浙江省智慧农业大数据中心[6]:

(1)农业物联网:对全省物联网应用点进行集中展示和统一管控;

(2)生态循环:对全省农业环境监控点进行连续的实时监控、可视化管理和集中展示,掌握生态环境情况,实现异常预警;

(3)农业产业化:整合并分析全省特色和优势产业的分布、经营主体数量、全产业链年产值等产业数据,反映全省农业现代化整体水平;

(4)种植业管理:对全省主导产业的种植总面积、总产量、产业分布、

图 6-1 浙江省智慧农业云平台

来源：托普物联网，http://www.tpwlw.com/project/38.html。

市场行情、经营主体等整体发展状况和植物保护情况进行全方位分析；

（5）质量安全：将农业生产主体、农资经营主体和"三品一标"农产品纳入监管，实现农产品的正向监管和逆向溯源；

（6）农村经营：整合全省农村基层组织、人口、收益、负债、土地流转、专业合作社数据，掌握基层各组织的过去、现状和趋势；

（7）农业机械管理：整合农机相关业务和数据，为农机调度和决策管理提供科学依据；

（8）畜牧业管理：整合全省畜牧生产、流通、屠宰加工和无害化处理等业务系统，实现畜牧业的资源整合、数据共享和业务协同；

（9）应急预警：基于物联网实时了解灾害或疫情发生情况和影响范围，实现灾变预警和应急处置；

（10）农技推广：通过公共服务中心、科技示范基地、农技专家等数据，反映全省农技推广体系建设情况。

据浙江省农业厅 2017 年公布的进展情况，智慧农业云平台现已归集数据 227.03 万组，回溯近 40 年的产业统计等数据，接入各地农业物联网示范点 118 个，视频摄像头 525 个，能满足农业生态监管、智能生产、休闲观光、应急指挥等需求。

（二）农业人工智能工程

"农业大脑"是基于农业全产业链传感矩阵的人工智能决策体系，由蓝海智能科技公司主创，目前的合作对象主要为中国一拖集团。该系统以传感器、物联网、云计算、大数据、超级人工智能为技术支撑，通过传感器嵌入到农业研、供、产、销、服务等各个环节中，基于 3S（RS、GIS 和 GPS）系统分析土壤和气候等数据，建立研、供、产、销、服务等数据系统和农业信息服务平台，实现农业资源要素的数据共享。不但可以预测天气变化、监测农业生产环境，从产业层面加速农作物育种，为农业生产提供指导，还可以监察农产品质量，从而提高农业全要素的利用效率，推动中国农业步入智能化时代[7]。

在"物联网+大数据+人工智能"模式下，"农业大脑"将推动国内在土地和农业机器上普遍安装智能传感器，通过实时获取气象数据（如降水、温度、风力、湿度等），土壤数据（如土壤水分、土壤温度），作物品种信息、作物病虫害信息等，建立农产品生产环境、生产资料、生产过程、市场流通等数据，渗透到耕地、播种、施肥、杀虫、收割、存储、育种及销售等各个环节，实现数据自动化采集、标准化处理、可视化运营。

通过预测分析系统指导农民的农业生产决策，使农民直接获得最优解决方案。基于农业物联网，平台不但可以 24 小时实时监测田间农作物的生长情况，将虫害、湿度、土壤品质等数据实时汇总，全面监测农产品的生长情况，还可以直接调配农业生产，决定田里施什么肥、喷多少水。此外，消费者也可以通过客户端软件，即时看到自己订购的农产品的生长情况、种植方式等信息，确保从田间到餐桌的食品安全。

"农业大脑"是个开放共享的平台，其数据库将向农业科技专家和政府相关部门开放，该平台将在未来3年投入50亿元来打造"农业大脑"工程，让更多的农业产业链相关方参与进来，通过让数据流动，建立足够大的数据池，用数据去滋养"农业大脑"，使其升级和进化[8]。中国一拖集团作为平台的主要合作对象，将在其生产的各类东方红农机产品上加装智能硬件，在向用户提供耕、种、收全程机械化装备的同时，还为用户提供涵盖农艺、农机、农资的农业全价值链高效解决方案。

三、精准农业：物联网监测下的科学农作

目前，全球农业领域正在发生着众多技术突破和创新，使作物生长更节水、增强作物健康、减少肥料依赖等，尤其是借助卫星图像及大数据等新兴工具，精准灌溉、变量施肥、管理农田肥力、识别和防治病虫害等[9]，从而实现高产。未来的农业领域将会大量应用传感器来监测土壤、植物和气候[10]，掌握地区对养分和水分的需求，再结合大数据分析技术，制定科学的、较为详尽的农作解决方案，实现精准化的农事生产。

我国精准农业的代表性机构之一是国家农业智能装备工程技术研究中心，是在国家863计划、国家发改委等项目的支持下围绕农业智能装备进行重点研发、创新和推广的机构。该中心现有农田信息采集、农业精准监测、农业自动控制、智能农机具、田间作业导航等五大类产品；在北京小汤山建有2500亩的国家精准农业研究示范基地，装备大型智

能化农机具、GPS 基准站，土壤墒情监测站，智能化监控温室，精准施肥、施药试验平台等相关设施。该中心提供的典型应用有大田种植监控、温室种植监控、畜禽养殖监控以及水产养殖监控等解决方案[11]。

（一）大田和温室种植监控

大田种植监控系统以传感器、物联网、云计算、大数据及互联网等信息技术为基础，通过监测区域的土壤温湿度、养分含量、pH、空气温湿度、光照强度、植物营养指标（养分、水分、微量元素等）、植物生理生态指标（叶面积指数、植被指数、叶湿、叶温、水势、径流、呼吸等）等参数，实时调控或自动控制温控系统、灌溉系统等，构建以标准体系、评价体系、预警体系和科学指导体系为主的网络化、一体化监管平台，以实现改善产量品质、节水节肥、绿色种植等目的（图 6-2）。温室种植监控系统更是可以通过无线传输来远程控制温室大棚内的风机、外遮阳、内遮阳、喷灌、滴管、侧窗、湿帘等设备。此外，监控系统将各相对孤立的信息节点进行连通，可实现以市、县、乡、村、场为基点的信息统一管理与分析，为政府部门宏观决策提供数据支持。

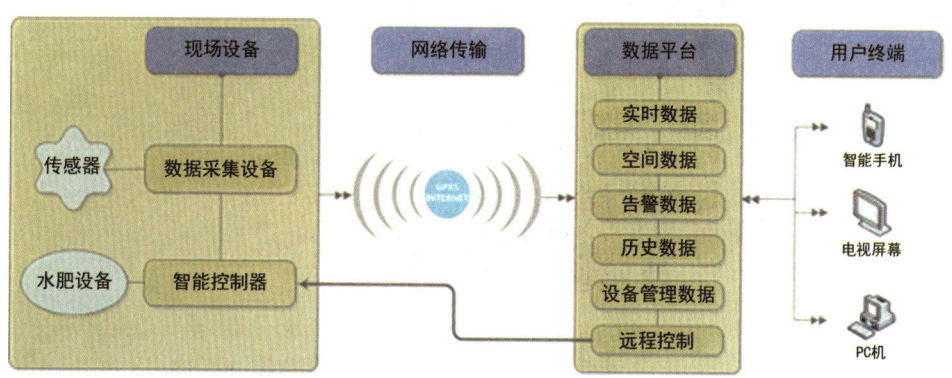

图 6-2 大田和温室种植监控系统结构

来源：国家农业智能装备工程技术研究中心，http://www.greenwater.cn。

监控系统不但将物联网、云计算等信息技术与水肥一体化技术进行了有机结合，而且还将多源信息和多种服务整合成了一个庞大的信息管理体系，包括：国家级土壤墒情监测数据共享，全面的行业政策、法规、资讯及新闻发布平台，与种植户、农户建立的多方位供求信息交互平台，基于全国数据分析的预警及通知，全国各地区的灾情预警及可视化。

（二）畜禽和水产养殖监控

畜禽养殖监控系统利用农业物联网集成了传感器、音频、视频和远程传输技术，综合采集养殖场环境参数（二氧化碳、氨气、硫化氢、空气温湿度、噪声、粉尘等）和畜禽的生长行为信息（进食、饮水、排泄等），并根据对采集数据的分析结果，远程控制畜禽舍内的光照、温湿度、饲料添加等相应设备，使畜禽舍养殖环境达到最佳状态，以实现科学养殖、减疫增收的目标（图6-3）。水产养殖监控系统通过智能水质传感器实时采集水质和水环境信息（温度、光照、深度、pH、溶解氧、浊度、盐度、氨氮含量等），结合不同水产品在各养殖阶段的长度与重

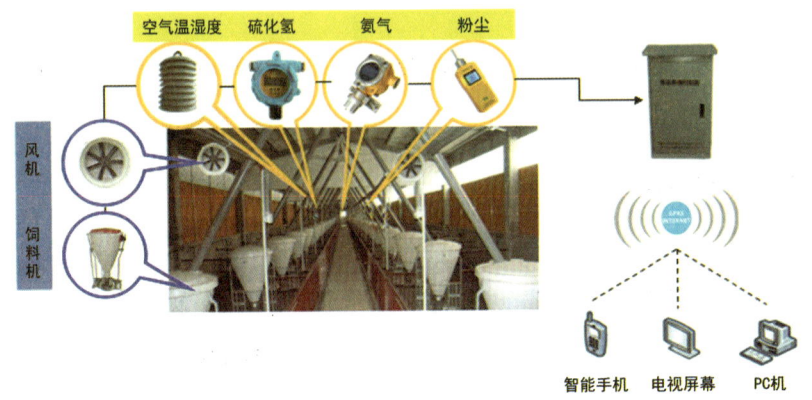

图6-3　畜禽养殖监控系统结构

来源：国家农业智能装备工程技术研究中心，http://www.greenwater.cn。

量关系、养殖环境因素与饵料养分的吸收能力、摄取量关系等数据，对养殖环境、水质、鱼类生长状况等进行全方位监测管理，实现换水、增氧、增温、喂料等科学喂养。

此外，监控系统还配有可进行物资管理的数据库系统，便于管理部门实施监管的智能电子标签系统，以及可供各级监督部门（畜牧局、水产局、动物卫生监督局、动物疫病防控中心、水产技术服务推广中心等）使用的信息管理平台，可查看各乡镇畜禽水产的生产、检疫、免疫、销售等情况，计划良种引进、培育与推广，维持良好的市场秩序。

四、科学增产："土、肥、水、种"大数据的协作

"渤海粮仓"是"环渤海低平原区粮仓"的简称。环渤海低平原区平均海拔低于20米，由黄河、海河、滦河、辽河等河流冲积而成，主要涉及山东、河北、天津、辽宁三省一市，是我国重要的粮棉、果蔬产区。该区域淡水资源匮乏、土壤瘠薄盐碱，土壤肥力、土壤盐分、pH、地下水位及矿化度等影响作物生长的关键因子构成复杂，时空变幅大，导致长期以来存在着面积广阔的中低产区和大面积的盐碱荒地，是我国重要的后备耕地资源。2011年，中国科学院李振声院士提出了建设"渤海粮仓"的战略构想。针对环渤海低平原区土壤瘠薄盐碱、淡水资源匮乏等问题，定量获取影响作物生长的环境因素（如土壤肥力、含水量、苗情、病虫害等）信息，分析影响区块产量差异的原因，因地制宜地采取综合"土、肥、水、种"四大因素的改良增产措施，改造利用盐碱荒地，提升中低产田产能。

基于上述构想，山东农业大学与山东省东营、滨州、德州等多地政府部门联合推动，开发了基于物联网和大数据技术的信息采集、分析与

服务平台：渤海粮仓科技示范工程大数据平台[12]。平台体系主要包括数据采集、挖掘分析、监测预警和决策服务等模块（图 6-3）。其中，数据采集模块，通过科学组配气象、苗情、土壤和地下水等各类传感器，组成地空一体传感器簇，构建作物生长过程环境信息智能化感知系统，实时采集传输各类数据，为后续数据分析、监控预警、决策服务提供全天候、立体化数据支撑。挖掘分析模块，通过集成大数据和农业科学分析技术，构建农业大数据分析技术系统，挖掘分析相关历史数据和实时数据，应用可视化技术，动态呈现处理分析结果，为及时指导农业生产、监控预警和管理决策提供可靠依据。监控预警模块，通过实时采集和数据挖掘分析，对气象、土壤、地下水、病虫害等影响农业生产的因子和作物生长指标，进行动态监测，根据作物适宜生长阈值实施预警，

图 6-3 渤海粮仓科技示范工程大数据平台

来源：http://bhlc.sdau.edu.cn。

注：本图仅作软件功能展示，不作版图范围展示。

为提前预防和科学处置农业生产中的病虫灾害提供警示信息。决策服务模块,通过对历史和实时数据进行综合分析,提出盐碱地改良、作物栽培、病虫害防治等技术措施,通过立体化发布,为政府、企业、农户生产管理和决策提供科学依据,为推进渤海粮仓科技示范工程健康发展服务。

平台具备海量数据来源多样性、历史与实时数据相融合、多因子综合分析决策等特点,应用到渤海粮仓山东项目区典型地块的粮食生产管理和决策过程中,综合指导"土、肥、水、种"的联合施用,有效地指导了项目区的粮食生产。其中,"土"是指土地整治、土壤改良,即采取整治改造、灌排配套、深耕深松、潜群井强灌强排、冬季咸水结冰灌溉、暗管排盐等工程和技术措施进行盐碱地改良和中低产田改造;"肥",指地力提升,即采取秸秆还田、有机肥、生物菌肥、土壤调理剂等技术措施培肥地力;"水",指水位控制和水分高效利用,即采取抬升耕作面、降低地下水位、以水压盐、微咸水安全灌溉、起垄、覆膜等技术措施,抑制返盐和充分利用有限的水资源;"种",指优良作物品种应用,即重点选育推广耐盐抗旱高产作物品种,提高单产。此外,配套农机、农艺措施,摸索棉改粮田、粮棉两年三作、玉米-玉米、小麦-玉米、小麦-棉花、小麦-牧草等栽培模式,带动相关产业发展,实现增产增收增效,建设形成环渤海生态高值农业产业带。

五、种养调控:"一窝蜂赔钱"模式的转型

最近几年,有些农副产品价格迅猛上涨和有些农副产品供应过量、价格暴跌的情况都时常见诸报端,农户"一窝蜂赔钱"的现象时有发生。农户在播种初期,无法获知同期作物种植规模及未来市场价格,受价值规律的影响,很容易因种植过量造成供需不平衡,从"一窝蜂赚钱"到

"一窝蜂赔钱"。利用大数据推动农业的供给侧结构性改革，我们可以知道在一段时间内，哪类作物的种植面积有多少、是否超量，以实现种植结构调整。立足于各类单品种大数据分析，我们有望解决"蒜你狠""姜你军"等农产品市场的剧烈波动问题。

（一）"猪周期"调控

生猪对于中国的农业和民生都具有重要的影响。由于我国小规模分散养殖生猪所占比重较大，生猪交易的多个环节之间紧密性低、集成度低，利益联结机制不健全，供应链不稳定，价格波动较大，形成难以破解的"猪周期"。

农业部在发布的《农业农村大数据试点方案》中提出，利用大数据技术构建生猪价格发现机制，汇聚生猪全产业链数据，通过分析模型和关联分析技术，加强生猪价格周期波动规律研究。基于此，重庆市以消费趋势为导向开展生猪全产业链数据监测试点，建设国家生猪大数据中心[13]（图6-4），寻求单品种大数据应用的落地及农业供给侧结构性改革的新突破。

国家生猪大数据中心将建设"1个标准、2个中心、2个平台及1个门户"，即生猪大数据标准体系，生猪大数据资源中心、生猪大数据运营中心，云计算基础平台、生猪大数据应用平台和生猪大数据服务门户。其中，生猪大数据应用平台由生猪大数据监测预警应用平台和生猪大数据应用服务平台组成。生猪大数据监测预警应用平台为政府提供种猪繁育、投入品、养殖生产、屠宰加工、产品流通、价格行情、交易情况、质量安全、金融等涉及生猪全产业链的监测预警分析结果，协助政府从宏观层面指导政策制定，稳定生猪市场；生猪大数据应用服务平台从生猪饲料、种猪繁育、育肥猪生产、生猪屠宰加工、生鲜肉及加工品销售等全产业链环节进行大数据监测分析，为生产经营主体及时了解市

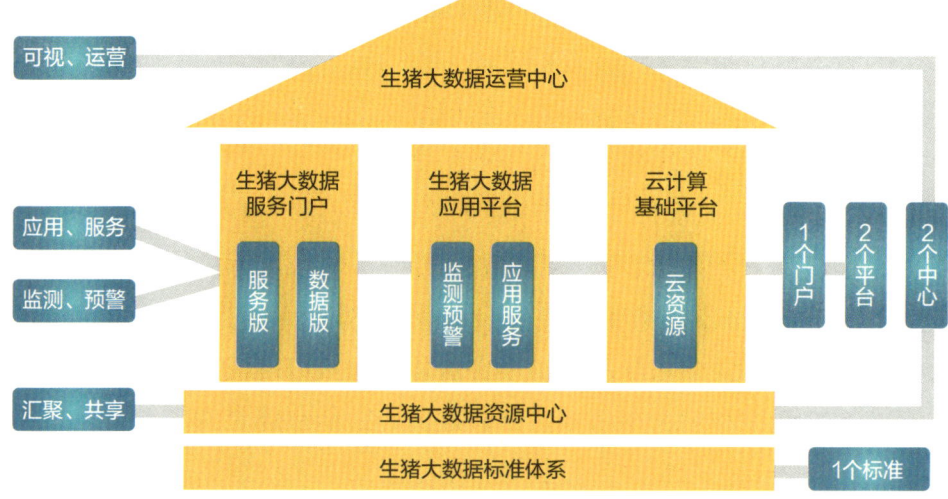

图 6-4 国家生猪大数据中心

来源：九次方，http://www.sohu.com/a/215945548_100054387。

场行情、调整经营结构、优化营销策略、提高经营效益提供生产经营决策辅助。

（二）"互联网+"蔬菜

"宋小菜"是一款诞生于杭州的农产品 B2B 平台，以"互联网+手机订菜"的新颖模式，利用实时得到的菜品采购大数据，通过分析和聚合得到准确的供需信息，从而稳定整个产业链。得益于大数据对于市场需求的准确统计和预估，城里的菜贩不用再起早摸黑，"过上了有质量、有尊严的生活"；大宗批发商收入稳增；甚至远在山东、安徽等地偏远农村的农民，也由此有了生产指导信息，不再为农产品过剩担惊受怕[14]。目前，"宋小菜"不但改变了杭州的蔬菜供应市场，而且已经覆盖了北京、上海、浙江等 6 地 20 多个城市。每天约有 40 多个品种 80 多个品类同时上架。其中，土豆、生姜等多个单品年交易额过亿元。2017 年上半年，平台交易额同比增长 300%，预计全年将突破 20 亿元。

过去，盲目跟风生产一直是农民生产的一个重大弊端。如果上一年卖了好价格，就会一窝蜂地上，等到供过于求，又一下子产生恐慌。在供需信息不对等，阶段性的供过于求和供给不足并存的情况下，对农民来说，"种什么、怎样种"是每年最为关注的问题。因此，"宋小菜"的出现，一路惠及了菜贩、批发商、农业经纪人、农民等群体，以及作为供给方的农户、农民经纪人和生产合作社。2017 年 5 月，农业部点名表扬了"宋小菜"线上农产品交易平台这种反向供应链模式。中国蔬菜协会一直想要精准掌握全国蔬菜价格，此前，他们只能靠抽样调查，2017年 8 月，"中国蔬菜协会 & 宋小菜价格行情数据项目组"正式运行，开始利用"宋小菜"的大数据研判全国蔬菜价格行情[15]。

六、农村脱贫：大数据"制导"下的科学扶贫

脱贫攻坚是实现全面建成小康社会战略目标的重要一步，农村贫困人口脱贫，直接关系到农民群众的切身利益，影响到党在农村工作目标的胜利实现。开展脱贫攻坚，大力发展农村生产力，补齐同步小康的农村短板，最终实现共同富裕，符合社会的发展规律，也体现了中国特色社会主义的本质。科学技术是第一生产力，也是农村脱贫的首要驱动力。

（一）农业科技大数据平台

农业科学数据是农业科技创新的重要基础资源，指的是从事农业科技活动所产生的基本数据，以及按照不同需求而系统加工整理的数据产品和相关信息。农业领域有许多大数据信息平台，如国家农业图书馆"中国农业科技文献与信息服务平台"（www.nais.net.cn）、国家农业科技

创新联盟"农业科技信息资源共建共享平台"（www.agrisearch.cn）、国家农业科学数据共享中心（www.agridata.cn）等综合性平台，还有专业信息平台，如中国作物种质信息网（www.cgris.net）、国家微生物资源平台（www.nimr.org.cn）、中国林业科学数据中心（www.cfsdc.org）、国家水稻数据中心（www.ricedata.cn）、中国饲料数据库（www.chinafeeddata.org.cn）等。

其中，国家农业科学数据共享中心是科技部首批认定的23个国家级科技平台之一，由中国农业科学院农业信息研究所牵头，中国农业科学院作科所、中国农业科学院畜牧所、中国水产科学研究院、中国热带农业科学院、中国农业科学院资划所等多家单位参加。该中心面向国家和社会对农业科学数据共享服务的需求，通过集成、整合、引进、交换等方式汇集国内外农业科技数据资源，并进行规范化加工处理、分类存储，最终形成覆盖全国、联结世界、可提供快速共享服务的网络体系，为农业科技创新、农业科技管理决策提供农业科学数据信息资源的支撑和保障。该中心拥有各类资源总量约370 TB，分为农业科技、区划、资源与环境科学，作物/热带作物、动物与动物医学、渔业与水产、草地与草业、农业微生物科学，农业生物技术与生物安全、食品工程与农业质量标准、农业信息与科技发展等12个大类。此外，还汇集了全球主要农业共享平台和全球主要农业共享机构的网站和相关信息。

国家及各级科研单位投入大量资源建设的各类农业大数据公共服务平台，能够为种植业、畜牧业、养殖业等行业提供全方位的分类信息，为开展大数据农业研究提供了非常优越的基础和服务，是农业生产中应该充分加以利用的新型生产资料。

（二）精准扶贫云平台

习近平总书记多次指出，精准扶贫的关键是要把扶贫对象摸清搞准，做到精准扶贫、精准脱贫、精准到户、精准到人，找对穷根，明确靶向。作为精准扶贫的基础性工作，扶贫信息的精准至关重要。

贵州省依托大数据技术打造了"扶贫云"平台。该平台于2015年12月上线运行，汇总了贵州全省数百万贫困人口的信息，实现了区域内外出务工、贫困现状、各个村的产业分布、每个贫困户的致贫原因等信息的实时呈现，并针对不同原因、不同类型的贫困对象，对症下药、精准扶贫、精准脱贫。基于入户走访调查采集到的贫困户资料，"扶贫云"以"四看法"（看房、看粮、看劳动力、看读书郎）为基础形成了一套含有80多项指标的贫困评估体系，通过计算脱贫指数，结合贫困分值、分布和定位来决定采取什么样的帮扶措施。平台还分析汇总贫困人口的致贫原因，包括因病、因残、因学、因灾、缺土地、缺水、缺技术、缺劳力、缺资金、交通条件落后、自身发展动力不足等，协助制定精准的扶贫措施。此外，"扶贫云"以GIS（地理信息系统）为基础，以移动终端为载体，对贫困户、扶贫项目的定位精准到村级，实现对扶贫项目随时抽查、随地核查，从而实现对责任链、任务链、项目资金链的实时监督，抓好每一个环节的落实情况，实现精准扶贫[16]。

青海省也启用了"青海省精准扶贫大数据平台"。该平台由青海省科学技术信息研究所负责建设，设计为"精准识别、精准服务、精准管理、精准评价"的四精准构架，可以详细记录各项扶贫信息，记录贫困村帮扶计划，还能通过分析贫困户致贫原因，与各单位衔接制定特色种养殖业、劳务输出、技能培训等因户施策措施，并实时记录扶贫项目进展情况。平台具有4个主要特征：一是"精准识别"为基础，详尽记录贫困户个人信息；二是针对每一户的贫困原因和其能力因户施策，做好精准的主动推送信息服务；三是实施分层精准管理，包括项目、项目执行部门和第一书记的精准管理；四是开展精准评价，以动态更新的形式设计了6项指标评价帮扶成效。通过平台的使用，让省内各级政府的扶贫工作更精准，也为扶贫决策的制定提供了重要支撑[17]。

(三)科特派云平台

科技特派员按需选派基层的专业技术人员,围绕解决"三农"等问题,从事科技成果转化、优势特色产业开发、农业科技园区和产业化基地建设等工作。"十二五"期间,科技部开展产业扶贫和创业式扶贫,特别是人才扶贫,选派科技特派员等到贫困地区开展创新创业服务,逐步实现由"输血"向"造血"转变。到2016年年初,全国共有省、市(地区)、县三级科技特派员72万余人。

在科技特派员服务"三农"的同时,如何为科技特派员提供更好的服务?技术、市场、需求越来越多,如何更好地匹配,让科技特派员的服务更精准、更高效、更专业?为此,贵州省科技厅于2015年推动建设了"科特派之家"大数据云平台[18](图6-5)。

云平台面向普通用户、科技特派员和科技管理部门开放。个人、企业、园区、乡镇等都可以在实名认证之后使用该平台,发布自己的需求、寻找产业服务专家或成果,然后以邀约单的方式与专家完成订单服务。认证的科技特派员在平台上与需求方交流、互动、派单,并接受相应管理部门及团队的管理。科技管理部门则负责对所管辖专家及业务的动态跟踪与全局掌握。

该平台还构建了基于手机端的科特派之家APP应用,以满足不同层级、不同领域对专家管理、信息服务的需求,在提供农资、农技、农产品及市场等信息的同时,坚持线上与线下相结合,将"口手相传"作为服务的最终落点。平台利用大数据资源优势,主动发现需求,为农业专家和需求企业牵线搭桥,例如,为贵州省黔东南州凯里市约140亩枇杷林地所感染的病虫害寻医问药,组织贵州大学、贵州省农科院亚热所的相关科技特派员进行实地诊断,最终采取了正确的补救措施;又如,组织贵州省农科院相关养殖专家和当地"土专家"一起为贵州省雷山县养

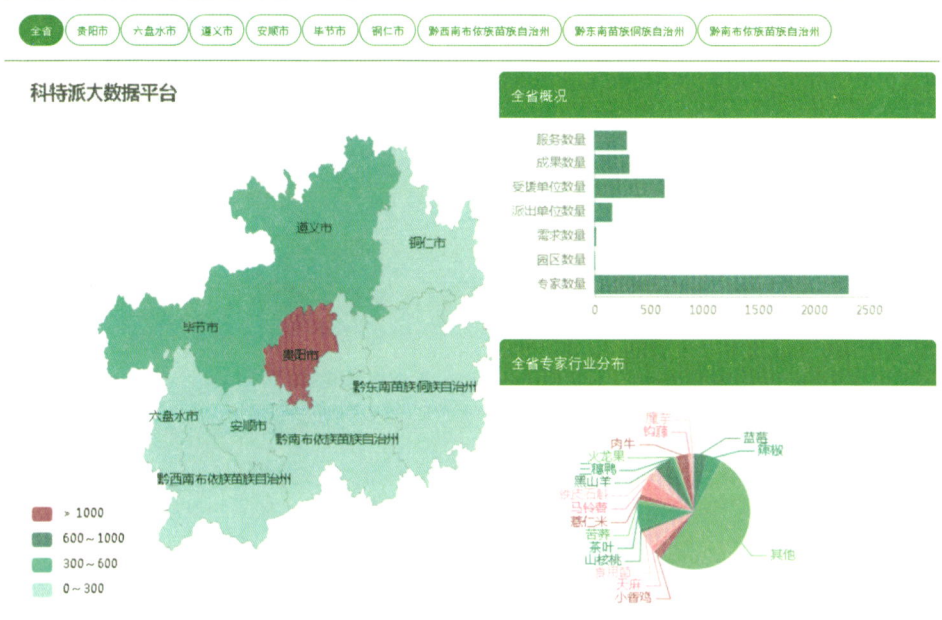

图 6-5　"科特派之家"大数据云平台

来源：科特派之家，http://www.ktpzj.com/leader/single-data.html。

殖大户进行管理与病害防治方面的技术跟踪指导，终于令养殖户成功地实现预期效益。

七、农业 P2P：农业电商大数据的魅力

农业电商主要有农产品电商和农资电商两类。其中，农产品电商主要销售水果蔬菜等特色农产品；农资电商则是指农药、化肥、农机等生产资料及其配套的指导服务。农业电商业正成为统筹我国经济社会发展的一座桥梁。农业电商在虚拟世界实现了对分散农产品供给和分散农产品需求的归集、配置和衔接，而这些成本的降低和效率的提高，会让农

民和市民从两头受益，无人受损。农业电子商务承载的不只是农民持续增收和市民放心消费的承诺，也在向城市传递着山水印记与乡愁，向农村传播着先进的理念与文明。

（一）农产品电商

农产品电商常常被认为是解决"菜贱伤农""菜贵伤民"的一种有效途径。我国现阶段的农产品电商主要有C2B/C2F模式、B2C模式、B2B模式、F2C模式和O2O模式5种模式[19]。

（1）C2B/C2F模式是消费者定制模式，农户根据会员订单需求生产农产品后配送给会员，优点是提前定制、经营风险小，但受制于场地和非标准化生产的影响，市场空间有限。代表企业：多利农庄。

（2）B2C模式是批发商、零售商通过网络平台售卖农产品给消费者，是当前的主流模式，优点是运营者作为中介无须承担压货的风险，但却对平台流量、供应链等要求较高。具体又可以细分为平台型（如天猫、京东等）和垂直型（如我买网、顺丰优选等）两种。代表企业：天猫喵鲜生、京东到家、我买网等。

（3）B2B模式指的是商家到农户或一级批发市场集中采购农产品，然后分发配送给中小农产品经销商。优势是运营者链接上下游，风险较小，能节省中小农产品批发或零售商的采购和运输成本，但对平台的流量、供应链、信息服务等要求都较高。代表企业：一亩田、惠农网、绿谷网等。

（4）F2C模式也叫农场直供，即农产品直接由农户通过网上平台卖给消费者的行为，能快速建立消费者的信任感，但受制于场地和非标准化生产的影响，市场空间有限。代表企业：沱沱工社。

（5）O2O模式是线上线下相融合的模式，即消费者线上买单，线下自提。这种社区化模式的物流配送比较便利快捷，但地推所需成本较高。代表企业：云厨电商。

上述 5 种农产品电商模式各有优劣势，但却分别适合不同种类的农产品。农产品电商是一条长长的产业链条：从原端产品（品控）→标准化商品（包装）→运输配送（供应链）→服务，其中任何一个环节缺失都无法发展好。说到底，各种模式的农产品电商企业多点开花、百家争鸣，确实在一定程度上为部分农户和消费者提供了便利的渠道。

（二）农资电商

农资电商是信息时代发展的必然趋势与必然选择。在现有发展趋势下，农资行业将面临一系列变革；小型农资生产企业、小型农资经销商可能会面临被淘汰，传统的生产者和经营者都将面临如何与农资电商进行有效紧密结合的主动与被动的选择。传统渠道经销商与农资电商的紧密融合，既能够借助网络平台为农户提供作物解决方案，降低技术服务成本，又可以利用成熟的线下渠道为电商销售解决物流配送[20]。不过，现阶段我国农民的文化程度普遍较低，利用互联网将自己生产的农产品卖出去尚且勉为其难，对于独立判断和选择适合自己的农资产品则更为困难，如何有效释放农资需求仍然有待解决。

农资电商的代表企业有：农一网、草帽网等。农一网由中国农药发展与应用协会牵头与组织，通过整合上游知名农药企业，为种植大户、专业合作社、农业公司、农垦基地、家庭农场、统防统治、政府采购、零售商等提供网上直购平台，设有农药商城、农药企业品牌旗舰店、原药与精细化工、植保专家频道 4 个模块，具有品牌信誉度和在线植保技术支撑。草帽网是我国行业信息标准化示范企业，利用互联网技术进一步整合农业生产企业、流通企业、农业新型经营主体、农产品批发企业、超市、学校间的资源，能为农户、农资生产企业、农资流通企业及农产品批发企业搭建一站式农业电商平台，覆盖产品包括肥料、农药、种子、种苗、农机、饲料及各类农产品,打造"工业品下乡,农产品进城"的双向通道。设有"农资真伪查询""贴身服务"和"专家答疑"功能,支持农资产品的防伪查询和实时在线专家咨询。

(王立学)

第七章
万方乐奏共骈阗：
大数据均衡医疗效率与人性化

> 人民健康是民族昌盛和国家富强的重要标志。随着我国社会生活水平的不断提升，人民对健康医疗服务的能力、质量和性价比的要求更加迫切。为健全医疗卫生服务体系，向人民群众提供全方位全周期健康服务，新一代信息技术在健康医疗领域中的应用必将带来新的数据浪潮。如何在城市发展中统筹和发挥健康医疗大数据的社会经济价值，是决定健康中国战略贯彻落实效果的重要问题。

一、健康医疗大数据：数字化生活的不可抗力

健康是人的基本权利，也是人类社会生活中不懈追求的目标。从史前时代的巫医到近现代医学体系的发展与普及，通过医疗、保健与运动等方式寻求身体与精神的健康，进而获得更高水平的生活质量，始终是社会生活与经济活动的核心主题之一。随着人类社会进入数字时代，数据已经成为流入全球经济各个领域的激流，健康医疗产业也无法独善其身。数据以实时体征检测、个人健康管理、远程医疗及护理、电子病历、医学影像、诊断辅助、个性化治疗、药物与医疗器械研发、医

第七章
万方乐奏共骈阗：大数据均衡医疗效率与人性化

疗保险管理等极具多样性的形式，几乎充斥着人类社会有关健康医疗的所有角落。

（一）大潮：有待沉淀和规范的巨大市场

医疗行业如今已经成为数据密集型行业。IDC Digital 预测，到 2020 年全球每年产生医疗数据的规模将达到 40 万亿 GB，是 2010 年的 30 倍[1]。2009—2016 年，健康医疗数据规模年平均增长率达到 48%，估计医疗行业相关数据达到各行业数据总量的 30%，是数据规模增长最快的行业[2]。出于医疗卫生管理目的，这些数据通常被要求内容真实并长期保存，从而形成体量巨大且相对敏感的数据资源。同时，不论是医疗领域复杂的专业细分，还是健康消费市场多样的服务创新，都使得健康医疗数据呈现出结构复杂和潜在价值高的特点。因此，健康医疗数据具有大数据资源的典型特征，并且"数据孤岛""多源异构""隐私保护"等问题更加突出。一般认为，依据数据内容和细分市场的差异，健康医疗大数据包括四大类，分别是诊疗数据、运营数据、组学数据和健康数据。

根据贵阳大数据交易所的数据，全球健康医疗大数据领域 2016 年全年公开披露融资事件 52 起，总额约 91 亿元人民币，估计行业市场规模在 532 亿元左右，并有望在 2021 年突破 800 亿元。其中，发生在我国的相关投融资事件高达 28 起，超过总数的一半。为规范和推动健康医疗大数据产业发展，国务院办公厅于 2016 年 6 月 21 日印发了《关于促进和规范健康医疗大数据应用发展的指导意见》，并在同年 10 月 25 日发布的《"健康中国 2030"规划纲要》中，再次明确了国民体质健康监测大数据、区域人口健康信息平台、健康医疗数据共享机制等工作重点。在国家卫计委牵头下，国有资本主导的三大健康医疗大数据集团在 2017 年先后成立，以建设 1 个国家数据中心、7 个区域中心、若干应用和发展中心为目标的健康医疗大数据发展规划正在逐步实施。

（二）暗流：备受安全拷问的医疗数据应用

医疗信息化是指通过计算机科学、现代网络通信技术和数据库技术等，实现医院管理及医疗服务的数字化、网络化和信息化。为应对数字时代的到来，医疗信息化成为世界各国医疗卫生建设的必由之路。从 20 世纪 60 年代美国部分医疗机构配置财务信息系统以来，医疗信息化的发展进程已经成为决定医疗数据采集方式、存储形态和应用场景的主导力量。历经医院管理信息化、临床管理信息化和区域卫生服务信息化 3 个发展阶段，医疗数据已经分化出诊疗数据和运营数据两种数据类型。诊疗数据一般是指以电子病历（Electronic Medical Record，EMR）为核心，协同医院信息管理系统（HIS）、医学影像信息系统（PACS）、临床检验信息系统（LIS）等，全面描述病患在医疗卫生机构接受诊疗过程及结果的数据。运营数据则是指医疗卫生机构、医疗保险机构及其他健康医疗服务相关机构在运营管理中产生的数据，如医院管理数据、医保报销数据、健康管理平台运营数据等。

虽然受到医疗事业整体发展水平的影响，我国在医疗信息化方面仍远未达到国际先进水平。但在巨大人口基数的支持下，我国医疗数据的规模与增速在全球首屈一指。2016 年全国医疗卫生机构总诊疗人次已达到 79.3 亿人次，比 2015 年增长 3.1%[3]，保守估计产生诊疗数据 26 538 TB。在当前大部分医院的管理和技术条件下，这些数据将孤立地保存在各医院内部的诸多信息管理系统中，并且以规模增量逐年扩大的趋势不断累积。但在大数据背景下，数据分析和商业模式是决定能否发掘数据资源经济价值的核心要素，健康医疗大数据同样遵循这一规律。在具备可观的数据资源积累并初步形成细分市场后，健康医疗大数据产业已经不得不面临其产业发展最重要的问题之一——数据价值的变现。

2011 年麦肯锡发布的研究报告《Big data: the next frontier for innovation, competition, and productivity》称，数据分析在美国健康医疗领域能够产生每年 3000 亿美元的潜在价值，且年增长率为 0.7%，而当年实现的产值估计仅为 10%～20%[4]。同年，美国出台《HITECH 法案》，明确了以跨机构的电子健康档案（EHR）、数据分享和交互机制、数据分析提升医疗水平为主题的 3 个未来发展阶段。然而早在 2008 年，谷歌曾推出个人病历管理服务 Google Health，包括帮助用户建立属于自己的在线医疗档案、从医生和药房处下载医疗档案、获得个性化的医疗指南、查询医生资质，以及与家人或医护人员分享医疗信息等功能。2009 年，为争取美国政府 190 亿美元的电子病历激励计划，谷歌又推出技术超前的 Google Wave，通过云存储和数据集成技术为美国多家大医院提供电子健康档案服务。但由于个人隐私问题和推广不畅，两者目前均已被关闭。

类似的情况同样在英国发生。2013 年，英国医疗保健当局宣布将建立癌症患者数据库，收集来自英国各地医疗机构的病例和 1100 万份历史档案记录，每年保存和整理 35 万个新确诊肿瘤病例的全部数据。同年，英国启动医疗健康大数据平台"care.data"建设计划，集中全英家庭医生和医院所记录的病历及社会服务信息。虽然该平台始终被隐私保护和数据安全等问题困扰，并于 2016 年 7 月被终止，但其计划中庞大的数据规模和壮丽的发展远景引发了产业界对健康医疗数据的关注，进而促使包括我国在内的全球主要经济体纷纷启动新一轮医疗信息化及"健康医疗大数据中心"建设等举措。

（三）追求：转化医学与移动互联网改变健康医疗服务模式

转化医学是指基于分子生物技术、生物信息学、遗传学等方法，结合系统医学理论与自动化通信技术，缩短基础医学研究到临床治疗转化过程的一种新的医学研究思想。近年来，转化医学的成就引人注目，基于生物标志物的诊断技术获得广泛认可，靶向药物在肿瘤治疗中的效果得到验证，医药和医疗器械的研发速度大大加快，并催生出个性化医疗、精准医疗、生物银行等新的医学理论和治疗方法。虽然转化医学横跨基础科学研究、临床治疗、检验检测设备、药物研发、动物及临床试验等众多领域，但以分子生物技术为核心的基因组学、转录组学、蛋白质组学、代谢组学等研究产生的数据以其内在关联共同构成所谓的组学数据。

组学数据的获取成本较高，且单个数据集的体量巨大。以基因测序为例，由于广泛应用于产前及新生儿遗传病筛查、肿瘤患者分子诊断、药物研发组学数据采集等场景，基因测序已经成为医疗服务行业的重要组成部分。2014年，我国基因测序行业龙头企业华大基因宣称，截至当年8月，华大基因已在全球范围内为近40万孕妇提供了无创产前基因检测（NIFTY）服务。根据2016年国际主要基因测序仪器厂商的销售数据测算，我国约有高通量基因测序仪1700台。据此预测，中国国内可能形成每年超过1000万人次的基因检测市场，市场规模超过千亿元。2017年10月，江苏省正式启动"百万人群基因组测序计划"，计划建立超大规模的DNA测序平台和生物医学大数据分析中心，设计年测序能力达到40万～50万人次。考虑到每人次人体全基因组测序数据量超过100 GB，仅国内基因测序市场产生的数据将至少在PB级别，甚至可能达到EB级别。

移动互联网是指基于移动IP技术，通过移动终端实现互联网技术、平台、商业模式和应用的活动总称。作为单纯的通信设备，早期移动设备仅在远程医疗的通信功能上有所贡献，但通过移动设备实现医疗服务的移动医疗概念仍引起热切关注。2007年1月，苹果公司发布第一款iPhone，开启了移动终端的智能化篇章。移动互联网在医疗领域的应用使得医联平台、自诊问诊平台、医药电商平台、医生工作辅助平台、慢病管理服务、医疗新媒体等新兴医疗服务如雨后春笋般成长起来。2012年，以"谷歌眼镜"为代表的智能可穿戴设备快速普及，再次改变了健康医疗服务模式。从便携式医疗检测设备到智能可穿戴医疗设备，带来的不仅是医疗设备的进一步小型化，更是检测数据的在线管理和智能分析。移动医疗使得人们可以在医疗卫生机构之外实施更加专业的健康管理，从而围绕医生、病患及健康服务消费者等个体行为产生大量健康数据，如个人健康记录（Personal Health Record，PHR）、膳食与运动管理、体征指标实时检测数据、慢病监控数据、在线医疗咨询数据等。数据显示，2016年中国移动医疗市场规模达到103.5亿元，预计2017年将达到120亿元；2016年用户规模为2.94亿人，预计2017年将达到3.6亿人[5]。

不同于以医疗卫生机构运作流程为管理核心的诊疗数据和运营数据，组学数据和健康数据是以患者或者健康服务消费者为核心而构建的数据，从数据架构上解决了跨区域跨机构的医疗数据交互问题。此外，众筹、众包、风险投资、新媒体营销、共享经济、区块链等新兴管理理念和技术方式的应用不断创新服务模式和商业模式，极大拓展了健康医疗大数据的应用空间。

二、公共卫生：保障、成本与质量的再平衡

均等化和基本保障能力是公共卫生服务建设与管理的主要方针，而医疗资源集中分布、基层卫生机构医疗能力不足和医疗服务中的信息不对称等原因严重阻碍公共卫生事业的发展。医疗数据是对医疗服务的客观记录，不论对患者还是公共卫生管理部门均具有宝贵价值。但在医疗信息化建设不足和个人隐私保护的影响下，以"数据孤岛"形式储存在各个医疗机构的海量数据甚至成为一种管理负担。跨机构跨区域的数据

交互和应用机制已经成为公共卫生事业发展亟待解决的问题，同时又为城市发展带来体制机制创新的契机。

（一）个人健康档案：亟待履行的权益

严格来说，个人健康档案（Personal Health Records，PHR）是在规范的过程和格式下记录个人从出生到死亡的所有生命体征的变化，以及自身所从事过的与健康相关的一切行为与事件的档案。但在实践案例中，PHR 大多是指由患者或医疗消费者个人在专业平台的指导和技术支持下自行创建，通过填写或从多个医疗机构获取自己健康状况、用药记录、实验室检查、诊断研究、过敏史、疫苗接种等数据，并可以通过互联网维护和查看这些数据。国际标准化组织（International Organization for Standardization，ISO）认为，PHR 是记录与一个人的健康、保健、发展及福利相关的个人信息库，个人对所记录的内容有基本的控制权。通过跨机构医疗数据在连贯时间轴上的整合，PHR 为日常健康管理和疾病诊断及治疗提供更加准确详细的参考，有利于提升医疗管理效率、预防和降低疾病损害、降低公共卫生负担、提高医疗服务质量和水平。

卫生部（现卫生计生委）2009 年启动全民健康档案计划。计划要求 2009 年年底，中国农村居民健康档案试点建档率达到 5%，城市地区居民健康档案建档率达到 30%；到 2011 年，农村达到 30%，城市达到 50%；到 2020 年，初步建立起覆盖城乡居民的，符合基层实际的，统一、科学、规范的健康档案建立、使用和管理制度。建立和管理居民健康档案一直是公共卫生管理的重要工作，但是受技术条件所限，居民健康档案大多是手动输入。在宏观统计和成本控制的管理导向下，居民健康档案内容相对简单，并且多以社区和人群为管理主线。由于对个人医疗数据管理和健康管理的需求考虑不足，现有的居民健康档案不足以为个人医疗服务提供充分和个性化的数据支持。

另一个与之类似又略有差异的概念是电子健康档案（Electronic

Health Records，EHR）。EHR 是可以实现跨机构、跨区域数据交换的电子病历，通过官方医疗信息机构的数据整合形成贯穿居民生命过程、涵盖多渠道信息的数据档案。在数据内容层面，PHR 的涵盖范围比 EHR 更广，更丰富的数据产生更加多样的应用服务，如健身、养生、营养膳食等专业医疗之外的服务。但由于 EHR 大多由政府推动，配套制度环境更好，更有利于推广普及。

随着数字技术发展和电子病历建设政策的推进，目前已经具备探索建设 PHR 的条件。PHR 的主要数据来源是电子病历，同时也包括电子处方、非处方用药记录、监控设备、康复设备等。虽然在理论上患者有权获得其电子病历，但由于各医院的电子病历在数据标准上存在差异，甚至部分医院仍不具备对 HIS、PACS、LIS 等医疗信息系统的分散数据实现集成管理的能力，个人即使获取数据也无法妥善利用。因此，建立 PHR 的核心是数据存储和交换机制，即医疗数据的"信息共享"。鉴于医疗数据的敏感性，PHR 的数据管理要求极强的私人性、安全性和保密性，并且在技术标准和管理规范上符合国家相关法律法规。

从 Google Health 到 Drchrono：角色的重要性

在美国医疗数据开放共享的背景下，谷歌在 2008 年推出在线医疗数据管理平台 Google Health，向用户提供包括电子病历、药物使用及反应记录、医生及医疗机构资质查询、跨机构电子病历传递、个性化用药指导等功能。然而，遵循"让数据的拥有者自己管理和使用数据"的设计初衷，Google Health 将核心用户瞄准普通消费者。由于大部分数据需要消费者自行获取并上传，医生、医疗机构、医疗保险机构及医药销售企业等医疗活动中的重要角色并未参与到服务流程中，以至于 Google Health 被戏称为一款"没有医生参与的医疗信息服务"。在随后的运营中，Google Health 的运营团队始终忙于与各方面机构的谈判。虽然通过与

IBM的合作部分解决了数据交换机制的问题，但由于未能获得足够多的保险公司和医院等合作伙伴，其数据应用空间大打折扣。此外，由于在数据安全保障上缺乏说服力，个人隐私的忧虑使得Google Health的用户规模止步不前。商业模式的设计缺陷最终耗尽了产品的成长空间，谷歌在2012年关闭了Google Health的服务。

谷歌并不是唯一尝试建立PHR平台的企业，微软早在2007年就建立了类似的Health Vault，而苹果在2014年也推出了HealthKit，其他具有一定影响力的PHR平台还有Dossia和PatientsLikeMe等。不同于Google Health仅专注于敏感的医疗数据，微软在2011年放弃临床数据业务，转而关注第三方数据交互业务。Dossia成为开源技术平台，PatientsLikeMe转向社交网络中寻求机会，而苹果HealthKit始终以可穿戴设备数据管理为核心。

在上一批PHR平台阵亡或退缩之后，一批初创企业再次开始探索医疗数据的交互应用。Drchrono是一家创立于2009年的初创企业，主要为医生和患者提供基于云端的EHR管理和医患交互平台。2011年，Drchrono公司推出的iPad端应用Drchrono EHR/EMR为医生提供通过口述录入、拍照录像和手写的方式录入电子病历，并将医院的预约、诊断、药房和病历管理等功能集成，广受医生好评。随后Drchrono EHR/EMR又在2014年推出基于谷歌眼镜实现"无须用手"的电子病历录入和管理功能，并以云端存储的方式使得患者在需要时可以查看和获取病历。此外，Drchrono公司还推出在线健康管理和社交平台应用OnPatient。由于与其EHR业务采用相同的数据交互规则，用户可以直接将Drchrono应用上生产的EHR数据导入OnPatient，最终实现PHR的建立和维护。虽然Drchrono公司的产品更多的关注于电子病历和医院管理，但其通过完善医生的EHR管理，实质上解决了患者建立PHR的数据获取和标准化问题。

（二）社区智慧医疗：分级诊疗与人性关怀的数字之道

医疗资源分布不均衡是我国医疗体系长期以来面临的难题，医生与设备集中于大型医院、社区医院医疗能力不足的问题客观存在。2015年9月，国务院办公厅印发《关于推进分级诊疗制度建设的指导意见》，部署加快推进分级诊疗制度建设，希望在2020年逐步形成分级诊疗模式。通过建立分级诊疗制度实现基层首诊和双向转诊，是合理配置医疗资源、促进基本医疗卫生服务均等化、提升公共卫生服务水平的重要举措。在互联网、物联网、人工智能等技术的推动下，智慧医疗建设成为提升基层社区医院医疗能力的重要途径。

由于我国社区医院主要承担疾病预防和常见病、多发病、慢性病的基本医疗服务，并需要有对急重症患者进行紧急处置的能力。因此，智慧医疗在社区医院的应用主要包括3个方面：一是社区医院信息化和数据交互能力建设，例如，通过建立适用于社区医院的轻量级医院信息系统、医学影像系统、实验室检验信息系统、数据交换系统和医生工作站，在病患首诊过程中建立电子病历，并与上级医院互联互通；二是将社区医院接入区域卫生系统，通过个人健康档案和基于物联网的社区管理，为居民提供健康管理和疾病风险干预，为卫生管理部门提供疾病危险评价和预警；三是帮助居民建立家庭健康系统，对慢性病及老幼病患实施定期随访，为智障、残疾、传染病等特殊人群提供健康监测，引导和监督第三方服务为居民提供用药、膳食、运动、精神等健康管理。此外，在智能移动终端普及和医疗设备快速小型化的影响下，移动医疗使得社区医院可以提供更多样、更高水平的检验检测和医疗服务，也扩大了社区医院提供医疗服务的场地范围。医生上门诊疗和现场急救处置的能力将得到增强，远程会诊与老人跌倒监控等技术也将更加普及。

（三）医疗保险数据挖掘：公共卫生服务的底线与边界

医疗保险通常意义上是指基本医疗保险，是社会保险制度中最重要的险种之一。截至2016年6月，我国基本医疗保险参保人数55 951.65万人，城乡居民大病保险参保人数36 797.79万人。2015年和2016年上半年，我国基本医疗保险基金收入12 692.81亿元，支出10 081.15亿元，期末基金累计结余9769.38亿元[6]。近年来，我国医疗保险基金支出增速快于收入增速的现象有所缓解，但长期来看仍有支出超过收入的风险。

基本医疗保险是为补偿劳动者因疾病风险造成的经济损失而建立的一项社会保险制度，体现国家公共卫生服务水平的一个方面。基本医疗保险"三大目录"，即基本医疗保险药品目录、诊疗项目目录和医疗服务设施标准，则在一定程度上决定了公共卫生服务的边界。一方面，一种药品或医疗器械是否纳入基本医疗保险的范围需要经过专业的考察分析，而这种周期较长的管理程序会使得部分患者因无力自付承担新药或新疗法而错过治疗机会。另一方面，不论是基本医疗保险还是商业医疗保险，都面对过度医疗和保险欺诈的问题。为了提升医疗保险资金的使用效率，同时保障基本医疗保险的服务质量，对医疗保险数据的分析挖掘成为重要的管理工具。

目前对医疗保险数据的大数据分析应用包括4个方面：一是通过医保数据内容或结构的合理性，发现保险欺诈、过度医疗、虚假招标等问题，实现保险支出费用的合理控制。二是通过分析药品、诊疗项目和医疗器械的使用情况，发现有必要纳入报销目录的新药、新设备、新疗法，提升基础医疗保险的服务质量。三是研究各地方医疗保险数据在存储格式和运营管理上的差异，建立多源异构数据的集成和交互机制，解决跨区域就医的基础医疗保险报销问题。四是剥除医疗保险数据中的敏感数据，形成大规模、高质量的医疗数据资源，为医疗管理、医学研究和其他应用提供数据支撑。

趣医商保云平台：数据融通带来服务融通

2014年，趣医网宣布在其"趣医院"APP上搭载国内首款商业医疗保险实时理赔平台——趣医商保云平台，为用户提供在线实时商保结算（商保直赔）和事后理赔（商保极速赔）一体化解决方案，为商保用户的理赔业务提供全面支撑及服务。"商保直赔"模式无须用户先行垫付诊疗费，只需通过保险公司APP所提供二维码确认身份，然后绑定用户医保卡，最终在付费时同时完成商业医疗保险和基础医疗保险的赔付。"商保极速赔"模式需要用户先行垫付诊疗费，然后通过"趣医院"APP申请赔付，商保服务平台将帮助患者完成就诊数据从医院端到保险端的实时传输，并完成实时的理赔结算，保险公司将直接打款给患者，实现极速赔服务。

趣医网成立于2014年5月，是一家以专注于推进服务模式创新的互联网医疗企业，已获得百度（Baidu）、软银中国资本（SBCVC）、弘晖资本（HighLight Capital）等多家知名机构投资。趣医网的核心产品互联网医疗新生态平台"医院+"，是目前国内唯一为医疗机构和第三方互联网服务商之间提供双向实时交易的统一开放平台。目前，"趣医院"APP平台已签约超过3000家二级以上主流公立医院，覆盖全国70%的三级医院，上线医院数量达2000家，提供覆盖诊前、诊中、诊后完整的全流程就医服务。"趣医院"APP实质上是"医院+"平台以移动互联网形式提供用户交互，其搭载了医生和医院信息查询、症状自查、预约挂号、就医指导、健康档案、在线购药、在线购买医务陪护、商业医疗保险在线直赔等业务。

三、精准医学：大数据揭示疾病的奥秘

2015年，美国时任总统奥巴马宣布划拨2.15亿美元作为"精准医疗计划"经费，加快基因组研究。随后美国制定一系列的标准和要求，试图以此解决隐私保护和跨系统数据交换安全等一系列问题，为其收集逾百万名志愿者的数据构建开放的应用环境。此事件引发了医疗健康数据领域新一轮热潮，并导致精准医疗领域在全球资本市场中迅速升温。政府方面，法国投资6.7亿欧元启动名为"法国基因组医疗2025"的医疗项目、英国启动"10万人基因组计划"、韩国发布"万人基因组计划"、澳大利亚推出"零儿童癌症计划"，预估全球精准医疗市场规模已破600亿美元。

（一）你不知道的精准医疗

2011年，美国国家科学院（NAS）、美国国家工程院（NAE）、美国国立卫生研究院（NIH）及美国国家科学委员会（NSB）共同发出迈向精准医学的倡议。著名基因组学家Maynard V. Olson博士参与起草的美国国家智库报告《走向精准医学》同步正式发表。该报告提出了通过遗传关联研究与临床医学紧密接轨，来实现人类疾病精准治疗和有效预警。2015年1月20日，奥巴马总统在国情咨文演讲中提出了"精准医学计划"（PMI），呼吁美国要增加医学研究经费，推动个体化基因组学研究，依据个人基因信息为癌症及其他疾病患者制定个体医疗方案，把按基因匹配癌症疗法变得像输血匹配血型那样标准化，把找出正确的用药剂量变得像测量体温那样简单，给恰当的人在恰当的时间使用恰当的治疗，继续引领医学进入全新的时代。

通俗地讲，首先，精准医学是集合现代科技手段与传统医学方法，

第七章
万方乐奏共骈阗：大数据均衡医疗效率与人性化

科学认知人体机能和疾病本质，以最有效、最安全、最经济的医疗服务获取个体和社会健康效益最大化的新型医学范畴。此后，人们又将"精准医学"的概念进一步泛化，使得精准医学成为一种理念。精准医学将会带来一场新的医疗革命并深刻影响未来医疗模式。美、德、日等国高度重视精准医疗，如何把握机遇和迎头赶上，亦应是我国关注的重点。在全球精准医疗起步伊始，一些国家先后出台有关战略计划，对精准医疗进行顶层设计，围绕目标、关键投资重点布局。例如，美国"精准医疗计划"（2016年预算2.15亿美元），德国"个性化医疗研究行动计划"（2013—2016年投入3.6亿欧元），加拿大"个性化医疗资助计划"（共计投资6750万加元）等。

其次，各国政府在国家战略视野下，将精准医疗研究作为全面推进高技术创新、医疗创新等的重要手段。例如，德国政府将个性化医疗作为《新的高技术战略——创新为德国》的优先支持领域，日本将精准医疗列为《医疗创新战略》的主要内容之一，"工业新法国"提出国家医疗战略要更加注重个性化医疗等。

最后，各国政府根据本国特点，采取一系列措施，全面推进精准医疗。例如，日本以大地震受灾地区人民为主要研究和服务对象，英格兰与威尔士、苏格兰和北爱尔兰共享医疗保健数据库信息等。各国都在加紧生物数据库和医疗数据库建设，以大量健康人群、患者作为研究对象，观察并搜集每个人的健康信息、诊疗信息和基因生物信息，探索建立持续的信息观察、解析和共享机制。例如，美国精准医疗计划向国立卫生研究院提供1.3亿美元，建立百万规模的被研究群组。参与者将提供医疗记录、基因、代谢物和体内外微生物图谱、环境和生活方式数据、个人设备和传输器数据等各种数据源。日本精准医疗计划以"东北医疗银行计划"为中心，大力完善与精准医疗相关的基础设施。东北医疗银行以大地震受灾地区人民为主要对象，通过与医疗信息网络的合作，构建由15万人组成的大型生物银行。除此之外，日本还推进健康

人群、病患基因组队列研究与生物银行建设，在全日本范围内建立 10 万健康人群和 20 万患者的采样标本生物银行。

此外，主要发达国家重点关注精准医疗整个创新链的研发活动和健康经济。通过公私合作，及时、主动、有效地开辟健康经济发展的新前景。在这一过程中，医疗产业间的战略合作将进一步深化，出现的不仅仅是国内外医疗机构、制药企业、学界、分析技术企业间的研发合作，机构间的兼并和重组活动也将更加活跃。

美国在推动实施精准医疗项目的过程中，政府将与现有的被研究群组、患者群体和私营部门建立强有力的伙伴关系。政府将协调学术医学中心、研究人员、基金会、隐私专家、医学伦理学家和医疗产品创新者的活动。

德国支持科研机构、医院和企业之间建立伙伴关系，实现科技和健康产业紧密结合的研发联盟。在个性化医学创新项目的第一阶段，科技界、医疗界和产业界的专家将共同讨论制订个性化诊断和治疗措施开发的战略方案，推动形成新的设计思路和团队，帮助中小企业寻找科技和经济界的合作伙伴。

（二）生命密码与资本游戏

精准医学已成为很多大型生物医药研究项目的旗帜，不仅仅是美国，还包括中国在内的其他国家。根据每个个体的自身特点尤其是个人的基因组信息为患者提供量身定制的治疗方案，正在全球兴起，应用范围广泛，包括慢性病、神经退化性疾病和感觉器官疾病、心血管疾病、癌症、糖尿病、呼吸系统疾病等，目前在癌症领域尤为突出。精准医学将大大减少治疗风险，有望彻底改变人们改善健康和治疗疾病的方式，不仅将开启医疗新时代，还有利于减轻政府财政在医疗保健方面的负担，造就新的经济增长点。

第七章
万方乐奏共骈阗：大数据均衡医疗效率与人性化

1. 精准医疗及相关技术应用创造新的市场空间

从2002—2017年美国的情况来看，用于精准医疗的基因分析及诊断市场年均增长率达到11%，增长势头明显。2009年该市场规模为2300亿美元，2015年达到4500亿美元，2020年预计将达到7600亿美元。分子诊断和即时检测的市场规模最大。从增长速度来看，分子诊断、生物标记、生物芯片、基因筛查等领域将会有一定程度的增长。由于在医药品研发过程中积极引进并应用生物标记的比例越来越高，未来市场对生物标记的需求预计还将进一步得到提升。以癌症生物标记领域为例，对胎儿DNA进行测序可以更精确地预计胎儿健康情况，麦肯锡公司预计，到2025年全球产前筛查每年价值约300亿美元。随着市场规模的扩大，通过互联网提供个人基因组分析、健康数据分析的服务市场预计也将得到大幅度的提升。以23andMe等企业为例，通过公司的互联网主页提供购买个人用DNA分析试剂盒的链接，未来这种供应遗传信息检查的生物风险公司还将会更多，个人花费相对低廉的费用在短时间内获得自身的基因组信息，这些信息预计将被用于实施更加有效的健康管理，相关市场的规模也将不断得到拓展。

2. 精准医疗将大幅降低治疗费用

精准医疗最重要的是为不同患者提供最优的治疗，将不良反应降到最低，通过减少不必要的治疗方案大幅降低治疗费用。新技术特别有潜力改善基因相关疾病的诊疗，如癌症和心血管疾病，目前这些疾病每年造成2600万名患者死亡。预计2025年全世界会诊断出约1400万例新的癌症病例。据2008年美国国立卫生研究院的调查结果显示，在医疗体系转向精准医疗时期，对平均百岁预期寿命的个人来说，医疗费用将至少减少10%，最多减少30%，药物不良反应将减少3/4。精准医疗技术的应用预计还将能够每年减少450亿～1450亿美元的医疗费用支出。乳腺癌化学药物治疗费用将减少34%。仍以美国为例，若医疗体系无以改变，美国的医疗支出到2018年预计将占国家GDP的20%，超过4.4

万亿美元，这将赋予精准医疗更加强烈的引入动机。

3. 精准医疗有望带来巨大的健康收益

在未来10年，下一代基因组学技术将进一步改变医疗卫生领域的面貌。迅速下降的基因测序成本正在制造大量可用的基因数据，信息技术的巨大威力正被用于加快数据分析过程，探索基因如何决定性征或是突变引起疾病。一些行业领先者认为，大部分类型的癌症最终都可以通过基于下一代基因组学测序的靶向治疗进行医治。麦肯锡公司估计，若从患者寿命延长可能产生的价值来看，把下一代基因组学技术应用于肿瘤、心血管疾病、2型糖尿病医疗领域，到2025年，先进诊断和精准治疗的潜在经济影响达5000亿～1.2万亿美元，这还不包括应用于免疫和移植药物、中枢神经系统紊乱、儿科药物、产前护理和传染性疾病等其他领域。

4. 精准医疗在中国市场前景广阔

我国人口众多，癌症、糖尿病等重大疾病及慢性病发病率高、患病人数众多，构成重大社会挑战。考虑到我国每天新增近万名癌症患者，发病率呈上升趋势，病死率高于世界平均水平，肿瘤诊断和个性化用药的应用空间十分巨大。再以无创产前筛查为例，我国每年的新生儿数量约1600万，按10%的市场渗透率，3500元/人次计算，市场空间约56亿元/年，随着技术的发展，成本继续下行将进一步打开市场空间，假设下行至1500元/人次，渗透率至50%，则市场空间有望上行至120亿元/年。

（三）健康说明书：基因检测技术开启精准医疗时代

基因是指带有遗传信息的DNA片段，是控制生物性状的基本遗传单位。基因突变带来了物种多样性，同样也导致肿瘤、遗传疾病和各种健康问题。基因检测技术是对可以测定基因信息的生物信息技术的统称，是研究基因及其相关疾病之间关系的基础。通过对已知致病基因的检测，临床医生可以在分子水平上实现肿瘤分期与分类的精准诊断，并依据患者基因所携带的变异特征选择相应的靶向药物，提高肿瘤治疗的有效性。更详细的基因测序还可以揭示由基因导致的药物食物过敏、耐药性、罹患肿瘤与慢性病的风险预警等信息，为个人健康管理提供全新的数据支撑。

依据检测目的对待测基因数量和准确性的要求，通过灵活选择不同的基因检测方法控制成本，并且通过血液和唾液等伤害较小的方式完成检测，基因检测迅速从实验室研究转化为辅助临床诊断与治疗的重要医疗服务。目前已实现商业化服务的基因检测技术主要包括 DNA 测序技术、基因芯片技术和实时定量 PCR 技术。基因芯片技术和实时定量 PCR 技术具有产品线成熟、检测速度快、样本和操作人员要求较低等优势，广泛应用于医院检验科或病理实验室的临床检验中。但由于两者均只能检测已知的基因突变，其商业应用的发展前景并不乐观。近年来，DNA 测序技术以准确性高、信息量大、成本快速降低的特点成为市场与资本的宠儿。相比 1990 年人类基因组计划为完成全基因测序需要高达 30 亿美元的预算，2014 年基因测序仪器产业巨头 Illumina 推出的 HiSeq X Ten 测序仪使得测序成本已经降低至 1000 美元 / 人次。2017 年年初，Illumina 计划推出新产品 NovaSeq 系列测序仪，宣称将使全基因组测序成本降低至 100 美元 / 人次，将检测时间从 1 天缩短到 1 小时。

目前国内由卫生计生委审批的、明确能在临床开展的基因检测项目只有不到 200 个，检测项目主要集中在感染性疾病、肿瘤分子生物学检测及遗传病诊断，也有些项目可应用于产前诊断、预防性诊断等。对比美国，仅 2016 年 FDA 批准的基因检测服务就有由 1066 家医院和 653 家实验室提供的 43 161 个检测项目，涉及 4118 个相关疾病，并且估计已有近千万人次接受了疾病风险基因检测的相关服务[7]。同国外相比，国内基因检测的服务项目偏少，基因检测机构鱼龙混杂，市场规范性和技术专业性严重不足。

23andMe 个人基因测序服务：备受争议的先行者

谷歌联合创始人安妮沃西基建立于 2007 年的 23andMe 公司被公认为全球第一家提供个人基因组服务的商业机构。仅需 199 美元的价格在线购买服务，使用 23andMe 邮寄的收集器按照要求采集一定量的新鲜唾液并邮寄回去，等待 4 天即可在互联网上查询包括基因健康风险、祖先血缘、日常健康、基因携带信息、体貌特征共计五大类基因检测报告。23andMe 的基因检测服务并未使用当前最热门的 NGS 高通量测序技术，而是在用户需求和服务成本的平衡中选择了相对成熟的 SNP 分型技术。通过对人体基因组的 65 万个位点进行检测，并利用其强大的参照数据库和数据分析能力，发现可能带来健康风险的基因突变。

2013 年，安吉丽娜·朱莉在接受基因检测后，发现其家族基因缺陷导致罹患乳腺癌和卵巢癌的风险较高，决定接受预防性双侧乳腺切除手术。虽然朱莉并非使用 23andMe 的基因检测服务，但明星效应仍使得 23andMe 消费级的产品受到普通大众的关注。然而，由于疾病遗传学研究的滞后，相关数据库垄断和分析方法不统一等原因，当时基因检测数据分析结果的准确性难以达到医疗服务的管理要求。因此，为避免不成熟技术的服务市场突然过热导致民众受到损害，美国 FDA 紧急叫停包括 23andMe 在内的一批健康方面基因检测服务。经过 2 年的努力，23andMe 终于获得 FDA 的认可，2015 年以来陆续恢复了大部分健康相关基因检测项目。

23andMe 在创建之初就设立了两条业务线，一条是其着力宣传的个人消费者基因检测服务；另一条则是向制药企业或生物科技公司销售其集成的个人消费者基因数据。早在 2015 年，23andMe 的用户规模就悄然超过 100 万人。2016 年，23andMe 宣称已经拥有 120 万份包括已经测序的基因组及用户资料在内的完整数据，

第七章
万方乐奏共骈阗：大数据均衡医疗效率与人性化

并在与研究机构的合作中组织用户累计回答 3.5 亿个问题。相比之下，由于国内缺乏具备较高研发水平的医药企业，而组学数据研究的跨国合作成本较高，目前国内出现的诸如 WeGene、360 基因、华大基因、达安基因等商业化基因检测服务机构通常缺乏数据集成能力和销售渠道。

（四）海中一滴水：药物研发中的组学数据分析

在精准医学理念的倡导下将产生大量的数据，基因组学和生物信息学也将不断调整未来的目标。为了能够快速地让这些庞大且复杂的数据变得有实际意义，生物信息学家们被推到了研究的最前沿。以药物研发为例：

药物开发从探索新候选物质等的"基础研究"开始，经由"临床前试验→临床试验→申请/获批→市场"的过程（也可以引进其他公司技术，从中途阶段开始）。所谓"临床前试验"是使用动物及培养细胞实验新药物的有效性和安全性等，而"临床试验"是为了获得药物批准进行的实验。"临床试验"由Ⅰ期、Ⅱ期、Ⅲ期临床试验 3 个阶段构成。Ⅰ期针对健康的成年人，确认药物安全性的实验。Ⅱ期针对少数患者，确认有效安全的给药剂量及给药方法等的实验。Ⅲ期针对多数患者，有关有效性和安全性，是与现有药物等进行对比的实验。在新药研制中，确认其有效性和安全性等需要历经数个阶段，为了通过所有阶段，获准制造销售，需要从数万个候选在研药物中选择出适宜的药物，这个过程通常是十几年，需要巨额费用（图 7-1）。

图 7-1　药物发明过程

在药物开发中，临床试验为新的治疗候选药物的安全性和有效性提供证据，然而个体患者对于药物治疗的反应差异很大。药物基因组学旨在揭示差异背后的奥秘。临床药理学家长期致力于识别、量化这种差异性的药代动力学和药效学的各种因素，帮助医师和药师针对患者挑选个性化治疗方案。

Ⅰ期临床试验对象一般为健康志愿者，经过严格的试验方案设计，可以获得多个剂量组的血药浓度药－时间曲线数据，因此，可以考察基因突变和代谢酶、转运体及药代动力学特点的关系，也可在Ⅰ期临床试验中探索药物靶点基因多态性和药物不良反应的关系。在Ⅰ期临床试验中展开药物基因组学分析，参考借鉴其他多种来源的数据，可以大大节省药物研发经费和时间。在Ⅱ期、Ⅲ期临床研究环节，如果在健康志愿者中观察到了活性物质的药代动力学基因多态性差异，那么，在后续患者的研究中也应该深入分析特定基因型亚组中进行的剂量/反应研究。当特定基因型可以依赖性地预测血药浓度和药效，那么，在后续的其他临床试验设计中对人群进行分层、调整剂量，这些步骤可以提升平均药效、减少药物不良反应，节省临床研发成本，缩短药物上市时间。

剂量－反应（Dose-Response，D/R）研究通常用于与临床有效性和安全性相关的生物标志物的研究，确定较常见药物不良反应的剂量－反应关系，期望获得设想的证据。药代学（即代谢和转运）和药动学（如浓度－反应曲线的偏移）差异可导致个体的D/R差异。如果基因型或表型对药物有效性和安全性有重要反应，那么，在用药时，可根据预期的个体血液水平确定剂量。

为了深入开展这些研究，我们需要利用生物信息分析，来揭示更多的奥秘。为此，我们需要整合多种来源的各类数据，包括药物数据、基因表达数据、蛋白质数据、代谢组数据、遗传信息及生物通路/网络数据，进行综合系统地分析（图7-2）。目前，已有很多生物信息学方法、工具来满足这些需求，将来也会出现更多的新方法。这项极具挑战性的

第七章
万方乐奏共骈阗：大数据均衡医疗效率与人性化

工作通常需要一支多学科交叉团队共同完成。具备算法、数据库、基因和生物学等方面知识的计算机科学家将和医学专家紧密合作，共同面对以下几个方面的挑战：开发快速和准确的算法，处理基因组数据；建立从组学数据中移除噪声数据的系统性方法，对不同数据类型进行适当的标准化；构建标准框架，促进不同类型数据的整合，如基于医学本体的电子病历数据采集框架等。我国目前面临的一个特别挑战是如何建设国家级的数据基础设施，以有效整合中国精准医学计划产生的数百万的遗传数据、分子数据及各类生物医学数据库。这种基础设施不仅可以为科学家和临床医生提供服务，还能为中国人群构建一个群体定制化参考数据库，这对于数据解读、临床或药理学标志物的鉴定和药物开发都非常重要。

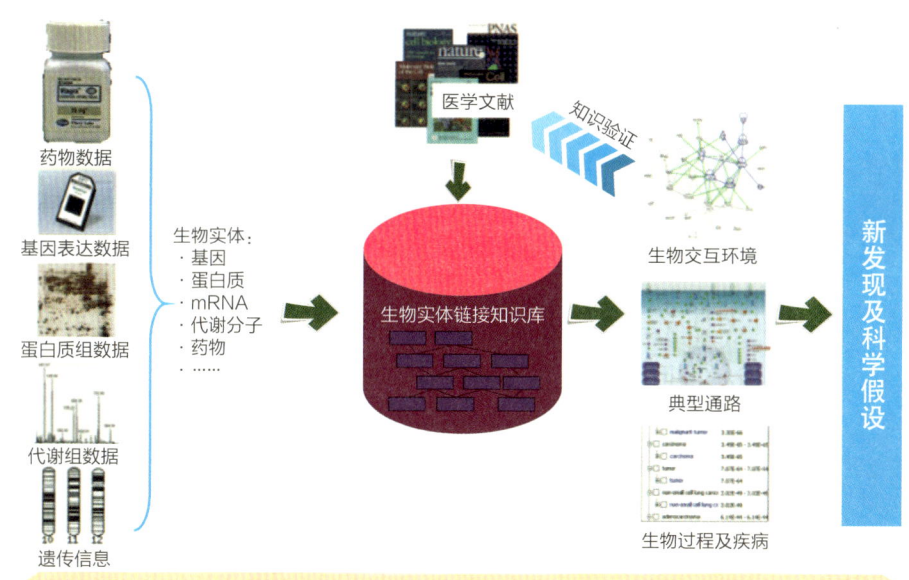

图 7-2　生物信息分析流程

（五）数据的沙堡：商业价值源于数据集成与数据分析能力

基因测序仅仅是精准医疗获得组学数据的第一步，组学数据的解读和分析需要围绕所研究疾病的相关基因建立数据库，积累数据并研究有针对性的数据分析方法，最终实现精准诊断。通过精准诊断实现精准治疗的前提是完成靶向药物的研发，而在海量的数据中寻找可以捕获治疗靶点的药物成分同样需要海量研发数据的积累与分析能力。因此，精准医疗是在组学数据获取和研究的基础上，实现遗传咨询、临床诊断、药物研发和医疗器械研发多领域协同工作的疾病预防与处置方法。

2014年，美国FDA上线公共数据开放项目openFDA，免费提供2004—2013年经过脱敏处理的300万份药物不良反应和医疗过失记录，并鼓励企业和个人对数据价值进行挖掘与分析。截至2017年2月，美国国家生物技术信息中心（NCBI）建立的GenBank数据库保存常规DNA序列片段约2亿条，全基因组测序项目序列约4.1亿条。这些公开数据为医药企业的药物研发数据管理与分析提供了全新视角，同时也为公共卫生管理和临床医学研究提供了更多机会。随着各国政府对精准医学和大数据产业建设的政策推进，可预期未来数据资源必将非常充沛，而如何将这些数据集成和应用是当前精准医疗发展的重中之重。

> **Myriad Genetics 专利诉讼案：当先发优势被归零**
>
> Myriad Genetics 公司是一家成立于1991年的分子诊断公司，专注于在美国和国际上进行基因测序、个性化医学测试、预后医学测试的开发和营销。在美国影星安吉丽娜·朱莉为应对携带的乳腺癌高危基因缺陷而切除双侧乳腺的轰动性事件中，为安吉丽娜·朱莉提供基因检测的机构正是 Myriad Genetics 公司。

第七章
万方乐奏共骈阗：大数据均衡医疗效率与人性化

Myriad Genetics 公司早在 1998 年就被授予利用 BRCA1、BRCA2 两大乳腺癌易感基因的专利，围绕这些专利而开发的基因检测产品是该公司早期的主要收入来源。而在 2009 年，美国公民自由联盟、美国公共专利基金会代表美国遗传学会、美国病理家学会和其他研究机构及署名乳腺癌幸存者在内的众多原告将 Myriad Genetics 公司、赞助该公司研究的犹他大学研究基金会及授予该专利的美国专利商标局诉至纽约南区联邦地区法院，请求宣告与 BRCA 基因相关的 7 项专利无效。历经 4 次结果截然不同的审判，2013 年，美国最高法院最终裁定 Myriad Genetics 公司的 7 项 BRCA 基因相关专利无效，并形成了"分离 DNA 分子不具有专利性"的结论。虽然失去专利权导致 Myriad Genetics 公司的相关服务价格大幅下跌，但依靠其私有数据库所积累的大量基因检测数据、成熟的数据分析方法和极具针对性的检测设备，其仍是当时全球技术实力最强的乳腺癌精准诊断机构。

然而，2016 年 5 月，美国公民自由联盟（ACLU）代表 4 名癌症或有癌症家族史的患者向美国卫生和公共服务部（HHS）提交了一份诉讼，宣称 Myriad Genetics 公司违反了联邦法律健康保险流通和责任法案（HIPAA），拒绝提供属于患者自己的基因组数据。至少有一名原告希望将其信息分享给公共数据库，而 Myriad 公司拒绝提供数据。虽然在得知牵涉到这起诉讼后，Myriad Genetics 公司向患者们提供了他们要求获取的数据，但此项诉讼仍未被撤回。这意味着，只要基因检测服务的消费者有意愿，Myriad Genetics 公司就再无法维持其对私有数据库中数据资源的独占性。此外，NCBI 于 2012 年年底启动的 ClinVar 公共免费数据库储存的 BRCA 基因相关数据规模目前已经超过 Myriad Genetics 公司的私有数据库，Myriad Genetics 公司在此领域的竞争优势只剩下检测设备与数据分析能力。

（六）美丽的盒子：精准医学的数据安全隐患

精准医学是建立在高度密集的大数据基础上，涉及个人的基因数据等人类遗传数据、疾病数据、临床数据，以及一个人生活的环境、生活方式等数据，几乎覆盖一个人生活的各个方面。研究人员通过研究、分析、比对以上数据，配合其他分子检测手段进一步了解各种疾病的共同原因和特殊（个体）原因，从而开发出对特定患者、特定疾病突变（致病）基因的靶向药物和治疗方法，提高治疗效率，也可以对健康人群进行个体化预防保健。可以看到，精准医疗对用户数据信息的采集、挖掘非常深入、彻底。在我们对精准医疗和大数据充满美好憧憬的时候，还应该冷静地看到，大数据是把双刃剑，它能创造巨大的价值，但是一旦被非法利用，也会产生巨大的危害。

1. 精准医疗大数据给个人隐私和国家安全带来新的挑战

（1）大数据易造成隐私泄露。数据越全面，越细致，数据分析结果就会越准确，但个人隐私被泄露的风险就越大。实践表明，很多数据即使做了匿名处理或对重要字段进行了保护，还是可以通过用药信息或者实验室报告等相关数据推断出患者的信息。根据英国个人隐私组 Big Brother 公布的报告显示，英国国家医疗服务系统（NHS）平均每天泄露 6 次患者隐私资料。最近 3 年中，NHS 这方面的泄密次数已经达到 7255 次。管理制度不够完善往往是隐私泄露的主要原因，例如，谁有权利阅读这些数据；这些数据是否可以共享；谁来管理这些数据；如何做好数据脱敏；隐私数据泄露的法律处理等类似的问题并没有得到很好地研究和解决。当隐私泄露达到一定程度后就会影响人们对精准医疗数据共享的参与积极性，形成负面的社会舆论，进而制约精准医疗的发展。

（2）大规模人类基因数据可能被用于军事目的。历史已经反复证明：先进的科学技术往往会首先应用于战争和军事领域。早在 20 世纪

第七章
万方乐奏共骈阗：大数据均衡医疗效率与人性化

七八十年代，基因技术刚刚起步的时候，就有一些国家开始秘密研制基因武器。一个人的基因数据关系到个人隐私，但是大规模的基因数据具有重要的军事价值。可以肯定的是，随着基因技术的进一步成熟，基因数据会被某些国家用于开发只针对某一种族人群的基因类武器。同样，也会被用于药物研发等领域控制一个国家的人口健康和经济命脉。因此，如何处理好精准医疗大数据开放共享和国防、国家经济安全的关系是一个急需解决的问题。

（3）我国信息技术和产品的落后使得数据安全失去了基本保障。精准医疗大数据应用的基础是平台的互通和数据的开放共享。基于云技术的网络化平台为大数据提供了一个开放的存储和交换环境。网络访问便捷化和数据流的形成，为实现资源的快速弹性推送和个性化服务提供了基础。也正因为平台的开放，如果我们自身的安全防护措施不到位，大数据平台就容易受到黑客的攻击。近年来在互联网上发生的用户信息失窃等连锁反应可以看出，大数据更容易吸引黑客，而且一旦遭受攻击，失窃的数据量也是巨大的。另外，我国大量的互联网信息软硬件严重依赖国外产品。"棱镜门"事件证明，我们的大量内部信息可能通过国外厂商预留的"后门"泄露给国外机构。

精准医疗大数据的采集需要大量的固定和移动终端，与"物联网"的发展密切关联。如果不能掌控核心技术，将在信息化竞争中进一步落后，安全受到极大威胁。我国在高端传感器方面，尤其是将感知、传输和处理集成到小尺寸芯片中的高端微机电系统方面，和国外相比仍有较大差距。中国IT企业如果在高端服务器核心技术和高端软件领域不能实现自给，产品不能掌握自主，必将导致我国核心信息资源服务向国际IT巨头集中，这将给国家信息安全带来更严峻的挑战。

2. 挑战在发展中保障安全

信息安全是国家安全体系的重要组成部分，网络安全是信息安全的基础。习近平总书记提出"没有网络安全就没有国家安全"的指导思想，将网络安全提升到一个前所未有的高度。面对新形势，我们不可能依靠封闭保障安全，只能通过发展保障安全。

（1）尽快出台一系列相关政策、法规和标准规范。精准医疗大数据涉及科技、医疗等社会诸多部门，因此，应联合出台一系列针对性强、可操作性强的政策、法规和标准规范，重点对我国人口遗传数据和个人隐私信息的采集、存储和使用进行约束，加强监管，实行分级分类管理，明确各环节的责任主体，避免打着商业合作和科学研究合作的名义出卖敏感数据。

（2）大力发展数据安全技术和产品。依靠市场机制，政府通过资金和政策引导，吸引产学研参加，共建信息安全生态圈，开发尖端的具有自主知识产权的相关信息安全保护技术和产品，并形成产业链，尽快提高国产技术和产品的占有率。

（3）制订精准医疗大数据安全策略。制订国家、行业、机构层面的精准医疗大数据安全策略及安全评估体系，建立安全服务、解决方案、安全产品"三位一体"的信息安全服务体系。

研究制订大数据公开负面清单（Negative List），形成负面清单数据开发模式。"负面清单"又称"否定清单"，原本是相对于"正面清单"而言的一种国际通行的外商投资管理办法，即投资领域的"黑名单"。遵循"法无禁止皆可为"的原则，负面清单明确禁止外资进入的领域，其余所有领域都对外资开放。在大数据公开方面，负面清单是指不可公开数据范围的清单。

信息时代，数据为王，我们只有提前布局，自主创新，增强核心技术竞争力，才能在发展精准医疗的竞争中既处于领先地位又掌握安全的主动权。

第七章
万方乐奏共骈阗：大数据均衡医疗效率与人性化

（七）套娃式竞争：国内精准医疗产业分工仍有待精细化

2015年，科技部召开了"国家精准医疗战略专家会议"，成立了中国精准医疗战略专家组，并计划在2030年前投入600亿元，将精准医疗上升为"国家战略"。2016年，科技部"精准医学研究"专项审核通过，注资61个人群队列研究，跨越5年，覆盖30余个病种和全国大部分地区。2017年1月，发展改革委印发《"十三五"生物产业发展规划》，提出基因检测能力覆盖出生人口50%以上、加速新药创制和产业化、加快发展精准医学新模式、推动医药产业转型升级、构建智能诊疗生态系统等目标。2017年4月，科技部印发《"十三五"生物技术创新专项规划》，明确将新一代生物检测技术、新一代基因操作技术、合成生物技术、微生物组技术、生物大数据等列入有待突破的前沿关键技术，并将生物医药列为重点发展领域。2017年6月，国家六部委联合印发《"十三五"卫生与健康科技创新专项规划》，要求重点发展个性化健康服务、协同医疗、智慧医疗、医学应急救援等新型健康服务技术，创新疾病诊疗和健康管理服务模式，推动晚期疾病治疗模式转变为早期健康促进模式。

频繁的政策发布使资本市场充满信心，在人类基因组测序技术、生物医学分析技术和大数据分析工具的驱动之下，精准医疗市场不断快速发展。国内精准医疗投资主要分布于技术转化过程和产品研发周期相对较短的领域，如基因测序、PCR、抗体药物、基因芯片、液体活检、细胞免疫治疗等，半数以上企业分布在基因测序、PCR和抗体药物3个细分领域。其他对基础研究、技术沉淀、体系建设和人才需求较高的领域并不受资本市场青睐，如肿瘤大数据、抗体相关、精准诊断等。2013—2016年，我国精准医疗领域共发生了243笔公开披露的融资，融资总额由 2013 年的 22 亿元暴涨到了 2016 年的近 100 亿元。其中,早期融资仍然占多数,平均金额较低;而中后期融资数量减少,但融资金额均在亿元以上。自 2015 年精准医疗资本市场爆发增长以来,早期资本布局已经基本完成。

我国精准医疗产业目前仍处于跟风多、创新少的局面,因此,产品结构与服务项目基本与国际前沿保持一致,但在核心技术和产业规模上仍有较大的成长空间。更加重要的是,受基础医学研究积累、医疗信息化水平和专业人才储备所限,我国精准医疗在产业分工的精细化程度不足。以精准诊断领域为例,虽然在华大基因、迪安诊断、达安基因、贝瑞和康等一批上市公司的支撑下,我国精准诊断市场表现非常活跃。但上述企业的业务范围和运营模式表现雷同,均横跨第三方基因检测、个人测序服务、试剂与设备销售等细分市场,无一例外地将样本保存、基因测序、数据存储与分析、试剂研发等不同技术领域的业务内化于企业运营中,在业务线和核心技术上缺乏特色。同样的情况也出现在具备基因检测能力的大型医院,建立生物样本库和购买基因测序仪已经成为各地方三甲医院发展精准医疗服务的必修课。在国家大力推动建设区域健康医疗数据中心和区域中心生物样本库的背景下,这一现状有可能在未来得到转变。

四、协同医疗:人人可享用的技术福利

党的十九大报告指出,中国特色社会主义进入新时代,我国社会主要矛盾已经转化为人民日益增长的美好生活需要和不平衡不充分的发展之间的矛盾。在医疗健康领域,则表现为人民群众对健康的新需求和目前医疗服务供给不平衡、不充分的矛盾。为解决这种矛盾,党的十九大报告指出,要深化医药卫生体制改革,全面建立中国特色基本医疗卫生

制度、医疗保障制度和优质高效的医疗卫生服务体系,健全现代医院管理制度。加强基层医疗卫生服务体系和全科医生队伍建设。新一代信息技术的应用从空间、时间和服务模式上为解决医疗服务供需不均衡提供有力的支撑,而大数据则是在数字海洋中披沙拣金,解决供需对接最后一公里的核心服务。

(一)整合:超越物理空间限制的医疗资源配置

医疗资源的不平衡分布是中国医疗面临的较大问题,这种不平衡既体现在按照物理空间的跨区域分布上,又体现在跨病种、跨专业的不平衡分布上。当前,优质的医疗资源集中在极少数大型三甲医院中,其控制了领先的技术、设备、地理位置,吸引了大多数的病源。据中国医学科学院信息研究所公布的《2017中国医院科技影响力排行(综合)》,在前100家医院中,北京就有22家医院,成为拥有优质医疗资源最多的地区[8]。

以行政区划进行建设的医疗服务体系,在一线城市和二线城市、基层乡镇之间存在较大的落差,优异的医疗资源较难下沉,尤其在当下,由于医疗教育、培训体制等方面的制约,基层医疗短缺现象尤其严重。而基层却往往是医疗健康服务需求较大的区域。据2016年中华医学会第二十一次全国眼科学术大会数据,目前中国还有20%的县级医院没有设立眼科,医疗资源分布不均匀,导致很多偏远区域的医疗资源短缺。

近年来,数字技术和互联网技术取得了长足的进展,数字技术能将所有的日常和业务交流内容数字化,将医患对话、病例数据、医学图像等都通过相关设备进行数字化处理,并通过网络在不同的地点进行实时的沟通。例如,上海中医药大学研发成功"舌面脉信息采集系统",实现了"远程号脉",在此基础上又进一步开发并建立了符合中医药规律和特色的远程诊疗平台[9]。

这种在数字技术和互联网技术基础上发展起来的大数据相关技术，能有效消除物理空间带来的信息交流共享障碍，整合医疗过程中的各类必要数据，提高诊疗效率，在一定程度上消除医疗资源的紧缺现象。这种情况在急性疾病救治方面体现得尤为突出。

脑卒中急救地图和移动诊疗平台

急性缺血性卒中是世界范围内致残率、致死率最高的疾病之一。从脑卒中发病到溶栓再通治疗时间的长短，直接关系到患者预后的结果。脑卒中救治的最佳时间是在发病4.5小时之内，在1小时内完成溶栓再通治疗，可以大大降低病死率和残疾率，改善患者生活质量。然而，前期研究显示，我国急性缺血性卒中患者自症状出现至到院就诊的平均时间为15小时，约70%的患者在到达医院时即已超出了静脉溶栓治疗的时间窗，从而丧失了从溶栓干预中获益的机会。

因此，"院前时间延误"是制约我国卒中患者接受静脉溶栓治疗的关键瓶颈问题之一。

由于脑卒中的抢救是一个需要跨部门、跨区域协同的过程，首先需要抢救人员在接到报警后迅速排查患者基本状况、在短时间内找到合适的医院，救护车需要安排合理的路线，并在移动的救护车上完成手术前的诊断过程。这个过程中需要诊疗数据、交通数据、医院管理数据等信息共享支撑，若能做到信息整合、共享，将有效减少患者的"院前时间延误"。

由北京多家医院共同打造的北京市脑卒中急救地图相当于一张城市的溶栓地图，是患者的"救命指南"。地图上标注有本市69家具有脑卒中溶栓能力的医院，1个质控中心和120、999急救网络，使用类似地图导航，可直接利用信息化平台，打通医疗机构和院前急救机构的合作对接，形成覆盖全市的脑卒中快速救治网络。当120、999的急救医生接到患者后，在急救车上就可以评估患者是否需要进行溶栓再通治疗，并结合患者病情、发病地点及医疗机构实时床位情况，根据脑卒中地图提示，将其送至最合适的医院。与此同时，相应医疗机构的急诊医生会实时收到患者信息，提前备齐药品、开通检查准备，当患者到达后，第一时间抢救[10]（图7-3）。

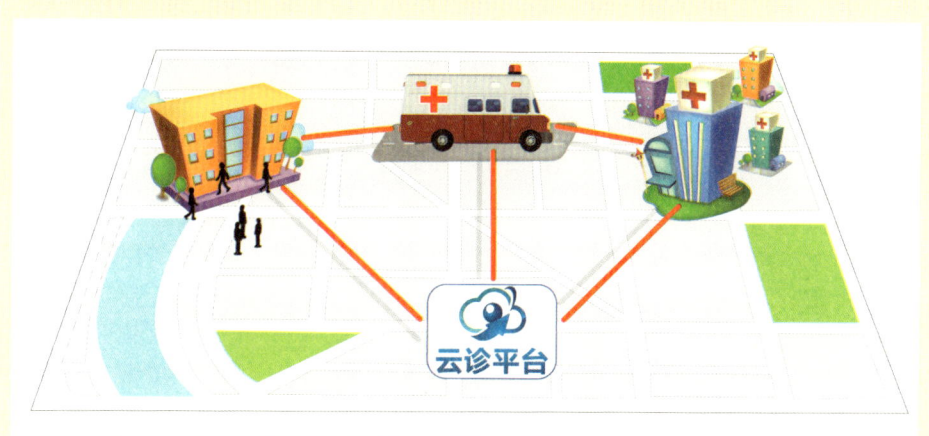

图7-3 卒中急救地图和移动云平台

（二）优化：医疗过程的有序化和精准化

我国医疗资源的稀缺性在短期内无法缓解，且有愈演愈烈的趋势，根据2016年我国卫生和计划生育事业发展统计公报，每千人口执业（助理）医师2.31人，每千人口注册护士2.54人；每万人口全科医生1.51人，每万人口专业公共卫生机构人员6.31人，与发达国家相比还存在较大的差异[11]。在这种情况下，利用大数据技术提高医患之间的对接效率、实现精准化诊疗和院外管理，对缓解这种稀缺性尤为有效。

我国大部分患者都缺乏有效分流和科学合理的就诊管理，无论大病小病、急病慢病都涌向医疗机构，尤其是医疗条件较好或医疗水平较高的机构，就诊压力极大。任何疾病都有急有缓，很多疾病在初期或非严重时期可以通过线上问诊、咨询的方式得以解决，目前，利用广泛的网络轻问诊服务可在一定程度上过滤医疗弱需求，精准定位医疗强需求。

目前，这类疾病前期的咨询平台数量较多，综合性的平台如搜狗明医、寻医问药网、微医、平安好医生等，也有一些基于专病的平台如微糖、随糖（糖尿病）、天天血压（高血压）、国医馆（中医药）等。

这类智能化的服务平台，大都能在大数据基础上起到将疾病和诊疗活动精准化的功能，若能正确加以引导和整合利用，有可能实现精准对接真实需求的医生和患者，在一定程度上避免病急乱投医的现象，提升医疗效率。

（三）高效：人工智能辅助医疗决策

近几年来，人工智能技术发展迅速，为医疗决策提供了很强大的技术支撑。基于深度学习的算法，计算机能够模拟人脑对知识的学习过程，通过对海量文献的学习、不断提升诊断和决策方案水平，辅助医生做出最佳的诊断和治疗方案。

目前该领域最具有代表性的是 IBM 研发的"沃森机器人"。它拥有顶尖的计算能力，每秒能够处理 500 GB 的数据。它有最精确的自然语言处理能力，能够"快速学习"世界上最庞大的医学文献知识，这样它就成为一个无人可比的"超级医生"，可以依据患者的临床、病理及基因等特征，为医生提出规范化的临床路径及个体化的医疗建议，不仅可以提高医生的工作效率和诊疗质量，也可以减少不良反应和医疗差错。

同仁医院眼科智能阅片中心

糖尿病视网膜病变（糖网）是糖尿病最常见的并发症之一，我国糖尿病患者数量逐年增加，已超过 1 亿人。其中，糖网在糖尿病患者人群中的患病率为 24.7%～37.5%[12]。由于该病早期无明显症状,临床上很多患者都是出现视力下降后才就诊,而这时病情往往已很严重,错过了最佳治疗时机,已造成不可逆性视力损害甚至永久失明。对糖网患者进行早期诊断和治疗能有效防止不可逆的视觉损害,糖尿病群体应该定期去做眼底筛查,已经出现眼底病变的患者可能每隔3个月就得做一次眼底检查。

然而,中国目前的眼科医生只有3万多人,眼科门诊量有8000万人次。在这么大的市场需求下,只有很少的眼科医生资源,这中间存在着严重的不对称。同时,一些基层社区医院甚至没有相应的眼底设备进行筛查,有着巨大的资源缺口。

北京同仁医院和中国科学技术信息研究所共同建立了"眼科大数据联合实验室",实验室设立了智能化的阅片中心,在大量专家医生标注的眼底数据基础上,利用深度学习技术,设计特定的深度神经网络结构,实现糖网眼底图像识别及糖网病变区域检测。通过该技术,能极大提高糖网筛查的效率。

通过这样的技术,在中国任何一个区域,只要具有一台眼底照相机,都可以通过系统将眼底拍摄照片上传到同仁阅片中心,中心的专业医生在人工智能的辅助下,高效地对成千上万的眼底照片进行处理,其处理效率数倍于单纯的人工识别,准确率也能达到一个高级医生的标准(图7-4)。

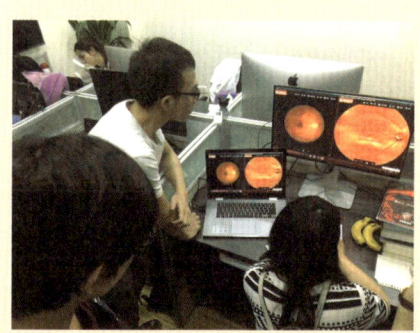
a

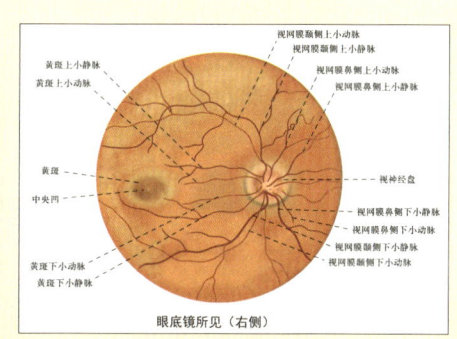
b

图7-4 眼底照片人工智能辅助阅片

五、健康管理：大数据场景下治未病和慢病的解决方案

2016年8月，习近平总书记在全国卫生与健康大会上发表的重要讲话中提出"要把人民健康放在优先发展的战略地位"，并列举了环境问题、全民健身、食品安全、公共安全事件和老年人健康管理服务等问题。2017年10月28日，习近平总书记在党的十九大报告中将"健康中国"上升到国家战略层面。人体健康不仅需要依靠医疗服务治疗疾病，还需要对生活习惯和健康行为进行系统性的管理，以达到预防和控制疾病发生与发展的目的。

（一）泛在：无处不在、无时不在的健康管理

根据现代卫生保健及预防医学理论，尤其是中医学的"治未病"核心理念，现代人群通过饮食起居、情志调理、运动疗法等多种措施调养体质身心，增强人体抗病能力，让人体少生病、不生病，或得病也能尽快痊愈，痊愈后少复发。

同时，以高血压、糖尿病等为主的慢性疾病耗费了大量的医疗资源，据相关数据显示，我国三级医院门诊患者中半数以上为慢性病患者，而据世界卫生组织估算慢性病防治费用占全国医疗费用的80%。据《2013中国人类发展报告》预测，到2030年我国65岁及以上的老年人口占全国总人口的比重将提高到18.2%左右。这种老龄化趋势明显的情况将给我国慢病防治带来极大的挑战。

大数据相关技术给慢病的管理、"治未病"的管理带来了更多的条件。大数据有效连接了人体在医疗机构、家庭和其他活动场所产生的健康信息，包括院内院外的诊疗和随访数据、饮食与运动数据等，实现了健康管理的"无处不在"；同时基于医疗物联网的设备大量面世，尤其

是一批具有实时监测能力的动态血压计、动态血糖仪等的问世，打通了数据在时间上的连续性，实现了健康管理"无时不在"的目标。在这种情况下，患者或健康人群与医生、营养师、心理咨询师、家人等构成了一个有机的生态环境，通过高度共享的数据为个体和相关的人员提供全面的健康管理。

（二）前移：慢病的风险预测和评估

慢病作为多因素复杂性疾病，其发病和进展既有患者本人的遗传因素，也要考虑其体征、运动、饮食和其他环境因素，通过大数据可以对健康数据及基因遗传数据进行挖掘分析，从而对慢病高危患者做出合理风险评估，实现慢病的预防。

研究表明，如能控制慢病的主要危险因素，至少可以预防80%的心脏病、卒中和2型糖尿病及超过40%的恶性肿瘤。WHO也确认对高危人群的危险因素进行个体化干预是减少慢病患病率的有效措施[13]。

（三）精准：有的放矢的慢病个性化治疗

慢病在很多情况下是一种生活方式病，应对慢病最重要的除了药物治疗外，还需要对生活方式进行改变，包括饮食、运动等。在当前的大数据条件下，充分利用现代的物联网手段和远程技术，打通院外院内的信息通道，在治疗过程中，通过对患者的病历数据、健康数据等进行有针对性的方案设计，达到个性化治疗的目的。

国家科技信息资源综合利用与公共服务中心慢病平台

国家科技信息资源综合利用与公共服务中心（STI）是我国第一个信息领域的工程中心，在此平台下搭建了综合性的慢病管理平台，目前整合了糖尿病、高血压、眼病等慢性疾病的日常监控和公共服务能力，为全面的健康管理保驾护航（图7-5）。STI慢病管理平台具有如下功能模块。

（1）数据监测：针对不同病种，平台可提供并支持多种智能监测设备进行用户健康数据持续监测，如动态血糖数据、动态血压数据等。

（2）风险预警：平台在收到用户健康数据之后，可根据设定情况向用户提供健康风险预警服务，如低血糖预警、高血压预警，除此之外还可以持续追踪用户的健康数据分析，为用户健康管理提供数据基础和依据。

（3）健康咨询：平台对接了多位知名三甲医院主任级医生，为用户提供相关慢病问题的咨询。咨询方式包括线上图文及语音，必要时也可以提供线下咨询服务。

（4）方案指导：依据用户自身的个性化健康数据及相关参数，为用户提供健康管理方案及后期效果的追踪和管理服务。

通过上述的功能和服务，STI慢病管理平台以健康数据和电子

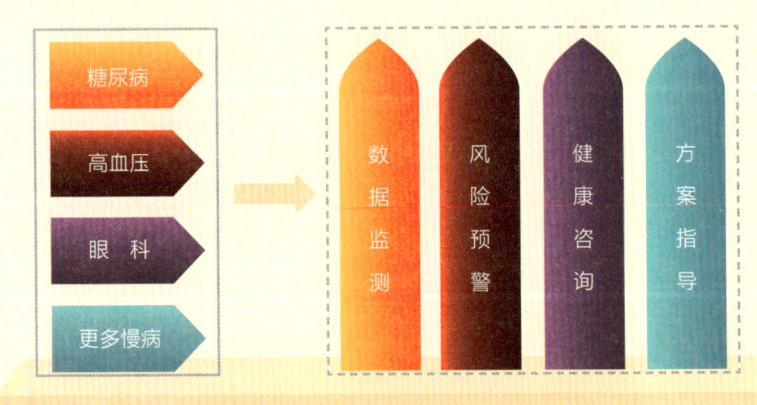

图7-5　STI慢病管理平台

来源：国家科技信息资源综合利用与公共服务中心网站，http://mh.stius.ac.cn。

病历为基础，搭建了以糖尿病、高血压、眼科为基础的积木式慢病健康管理平台，可以根据用户具体的需求及服务成熟度，提供后续更多的慢病管理服务。

六、知识定制：基于大数据的全民生命健康知识保障

医学是一门实践性、探索性、学术性都很强的学科，与医学相关的健康知识也兼具专业性和科普性的特点，在医疗和健康管理的各个过程中，各个不同层级的医生、患者对医学健康知识的需求也分为不同层次，对医学健康知识需要精准化的定制和普及。

然而医学信息本身是浩瀚繁杂的，既有大量的医学著作、期刊论文、临床指南和各种诊疗标准与规范，又有充塞市场的各种疾病就诊指南、健康养生指南、秘方偏方；医学信息的展现形式也由单一的纸媒形式扩展到视频、音频互动结合的全媒体形式。医学信息本身具有大数据的各种特点。

借助大数据的相关技术，通过一定的方式，为医疗和健康管理过程中的各种角色找到并定制其个性化的知识精准服务，是造福全民的知识大数据保障。

（一）前沿：面向临床一线的最新进展

医生在临床诊疗过程中，除了需要自身经过多年学习积累和记忆的各类知识外，还需要查阅文献、指南和其他信息，为减轻临床医生的脑力压力、提高各级医生诊疗的规范性、高效性和准确性，各类临床诊疗知识库系统应运而生。

由万方医学和科学技术文献出版社打造的"临床诊疗知识库"

临床诊疗知识库（图7-6）由疾病知识库、药品知识库、检查知识库、指南规范库、病例文献库及循证文献库等多种丰富权威的医学信息资源组成，各库之间根据知识点互相关联。临床诊疗知识库旨在解决临床医护人员在学习、工作中对医学信息的需求，快速、便捷地获取实用的医学信息，辅助临床决策参考。

临床诊疗知识库涵盖的4000种疾病、2000种常用药物、1500种临床常用实验室检查等内容均为科学技术文献出版社组织临床权威专家完成的，确保了知识库内容的权威性、实用性、标准性、先进性，内容建设遵循以下原则。

（1）参与专家权威：由各领域医学权威专家（三甲医院副主任医师及以上）组成知识库内容撰写团队，确保了知识库内容专

图7-6 临床诊疗知识库界面

来源：http://lczl.med.wanfangdata.com.cn。

业、权威；各学科主编均为该学科领军专家，其对撰写内容进行审核，同时为保障临床知识库的先进性、前沿性，出版社还从单病种着手，邀请临床医学各领域领军专家对每种疾病的最新进展进行年度更新。

（2）内容来源于该专业权威部门公开发布的标准、指南、共识等，所引用数据准确、完整，来源清晰、权威；撰写内容不陈旧或超前、不含个人研究探索或经验总结。

（3）资深医学编辑对稿件进行三审、三校，保证知识库内容的规范性、准确性。

（二）传承：数字平台提升基层医生技能

目前我国基层医生数量较大，据统计，截至2016年年底，全国3.99万个乡镇共设有3.7万个乡镇卫生院，卫生人员有132.1万人（其中，卫生技术人员111.6万人）[11]。基层医务人员面对的是广大基层民众，但由于学习、培训的机会较少，基层医院接触到的患者案例有限等情况，基层医生的技能需要提升。

互联网和大数据，为地域分布较散及专家、病例资源稀缺的基层提供了较好的学习和业务提升工具，通过远程的个性化学习、互动讨论等形式达到较好的学习效果。

多形式、互动化的全媒体专业医生学习平台"超声掌中宝"

超声掌中宝专业学习平台（图7-7）是科学技术文献出版社与首都医科大学北京安贞医院、阜外心血管病医院、北京儿童医院等影像领域一流医院的专家合作开发的项目。项目应用HTML5技术进行开发，搭建了一个超声科及心血管内外科等相关专业医

图 7-7 超声掌中宝首页

生临床专用的交互效果良好的业务学习和互动平台——集书籍、网站、APP、微信、微博、头条号于一体。通过此平台，医生可以在线观看视频讲座，与专业领域权威专家在线交流，帮助普通超声医生、心血管内外科医生提高业务水平，了解最新进展，是临床医生利用碎片时间进行学习的好帮手。该平台在 2015 年 7 月上线，经过两年多时间的开发与运营，目前粉丝已经覆盖了绝大多数的心脏超声大夫，平台现有的讲课视频有 300 余段，同时拥有 8

个微信群、4个QQ群，微信公众号与微信群的活跃度都比较高。2017年8月新开创的精品系列课栏目——安贞超声心动图学院，在开办不到4个月的时间，已取到了非常好的收益。

（三）便利：百姓健康知识个性化普及

医疗健康和保健知识是全民科学素养的重要组成部分，知识的普及率对提升全民的健康素养、健康水平具有密切的关系。现在社会，信息的获取手段越来越便捷，学习的形式越来越丰富多彩。如何将系统化、专业化的医疗健康知识精准、个性化地传递到特定的公众手中，是一个较大的挑战。

"健康中国·名家科普"项目

"健康中国·名家科普"项目是科学技术文献出版社为响应"健康中国2030"号召而启动的融媒体出版项目。目前大众通过各搜索引擎获取的健康知识来源纷繁复杂，内容粗制滥造，展现形式刻板，同质化现象严重，甚至存在以讹传讹的现象，知识内容缺乏系统性、专业性。该项目组织全国多家三甲医院权威专家参与健康知识内容的组织和撰写，通过医学编辑、视频编辑的专业加工，旨在为大众提供权威的、系统的、可多媒体展现的医疗健康知识。

"健康中国·名家科普"项目包括图书出版及视频库建设。目前已完成2000种疾病、1500种药物、1000种常见症状、1000种临床检验等知识体系的内容采集，并根据用户需求分别以疾病、药物、症状、检验结果查询等为服务入口，为用户提供不同维度的健康知识查询。

（1）图书出版：有别于传统图书出版模式，采用集现代科技和传统印刷于一体的新型图书出版方式，每本书中均含有大量的精美图片和视频，可看、可视、可听。这种新型出版方式融合了数字阅读的优势，在同类图书中引领出版前沿。已出版的《跟代金刚一起练：不累不痛不生病》一书（图7-8）获得了由国家新闻出版广电总局出版融合发展重点实验室、中国期刊协会、湖北省新闻出版广电局3家主办的首届出版融合技术编辑创新大赛创新大奖。

图7-8 《跟代金刚一起练：不累不痛不生病》

（2）视频库：内容涉及肿瘤、糖尿病等慢病及公众关心的睡眠、饮食搭配、养生保健等方面，目前已有40 000多分钟的视频内容。

（朱礼军　胡红亮　王弋波）

第八章

天容海色仍澄清：
大数据引领下的环境保护

> 习总书记在党的十九大报告中对人民向往的幸福生活进行了明确表述："人民对美好生活的向往，就是我们的奋斗目标。"这其中，除了阐释人民群众期盼有更好的教育、更稳定的工作、更满意的收入、更可靠的社会保障、更丰富的精神文化生活等，更为舒适的居住条件、更为优美的环境也是人民对美好生活的向往之一。

一、遇见：生态环境大数据

生态环境大数据把大数据的核心理念和关键技术应用到环境领域，其实质是对海量生态环境数据进行采集、整合、存储、分析与应用[1]。通过声学传感器、生物传感器、化学传感器、RFID技术、卫星遥感、视频感知、光学传感器、人工监察等可感知和采集海量环境数据，为大数据应用于生态环保提供了基础，而大数据技术又为解决当前复杂的生态环境问题带来了新的机遇[2]。

（一）多模态的时空结合：生态环境大数据的特点

从数据规模来看，目前各类生态环保数据已经超过 TB 量级，且呈现出了爆发式增长的态势，如果将相关领域的社会监测数据纳入（如交通、气象、金融等），其数据的规模将更为庞大。从与环境直接相关的数据类型来看，生态环境大数据涉及部门政务信息、环境监测数据（大气、水、土壤、辐射、声、气象等）、污染物排放数据（污染源基本信息、污染源监测、总量控制等各项环境监管信息）、个人活动信息（个人用水量、用电量、废弃物产生量等）等。它不仅包括了传统的环境监测站点包含的物理、化学、生物等测量信息，同时也包括了即时的、与互联网及移动互联网快速发展相关的各种文档、图片、音频、视频、地理位置信息等数据。

从数据处理速度来看，数据量的快速增长要求对环境数据进行实时分析并及时做出决策，否则处理的结果就是过时和无价值的，有时延迟的信息甚至会误导用户。比如，在空气质量的预警预报、水污染突发事件的防治过程中，都需要对数据进行快速、高效、准确的处理。与此同时，环境数据来源与类型的多样性又进一步加大了系统数据处理和利用的难度。这要求生态环境大数据分析需要结合生态环境数据的特性和现有的技术进行融合，以加速融合各种复杂城市生态环境信息，进而实现其应用价值。

从数据应用来看，生态环境大数据有着巨大的应用价值，可以为政府高效、精细管理和科学决策提供新的数据依据。当前大数据系统在生态环境领域的应用尚处于起步阶段，融合多种数据源进行分析预测并支撑决策的案例较少，多数依赖于已有的地理信息基础平台进行构建，而适用于生态环境大数据分析的应用方法仍然处于研究发展阶段，相适应的数据分析模拟工具显得尤为缺乏，难以动态、深入、多角度地反映城市生态环境问题。海量数据特别是其中快速增长的非结构化数据，在保留数据原貌和呈现全部细节以供提取有效信息的同时，也带来了大量没有价值甚至是错误的信息，这需要在数据应用时引起足够的重视[3]。比如，各类环境传感器、视频等智能设备可以对特定环境进行连续监控，但可能有用的监控信息仅有非常短的时间。如何利用大数据技术快速地完成环境数据价值的"提纯"是大数据背景下环境管理亟待解决的问题[1]。

（二）精细化的可持续发展：大数据的应用场景

"十三五"开始以来，我国面向城市的生态环境管理战略将逐渐转变。以质量改善为主的考核标准，迫切要求管理方式从经验管理向科学化、精细化管理转变，而生态环境系统的多元分布、复杂性和动态性使得过去的管理很难达到时实、动态、科学、量化的要求。生态环境大数据及依托它的数据分析方法作为新的技术手段，可将海量信息进行有效关联分析，做到以数据支撑城市生态环境管理与决策，使得环境管理逐渐向数字化、网络化和精细化转变。生态环境大数据服务于城市管理主要体现在以下几个方面。

1. 生态环境规划

过去利用生态环境数据进行规划和分析时，只能简单描述生态环境现状，并且由于涉及要素有限，从应用分析数据来看，其空间、时间多数是不连续的，因此，得到的结论往往难以反映城市生态环境的动态演化过程，而通过生态环境大数据系统则可以利用其海量数据，通过多维度、长时间对多种因素进行分析，提高决策的实时性。

同时，生态环境大数据系统可以进行不同领域行业的数据关联存储与分析。例如，其可以将自然、经济、社会等城市各个领域数据进行融合，从不同角度数据进行挖掘并同时进行分析。此外，对于生态环境问题的影响因素，生态环境大数据系统也可以通过多系统联动进行分析。如果将数据挖掘与数据分析同生态环境领域的模型分析方法相结合（扩散模型、预测模型等），模拟复杂的环境过程，则可以预测城市生态环境系统的发展方向，通过设置不同的情景来进行模拟分析，达到对不同规划方案进行预测、分析、评估的目的，以期为科学规划提供充分的依据。

2. 环境质量管理

生态环境大数据同样可以应用于城市生态环境管理当中。一方面，它可以应用于生态环境质量信息的发布。例如，当前我国主要城市的空气质量信息已经基本实现了实时发布，并且可以结合运用地理信息数据进行直观展示。另一方面，生态环境大数据可以用于生态环境质量的预警和预报。预测性分析是生态环境领域应用的重要方向，以水环境质量预报预警为例，过去主要依靠对历史降水、气象及河道断面水环境质量监测等数据进行统计分析处理，预报的精度及对污染防治和预警的决策支持作用有限。当前，基于大数据和数值模型的预报可结合多维度信息，如地形数据、土地利用数据、气象观测数据、径流监测数据、水环境质量监测数据、人类活动的污染源数据等，基于环境水力学等理论建立污染物迁移扩散模型，预报污染物浓度在受纳水体中动态分布情况，为城市水环境污染联防联控提供更科学的管理手段。

3. 城市应急管理

生态环境应急管理包括日常管理、事中应急和事后评估3个阶段[4]。在日常管理中，政府可以针对特定的应急响应领域，建立数据实时收集、存储、管理系统，同时构建相应的数据分析模型、预测模型和可视化分析系统。基于大数据系统的实时监测和决策分析，有利于应用管理部门及时发现风险隐患，降低突发污染事件产生概率。而如果一旦环境事件发生后，生态环境大数据系统可快速反应，实现各部门信息的融合分析和实时报告，全面感知应急事故的变化过程，并快速集合多个系统的指标信息辅助决策。同时,在事后评估中,运用大数据可有效判定应急处置工作的状态与实际效果。大数据的应用可以提高环境应急的管理效率和智能化水平,从而节省成本和减少不必要的损失。

4. 公众参与决策

从生态环境大数据应用于城市绿色发展来看,人民群众对于城市生态环境的关注度越来越高,尤其是近年来的生态环境污染事件,其信息披露的速度、精度直接影响到政府的形象。随着生态环境大数据平台的建设,上述信息将越来越开放,这将在很大程度上增加普通民众对于政府治理城市生态环境的信心,提升政府的公信力。而且随着互联网和GPS设备的普及,群众可以通过网络客户端发布各类自发式与环境相关的信息,例如,通过微信、微博等工具上传水污染、大气污染的图片、言论等信息。将这些分散的舆论异构信息进行收集,并融合处理,可对官方数据的质量进行对比,也可以进行相关的补充。此外,利用社交媒体上公开的舆论信息,也可帮助政府部门提升生态环保领域的公信力和形象,明确相应的生态环保方面的迫切需要,进而提供面向不同决策单位的差异化和精细化的公共服务,提高公众对于生态环保信息的知情权,进一步提高政府的公信力。

二、国际经验:国外生态环境大数据平台建设

鉴于生态环境大数据在城市管理中的价值,在国外,特别是美国、加拿大、欧盟等发达国家和地区,不管是政府机构、大型公司还是创业企业都将生态环境大数据作为一个可能的发展应用方向倾注了大量的人力、物力和财力。

（一）开放共享：国外国家级生态环境大数据基础平台

基础生态环境数据的获取需要大量的基础设施和基础研究投入，这是大型公司和初创企业所无法承担的。在发达国家，上述信息由国际组织或国家通过平台建设、数据收集进行构建，打下良好的基础，方便向政府部门、企业和公众进行基础信息开放，这一举措打好了大数据建设的基础。

1. 全球系统：全球对地观测系统（GEOSS）

对地观测（Earth Observing）是人类认识地球表层空间及环境的重要技术手段，日益成为人类经济与社会可持续发展重要信息获取的技术方法。第一颗人造卫星的成功发射把人类带进了航天时代，人类对地观测的视野得到极大扩展。随后航天遥感技术取得了飞速发展，使人类进行实时或准实时的全球地表观测成为可能[5]。与此同时，电子技术、信息技术、计算机技术等相关领域技术的快速发展推动了对地观测技术的发展与进步。人类在对地观测技术领域取得了巨大成就，现在已经迈出了构建天地一体化对地观测系统的坚实步伐。但是，对地观测领域的现状仍存在很多缺陷，尤其表现在：对不同国家、国际组织及不同学科的观测计划的协调与资源的共享还很不够；观测系统的持续发展能力不足；观测数据向有用信息的转化还非常不充分[6]。

为此，国际社会提出了跨国家、跨组织、跨学科对现有和待建的对地观测系统进行统一整合与协调集成的计划。其要点是协调目前全球独立运行的各种监测平台、资源和网络，弥合系统之间的鸿沟，支持系统间的协同工作，逐步建设一个由多系统组成的综合、持续、协同的分布式对地观测系统，以保障监测和跟踪全球各个角落、各个层面的地球环境变化，为全球性、国家性、地区性、部门性社会公益事业的政策制定、决策与服务提供更快、更多、更好的数据[7]。

全球对地观测系统（Global Earth Observation System of Systems，GEOSS）（图8-1）将在社会公益领域带来巨大效益。GEOSS将在减灾、健康、能源、气候、水资源、气象、生态、农业、生物多样性等领域带来公益和促进社会进步。

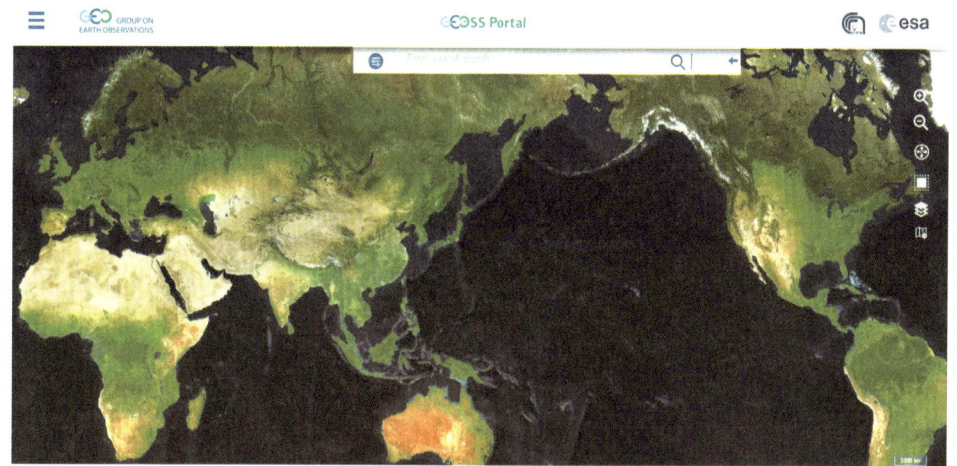

图8-1　GEOSS地图查询界面

来源：http://www.earthobservations.org/geoss.php。

（1）减灾方面：GEOSS数据可以减少因自然或人类活动引发灾害造成的生命财产损失。通过GEOSS的实施，其数据将会更好地协调监测、预报、风险评估、预警，减轻灾害损失，迅速应对本地的、区域的和全球性的危险情况，建立一个更加及时的信息获取与发布环境[8]。

（2）健康方面：GEOSS将会改进获取环境数据和健康统计指标的程序，加强疾病监测、预测与预防，为持续改善人类健康做出贡献。同时，增进人们对自然环境因素与人类健康和安全的相互关系，GEOSS可以对影响人类健康问题的自然环境因素进行有效监测，其监测变量涉及对空气、海洋和水体的污染，平流层臭氧减少，有机污染物，富营养化的监测，还包括监测与天气相关的疾病传播等[9]。

（3）气候方面：GEOSS 将有助于理解、评定、预测、减轻和适应气候变化与波动气候。以充分、可信的对地观测信息为基础，可以对气候波动、变迁与变化有更好的、更科学的理解。GEOSS 的成果将会提高模型模拟、适应气候变化的能力，更好地理解气候系统本身及其对地球系统其他方面的影响（包括人文和经济方面），为改进天气预报和推进可持续发展做出贡献[10]。

2. 欧洲：环境保护署

环境保护署（European Environment Agency，EEA）环境保护数据平台（图 8-2）收集了来自欧盟 27 个成员国及瑞士等非欧盟成员国的地图和环境数据，涵盖了大量的自然地理和环境主题，由成员国的报告数据、监测数据及模拟数据组成[11]。平台涉及的数据信息除基础地理空间信息外，还包括与生态环保相关的城市污水处理报告数据、欧洲红色物种名录、2005 年以来化石燃料和温室气体排放量增加的估计效果等数据。

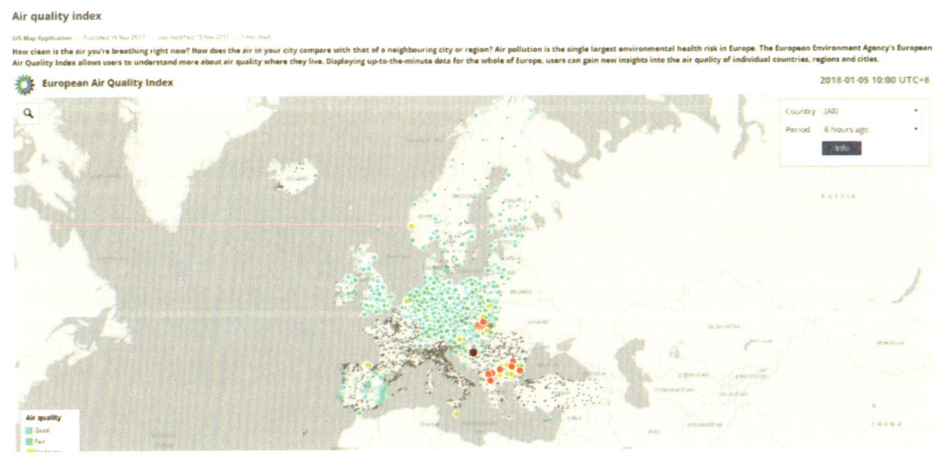

图 8-2 欧洲环境保户署数据与可视化展示网站

来源：http://www.eea.europa.eu/themes/air/air-quality-index/index。

第八章
天容海色仍澄清：大数据引领下的环境保护

（二）精细管理：国外地方政府生态环境大数据平台

1. 美国新墨西哥州阿尔伯克基智能水系统

阿尔伯克基（Albuquerque）目前是美国新墨西哥州最大的城市，位于新墨西哥州的中部地区，横跨格兰德河两岸，该地区气候干燥水资源缺乏。市政府针对持续干旱和蓄水层枯竭的威胁，同相关水务部门投资建设了 Sensus-FlexNet 系统（图 8-3），可以实现更好的水供给和分配[12]。阿尔伯克基目前每年投资 200 万美元在 AMI 系统和智能电表数据管理上，可以实现该地区更为有效的水资源管理，系统使该地区水资源的消耗量从每人每天 220 加仑降低到 150 加仑。自系统建立以来，已经安装了 50 000 个新的智能水表，使用用户达到 670 000 个，监测面积超过 350 平方英里的区域。

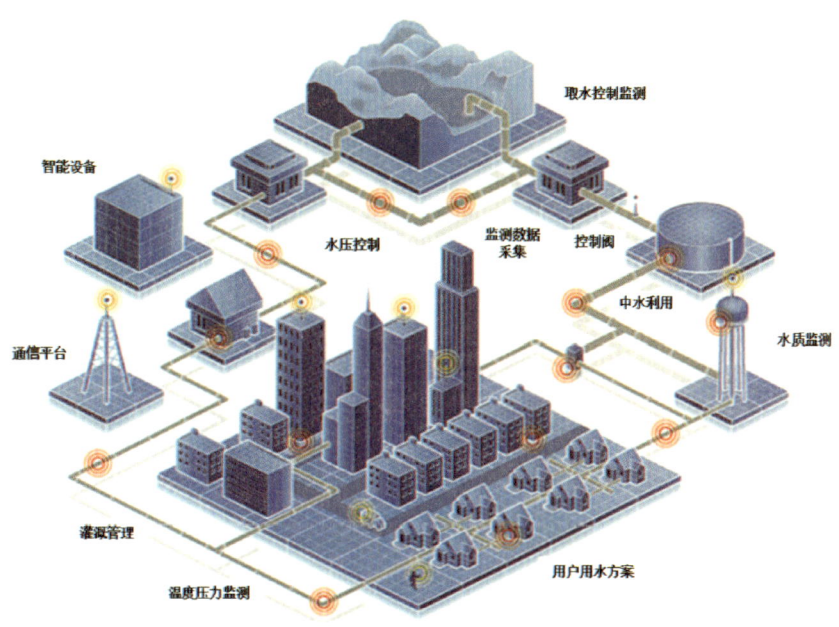

图 8-3　Sensus 智能水管理系统示意

来源：https://sensus.com/smart-water-network/。

2. 美国马萨诸塞州的环境公共信息系统

环境公共信息系统（Environmental Information and Public Access System，EIPAS）（图8-4）是美国马萨诸塞州环境保护厅（MassDEP）的信息技术改革成果，其中的几个关键目标包括：改造陈旧的基础设施，合并环境信息孤岛，促进信息共享，创建新的数据驱动系统，减少手工录入数据和其他低效的数据录入[13]。EIPAS将面向不同机构提供多样的服务，并将专门面向大数据解决方案来简化数据的收集、分析。同时，应用多种先进技术和数据收集手段帮助马萨诸塞州的环境保护部门监控和应对环境问题。EIPAS将引入移动设备，可用于收集和检验环境指标数据，并用于数据分析，跟踪环境变化的趋势，利用这些信息来更好地执行环境保护标准和活动。

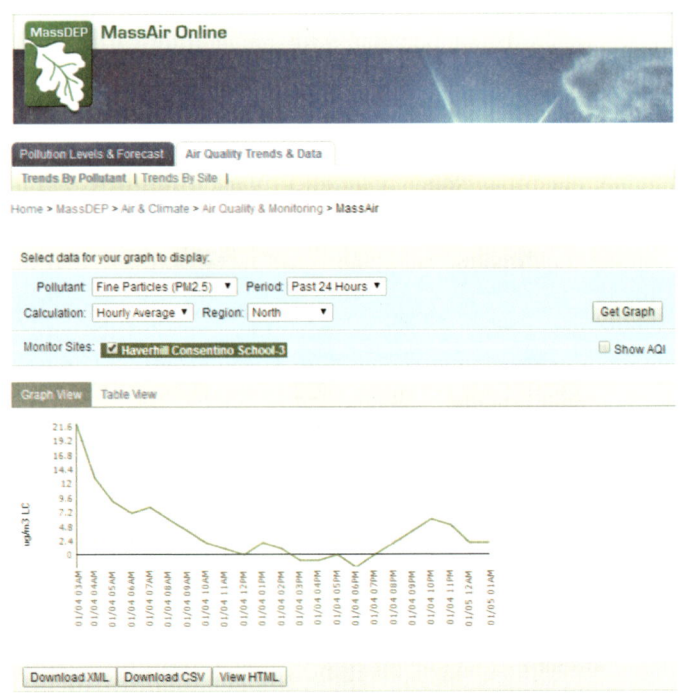

图8-4 美国马萨诸塞州环保部分信息分析系统（PM$_{2.5}$）

来源：http://public.dep.state.ma.us/MassAir/Pages/ChartByPollutant.aspx?&ht=2&hi=201。

（三）抢占蓝海：国外企业生态环境大数据平台

从商业角度来看，生态环境大数据结合城市其他系统数据，如交通、人口分布、道路情况等可以形成有机的整体，服务于社会，同时这样的结合也意味着其数据可以渗透至国民经济领域的各个方面，如农业生产、物流、保险等行业，这也是不少巨头企业直接参与或者控股相关生态环境大数据公司的一个重要原因，如亚马逊、微软等。

1. 亚马逊"地理云"

亚马逊的AWS（Amazon Web Services）基于LandSat-8卫星影像、ArcGIS地理信息系统及MATLAB软件，构建了一个"地理云"（Geographically-oriented Cloud Applications）[14]。这个全新的地理信息应用云服务平台提供85 000幅免费的LandSat-8卫星影像，并且可以利用地理信息系统软件供应商ESRI公司的ArcGIS在线插件和MathWorks公司的AWS公共数据集，对数据进行存储和使用。此外，30米的空间分辨率、16天的重访周期及10个多光谱波段，这些都可以在AWS上免费获取。用户可以用它进行多样的创新应用，用来检测农作物的生长状况，查看自然灾害的变化情况等。

虽然LandSat-8卫星影像早已能从美国地质调查局（USGS）等处免费下载，但大量的卫星影像数据下载始终会占用用户相当大的时间和空间，AWS的"地理云"已经将这种情况彻底改变，研究人员和软件开发人员可以使用AWS的云服务进行免费的数据分析和使用，不再需要担心存储和带宽。

2. 微软"城市云"

微软提出的基于大数据的城市空气质量细粒度计算和预测模型"城市云"（Urban Air）（图8-5）是另一个成功案例。Urban Air模型利用监测站提供的有限的空气质量数据，结合交通流、道路结构、兴趣点分布、气象条件和人们的流动规律等大数据，基于机器学习算法建立数据和空气质量的映射关系，从而推断出整个城市细粒度的空气质量[15]。利用少量的环境数据，再结合其他看似与环境数据并不直接相关的异构数据源，就可以建立一个区域的数据分布及空气质量观测值的网络模型，最后得到1平方千米的细粒度数据，并进行公开发布。

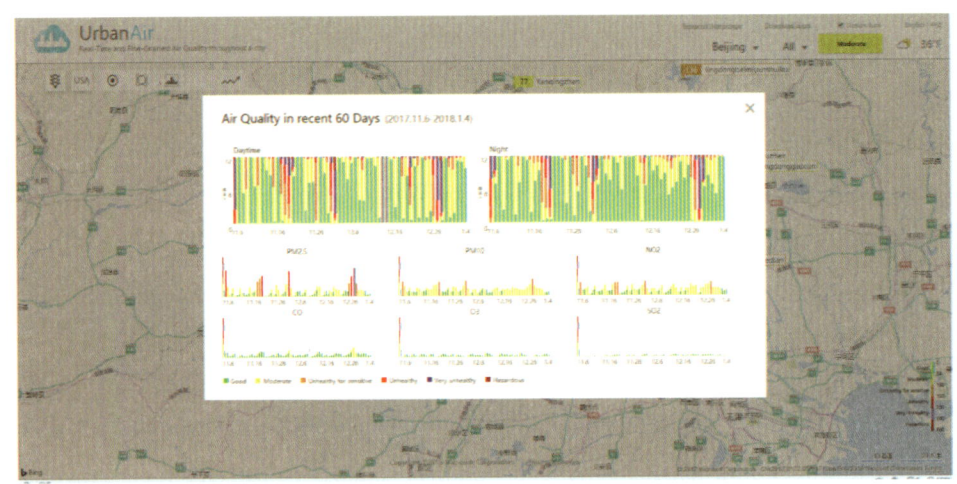

图 8-5　微软公司 Urban Air 空气质量监测网站界面

来源：http://urbanair.msra.cn/En。

3. "天气"公司（The Weather Company）

The Weather Company 利用天气和相关数据提供世界领先的气象预报分析技术平台与服务。这家公司利用天气大数据和相应的模型及算法，结合用户的业务数据，使得其他应用企业在面对天气时做出明智的决定并采取相应的对策。

例如，该公司的数据可以应用于灾害应急管理，自然灾害在2014年给美国造成了1100亿美元的损失并夺走7700人的生命，而天气数据可以更好地预测灾害并为政府提供相应的应急管理能力。The Weather Company 与 IBM 的应急管理智能操作中心（IBM's Intelligent Operations

Center，IBM IOC）合作，从不同数据来源收集历史和即时传感器数据，并应用深度分析、数据可视化和实时数据融合技术，帮助各个政府机构协调和应对自然灾害、紧急情况和事故。与此同时，该公司还针对精准农业、金融保险、医疗环境提供相应的服务。

此外，该公司还拥有多个网站和移动应用。例如，该公司运营的 Weather.com 网站是一个在美国拥有超过 1 亿用户的在线天气服务网站，主要提供天气查询，网站访问量在全美排名处于前 20 位，同时，可以提供美国本土及全球主要地区和城市的天气信息。

The Weather Company 同时还经营着美国第四大移动应用（The Weather Channel），每天处理 260 亿条云服务查询，公司每天能够分析来自 30 亿个气象预报基准点、超过 4000 万部智能手机及 5 万次飞机航班的数据，为媒体、航空、能源、保险和政府部门等 5000 多家客户提供广泛的、数据驱动的产品和服务。

2015 年 5 月，IBM 宣布将在未来 5 年内投入 50 亿美元，在全球范围内部署及发展物联网系统。除此之外，IBM 还通过注资方式（20 亿美元），宣布与 The Weather Company 直接合作，通过整合 IBM 行业领先的大数据和分析能力，以及 The Weather Company 的科学专业性和基于云计算的天气数据发布系统，给企业带来实时的天气分析信息，帮助他们更好地进行决策[16]。

4. 加拿大 SEMIOS 公司

加拿大 SEMIOS 公司是基于生态、环境、农业、气象等大数据平台建立起来的精准农业服务公司[17]。该公司致力于基于物联网技术推动大数据与预测证析（Predictive Analytics）技术在农业领域的应用。该公司所提供的服务可以让农民跟踪害虫、植物病害、温度、湿度信息，通过无线网络和仪表板传输，这些信息可以从智能手机获取。同时，系统提供了自动气象站数据编制并配备了相机进行实时监控。有害生物的监测可以帮助农民做出管理决策，节省资源，减少农药使用量并合理确定灌溉量（图 8-6）。

图 8-6　SEMIOS 农业气象害虫智能监测管理系统示意

来源：http://semios.com/network/。

一旦将相关的硬件设备挂在果树上，SEMIOS 田间传感器将监测害虫数量，并将其与风和温度条件结合起来，以优化信息素的喷洒分布。最常见的是每 15 分钟喷出一次，在生长季节每天傍晚和夜间持续喷发 12 小时。SEMIOS 系统将田间全天候远程控制和气溶胶触发释放相结合，意味着农民可以对信息素进行正确配置，使之成为更有效、成本更低的农药替代品，减少对环境的危害。

三、美丽：生态环境之于中国城市

城市是现代社会经济发展的主要空间载体，城市化已经成为推动经

第八章
天容海色仍澄清：大数据引领下的环境保护

济和社会发展的主要手段，世界主要城市的高质量发展往往可以带动一个区域甚至一个国家的发展。党的十九大宣布了新时代的开启，从"五位一体"总体布局来说，新时代是城镇化起主导作用的时代，城镇化将成为经济建设的主引擎、政治建设的主阵地、文化建设的主平台、社会建设的主抓手、生态文明建设的主战场[18]。中国特色的城镇化应该是以人为本的城镇化。随着新型城镇化的推进，城市的发展品质将决定城市未来发展的竞争力。城市发展的品位和质量，反映一座城市的气质，而生态环境的建设将是其中的重中之重。优雅舒适的城市生态环境是居住者生活学习的前提和基础。良好的城市生态环境是实现以城市为主体的自然、经济、社会可持续发展的必然条件，因此，城市的生态环境建设对整个城市系统的管理和运行起到至关重要的作用。维护城市生态环境，是支撑经济高质量增长、提升人民福祉、吸引人才进入、促进社会全方位良性循环发展的前提。

（一）愿景：美丽中国

"美丽中国"是党的十八大提出的概念，强调把生态文明建设放在重要突出的地位，融入经济建设、政治建设、文化建设、社会建设各个方面和全部过程中。2012年11月8日，在党的十八大报告中，"美丽中国"首次作为执政理念出现。2015年10月召开的十八届五中全会上，"美丽中国"这一理念首次被纳入"十三五"规划。

2017年10月18日，习近平总书记在党的十九大报告中明确指出，加快生态文明体制改革，建设美丽中国。强调："坚持人与自然和谐共生。建设生态文明是中华民族永续发展的千年大计。必须树立和践行绿水青山就是金山银山的理念，坚持节约资源和保护环境的基本国策，像对待生命一样对待生态环境，统筹山水林田湖草系统治理，实行最严格的生态环境保护制度，形成绿色发展方式和生活方式，坚定走生产发展、生活富裕、生态良好的文明发展道路，建设美丽中国，为人民创造良好生产生活环境，为全球生态安全作出贡献。"

"生态兴则文明兴，生态衰则文明衰"，人类的社会发展和建设只有遵循普遍的自然规律，与自然和谐相处才能有效防止在生态环境及资源环境开发利用上走弯路。党的十九大提出的"人与自然是生命共同体"的理念，明确了经济建设和社会发展必须要尊重自然、顺应自然、在开发利用的同时保护自然。

从"既要金山银山，又要绿水青山"到"宁可要绿水青山，不要金山银山"，再到"绿水青山就是金山银山"，这是新的历史时期，我们直面现实矛盾，正确处理经济发展和生态环境保护的关系做出的科学论断。保护生态环境就是保护生产力，改善生态环境就是发展生产力，"绿水青山就是金山银山"的观念，是实现新的历史条件下我国经济社会可持续发展的内在要求。

"让居民望得见山、看得见水、记得住乡愁。"这就要求在经济发展过程中，必须坚持节约资源和保护环境的基本国策，坚持可持续发展，坚定走生产发展、生活富裕、生态良好的文明发展道路，加快建设资源节约型、环境友好型社会，形成人与自然和谐发展的现代化建设新格局。绿色发展理念其本质上是以问题为导向，从基本国情出发，为促进发展和保护生态环境这一难题提供了可行的解决方案。

（二）目标：生态城市

城市及由多个城市组成的城市群是我国区域发展的主要驱动单元。美丽中国目标下的城市经济社会发展应该呈现出绿色、环保的气质，这是打造现代化城市经济可以依循的战略之一。自改革开放以来，中国城市经济发展的资源效率有了很大提高，与此同时，资源消耗的增加和环境的污染也让城市面对着各种各样的矛盾与问题。而绿色发展能够提高资源利用效率，保证环境质量，改善经济增长的环境约束，给城市带来更为持久强劲的发展动力。

2015年12月,在中央城市工作会议上,习近平总书记强调"要尊重自然、顺应自然、保护自然,不断提升城市环境质量、人民生活质量、城市竞争力,建设和谐宜居、富有活力、各具特色的现代化城市"。生态城市建设,强调城市的生态效应、可持续发展及人与自然的和谐共生,其目的就是要为人民群众创造环境优美、和谐宜居的生产生活环境。由此可见,生态城市建设是建设美丽中国的必然要求,也是坚持绿色发展理念的具体实践。

(三)支撑:大数据大有作为

大数据是以容量大、类型多、存取速度快、应用价值高为主要特征的数据集合,正快速发展为对数量巨大、来源分散、格式多样的数据进行采集、存储和关联分析,从中发现新知识、创造新价值、提升新能力的新一代信息技术和服务业态[19]。全面推进大数据发展和应用,加快建设数据强国,已经成为我国的国家战略。

党中央、国务院高度重视大数据在推进生态文明建设中的地位和作用。习近平总书记明确指出,要推进全国生态环境监测数据联网共享,开展生态环境大数据分析[20]。李克强总理强调,要在环保等重点领域引入大数据监管,主动查究违法违规行为[21]。国务院《促进大数据发展行动纲要》等文件要求推动政府信息系统和公共数据互联共享,促进大数据在各行业创新应用;运用现代信息技术加强政府公共服务和市场监管,推动简政放权和政府职能转变;构建"互联网+"绿色生态,实现生态环境数据互联互通和开放共享[22]。

随着经济的发展和社会进步,城市在走向生态文明的过程中要面临种种问题和机遇。既要满足人口增加、生活改善、经济增长等需求,同时又要保障生态安全和人民健康,并要应对水资源短缺、环境污染、气候变化等危机[23]。城市是以"人"为主体的生态系统,是一个由社会、经济和自然 3 个子系统构成的复合生态系统。考察生态城市的发展水平，要从社会、经济和自然 3 个方面来确定[23]。

生态城市建设中可将城市视为一个整体来考虑，其各行业领域的信息存储、管理、分析系统构成了一个有机整体，生态城市通过整体系统构建，实现核心数据实时汇集、展现与分析[23]。其中的基础信息收集系统实现与城市运行密切相关的海量数据采集存储，并依托各行业领域的专业知识和方法对相关的数据进行深度挖掘与分析。例如，通过利用车联网技术将感知到的交通流量数据与环境监测数据通过处理进行存储、融合，运用合适的数据分析方法和模型进行处理分析，将分析结果展现给决策部门、监督部门，指导由交通运输导致的大气治理，根据数据进行方案制定并动态响应，以期促进相关领域的发展和建设，提高政府的工作效率、监督时效和服务水平。随着技术的发展，生态环境大数据的应用对于政府、企业和公众都有重要意义。

四、蹄急步稳：大数据支撑美丽中国建设

当国外生态大数据建设与应用不断深化的同时，与国外相类似模式在国内也在逐步展开。从我国国内的发展态势来看，政府采取了同样的策略，即依托中央一级政府部门建设与生态环境相关的基础地理数据、基础监测数据平台，将其进行整合并在各级政府的公共服务当中得到了初步的应用。

（一）打桩筑基：国家级生态环境基础平台

1. 国家测绘地理信息局：天地图

测绘成果是国家重要的战略性信息资源，直接关系到国家战略安全，为了加强基础地理信息资源开发利用，改变传统服务模式，由单一

第八章
天容海色仍澄清：大数据引领下的环境保护

提供地图、数据转变为在线提供地理信息服务，开发地图服务软件就是实现这种转变的技术基础[24]。

通过"天地图"门户网站接入互联网，方便地实现各级、各类地理信息数据的二维、三维浏览，进行地名搜索定位、距离和面积量算、兴趣点标注、屏幕截图打印等常用操作。"天地图"以超链接的方式接入已建成的省市地理信息服务门户，获得各地更具个性化的服务。"天地图"允许用户访问国家测绘成果目录服务系统，了解掌握国家和各省（市、自治区）的测绘成果情况，并能够链接国家测绘局相关地理信息服务网站，获取包括"动态地图""地图见证辉煌"等专题地理信息。"天地图"改变了我国传统的地理信息服务方式，有助于促进信息共享、避免地理信息数据重复采集，并确保国家地理信息安全，同时提升了开发效率。"天地图"促使各类进行专题信息服务的商业地图网站（如导航、餐饮、宾馆、酒店）能够在其搭建的公共地理信息平台上进行专题信息加载、增值服务功能开发，省去了他们处理并维护公共地理框架数据、承担底层地理信息服务的高昂成本，避免了基础地理信息重复采集及维护更新造成的人员、资金与时间浪费，极大地降低了开发地理信息应用系统或网站的成本和周期，使这些运营商可以将主要精力集中于网站运营与增值服务，而不是公共地理信息的采集维护[25]。

以"天地图"系统作为基础的信息平台，已经在生态环境领域得到了广泛的应用。例如，"福建省气象地图系统"以"天地图·福建"发布的地图服务为基础，结合气象专题数据，直观、方便地显示全省范围主要地市及区县的气象信息。"江西省环境质量自动监测站联网项目"以"天地图"的江西区域地理底图为基础，将各项常规监测数据、自动监测数据、视频监控数据在统一的地理框架中进行展示、查询和综合分析，并通过平台在互联网上向公众发布环境质量自动监测数据和国家重点污染源企业自行监测数据，提高了对环境质量和污染源的综合管理与监控能力。基于"天地图"的上海中心城区拥堵道路示意如图8-7所示。

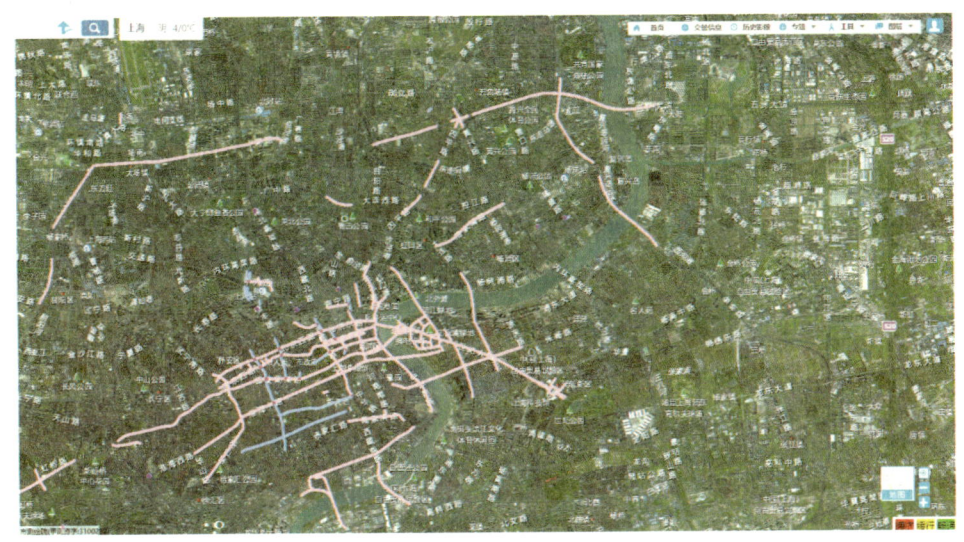

图 8-7　基于"天地图"的上海中心城区拥堵道路示意

来源：http://www.shanghai-map.net/shmap2016/index.html?keystr=image。

2. 环保部：生态环境监测大数据应用（一期）

大数据是国家重要的基础性战略资源，2016年环保部审议通过了《生态环境大数据建设总体方案》，规划通过5年的努力，基本建成大数据应用平台、管理平台和环保云平台架构，实现生态环境综合决策科学化、监管精准化、公共服务便民化。

环保部信息中心着手建立的生态环境监测大数据应用（一期）建设项目使得环境质量监测数据实现了全国联网，环保领域数据互联互通、通存通取的技术基础宣告建立[26]。

生态环境监测大数据应用（一期）建设项目建有全国统一的数据传输机制，汇集各级各类环境要素的环境手工监测业务，制定有监测数据管理规范；建立了环境监测业务数据库，将全国各级监测单位的监测业务数据整合到总站。其建成提升了国家对各级环境监测站的数据获取能力，并可为生态环境监测大数据的应用提供数据支撑。

作为环境大数据主要支撑平台之一，大数据应用平台的预期是运用大数据新理念、新技术、新方法，开展生态环境综合决策、环境监管和公共服务等创新应用，为生态环境决策和管理提供服务。生态环境监测大数据应用（一期）建设项目为大数据应用平台建设项目的组成部分，其建设基于构建全国统一的生态环境监测大数据应用平台的需要。生态环境监测大数据应用平台建设规划实现国家、省、市三级环境监测网络的空气、水、土壤、噪声等各环境要素的监测数据逐级联网、互联互通、共享共用，推进生态环境监测数据挖掘和可视化应用。

（二）有益尝试：地方政府生态环境应用平台

1. 广西壮族自治区生态环境精细化管理平台

广西的环境信息化经过几年的密集投入，软硬件平台建设趋于完善，已覆盖了大部分环境业务的管理。随着信息技术的发展和国家对大数据战略的重视，广西环保厅计划从以 IT 技术支撑的信息化体系向以数据为管理服务并驱动环境管理决策的 DT（Data Technology，数据处理技术）时代转型。

广西生态环境精细化管理平台（图 8-8）集成了环境大数据采集平台、环境大数据管理平台、环境大数据应用平台、环境大数据交换服务平台于一体，全面收集内外部数据资源，整合、共享、联动、开发数据，并聚合原有分散在各个政务系统中的数据，按照大数据管理标准及要求，进行集中管理与维护。该系统的环境大数据应用从科学决策、立体展示和精准监察 3 个方面入手，开展互联网"绿色生态"大数据分析决策应用，同时建立对外的环境大数据交换服务平台，将大数据分析结果及相关信息进行公示。

环境大数据平台采集、存储管理海量数据资源，但是大量数据对于业务人员来说不便于理解，广西生态环境精细化管理平台应用可视化技术，提供高品质人机交互体验的大数据可视化分析决策应用服务，提供环境管理业务人员所需要的能够看懂、理解并从中受益的抽象信息，可按照各种视角随心所欲地观察数据；提供领导、决策管理人员简单直观的各种分析数据展示，为环境管理决策支持提供依据。

同时，该系统面向环保部门形成支撑一线环保业务工作的环保云业务服务体系，成为全时段的数据保障系统，用数据打通高危企业预测、风险应急预警、污染源档案分析、环境问题分析、环评审批决策、水质智能监控、应用状态跟踪等各管理环节，用数据支撑业务，用数据整合管理，使各业务相互协同关联，最终形成以大数据为核心的环境管理新业态。

图 8-8　广西生态环境精细化管理平台

来源：http://www.boanda.com.cn/xwzx/gsdt/201712/t20171229_2899.html。

2. 深圳市茅洲河水污染治理大数据管理平台

深圳市茅洲河被列入广东十大污染治理流域，其在深圳境内共有 600 多家企业，落后产业聚集，电镀、线路板、印染等重污染企业较为集中，水质长期劣于 V 类。企业偷排、无证排污等现象较为严重，环境监察部门很难精准执法。

深圳市茅洲河水污染治理大数据管理平台的建立则有效支撑了相关部门的管理工作。系统平台的污染源溯源功能，可以实现快速排查，缩小可疑范围，辅助执法人员快速锁定异常排放企业。另外，系统提供了流域基本信息及治理成果景观分析、污染源排放统计及贡献率分析、断面水质及主要污染因子分担率分析、水质变化趋势分析、断面及排污口与污染源关联性分析等应用。

同时，系统以图、文、动画等多种展示技术，描述流域面积、河网密度、流域形状、流域地形、河流流向及各类功能区分布级别等信息，通过综合图形图表展示流域污染源、水质、达标等统计信息。为用户提供流域水环境总体情况及各类规划信息的总览功能。此外，系统建立了流域污染源排放清单，便于精确掌握污染物的排放特征、企业排放量、区域排放总量、排放规律；分析污染源对受纳水体水质的污染贡献率。为流域精细化管理、专项治理、产业结构调整决策提供基础支撑。

在数据基础上，系统建立了水环境水质评价体系，根据水体功能类别，选取相应类别标准进行评价，判断水质达标情况，阐明水体的污染现状；实现水质源解析功能，运用机器学习、数据挖掘等多种技术手段定性识别水污染物不同来源，分析各类污染物在水体中的污染分担率情况，为相关部门提供了全方位的水环境现状成因解析平台。

（三）各展所长：企业级生态环境应用案例

1. 阿里云"蔚蓝地图"

"污染地图"是阿里云于 2014 年 6 月推出的环境监测产品，可实时监测 190 个城市及 3000 家企业的污染数据，2015 年升级后更名为"蔚蓝地图"（图 8-9），新增了空气质量预报、霾预警，以及水质、水污染源实时监控数据等功能，旨在让公众参与环境治理，还世界一片碧海蓝天。

该系统全面收录了 31 个省（市、自治区）、338 个地级市政府发布的环境质量、环境排放和污染源监管记录，以及企业基于相关法规和企业社会责任要求所做的强制或自愿披露[27]。同时，该软件的运营方公众环境研究中心（Institute of Public and Environmental Affairs，IPE）也致力于整合环境数据服务于绿色采购、绿色金融和政府环境决策，通过企业、政府、公益组织、研究机构等多方合力，撬动大批企业实现环保转型，促进环境信息公开和环境治理机制的完善。

图 8-9 阿里"蔚蓝地图"水污染断面监测发布平台

来源：http://www.ipe.org.cn/MapWater/water.aspx?q=2。
注：本图仅作软件功能展示，不作版图范围展示。

2. 南京云创大数据公司"环境云"

"环境云"平台是一个提供稳定、便捷的综合环境数据服务的平台（图 8-10），其收录专业数据源（中央气象台、国家环保部数据中心、美国全球地震信息中心等）所发布的各类环境数据，接收自主布建的各类环境监控传感器网络（包括空气质量指标、土壤环境质量指标检测网络）所采集的数据，结合相关数据预测模型生成的预报数据，依托数据托管服务平台"万物云"所提供的数据存储服务，推出了一系列功能丰富、

第八章
天容海色仍澄清：大数据引领下的环境保护

便捷易用的综合环境数据 REST API，配合详尽的接口使用帮助，为环境应用开发者提供丰富可靠的气象、环境、灾害及地理数据服务。此外，"环境云"还为环境研究人员提供了历史数据报表下载，并向公众展示环境实况[28]。

图 8-10 "环境云"城市空气质量监测地图

来源：http://www.envicloud.cn/dataMap?title=3。

3. KuWeather 公司 DWS 系统

据统计，中国每年因气象灾害造成的直接经济损失占 GDP 的 3%~6%，全球每年气象灾害占自然灾害的 70%，平均损失超过 300 亿美元。根据国家气象局第 27 号令，我国将逐渐开放中国气象信息，并于 2020 年完全开放，鼓励民营资本和气象局合作[29]。

KuWeather 成立于 2015 年 5 月，是一家以商业气象服务为起点，融合大数据、智能硬件、深度学习、金融等内核工具，为交通、供应链、物流、零售、旅游等一系列行业提供整体解决方案的公司[30]。

KuWeather 为客户提供与行业数据深度结合的气象数据产品，并将气象数据与合作企业内部需求、工作流程相结合，提供整体商业气象服务方案。此外，还与保险公司合作，为客户提供气象相关保险及其他金融衍生品服务，对冲天气风险。从产品上来说，KuWeather 拥有具有自主知识产权的 DWS 系统（World Weather Solutions & Services）。DWS 是一款基于 Web 界面对天气环境和地理信息进行展示的服务软件，旨在为客户提供精准天气实时及预报服务。除了 DWS 系统，KuWeather 还推出路网系统和智能硬件两款产品。路网系统依据不同区域的路基状况、道路气象观测及格点化数值天气预报，在心数云上动态实时预测未来的路网天气状况，为整个出行链保驾护航。另外，公司产品系列中还包括智能硬件产品，可精密测量室内健康环境状况，并以独特、系统化的人机交互帮助用户防范安全隐患、优化居住环境。

KuWeather 获数千万元人民币 Pre-A 轮融资，投资方为青岛融海国投股权投资基金有限公司。据悉，KuWeather 曾于 2016 年 5 月获得过数百万元人民币的天使投资。

4. 坤舆天气公司气象数据云

"坤舆天气"是一家致力于气象大数据行业应用的科技公司，也是国内首家气象量化金融风险管理平台。公司通过利用气象大数据技术，为行业规避气象风险、挖掘气象效益提供服务，核心壁垒便在于其卫星遥感技术及核心的气象算法[31]。现阶段，坤舆天气主要以保险行业为切入点，服务于金融领域的再保险公司。

按照著名的"德尔菲气象定律"，企业气象投入与产出比为 1 : 98，即在气象信息上每投入 1 元，便可以得到 98 元的经济回报[32]。流通类销售额的 65% 取决于天气，气温相差两三度，超市商品销量就会相差一两倍。但相对而言，目前中国的商业气象相对空白。

"坤舆天气"主要针对再保险公司提供气象数据云服务（图 8-11），

第八章
天容海色仍澄清：大数据引领下的环境保护

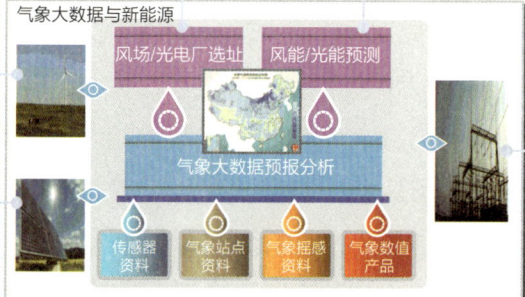

a

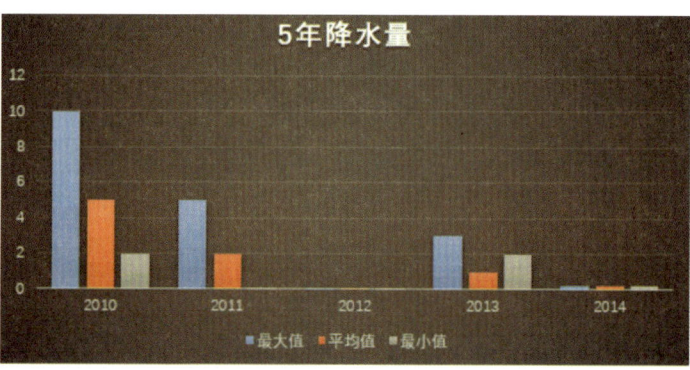

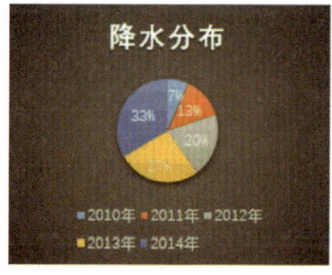

b

图 8-11 "坤舆天气"基于气象数据的产业风险分析

来源：http://www.kingtansin.com/col_project.html。

其中包括基础的数据服务和在数据之上的探测、预测及分析服务。通过为客户提供专业的气象风险解决方案，从而提高企业风险管控能力和决策水平，以助力企业升级。

"坤舆天气"前期主要围绕再保险公司为切入点，通过跟再保险公司合作来拓展其他保险公司。在"坤舆天气"的相关系统中，用户查询某一地点一段时间内的降雨信息，则降雨量情况统计显示5年这段时间内的最大降雨量、最小降雨量、平均降雨量；降雨量构成包括降雨天数构成和降雨量合计构成，以评估风险发生概率及保险赔率。

在收费模式上，根据不同用户的需求，"坤舆天气"也给出了不同方案。其一，通过数据调用量和收取年费的方式提供气象数据SAAS服务；其二，直接参与保险、再保险业务的收益分成。目前，该公司已经跟瑞士再保险、汉诺威再保险、中国再保险、福建海峡金桥等多家再保险公司达成战略合作。

（四）从善如流：环境舆情分析

随着移动互联网的快速发展，网络已经成为影响社会舆论的主要力量和公众表达诉求的主要途径，同时也是政府了解民情的直接渠道[33]。环境与健康问题广义而言包括自然和人为环境因素对人体健康的影响，但从环境与健康问题的因果关系和可调控性而言，环境污染问题引发的健康影响需要给予更多的关注。近年来，许多环境与健康问题引起广泛关注[34]。从环境介质的角度来讲，包括空气、水、土壤污染，例如，空气污染导致肺癌及心脑血管系统疾病，淮河流域水污染导致消化系统肿瘤高发，2015年江苏常州外国语学校因靠近化工厂废弃场地导致学生健康影响受损。环境污染损害公众健康问题容易引起群体性事件，处理不好将影响社会和谐稳定[35]。

通过特定的社会媒体分析系统，利用关键词表达式筛选出相关信息，可进行相应的舆情分析。关键词涉及环境介质污染、环境污染物及各种健康危害等，依照媒体的权威程度对不同媒体赋予不同的权重。环境舆情分析系统将搜集到的数据进行话题聚焦、热词排序等智能手段处理，综合考虑数据的关注度、覆盖度和评价度，对重点环境领域事件的舆论传播进行分析，并就存在的问题提出对策建议[36]（图8-12）。

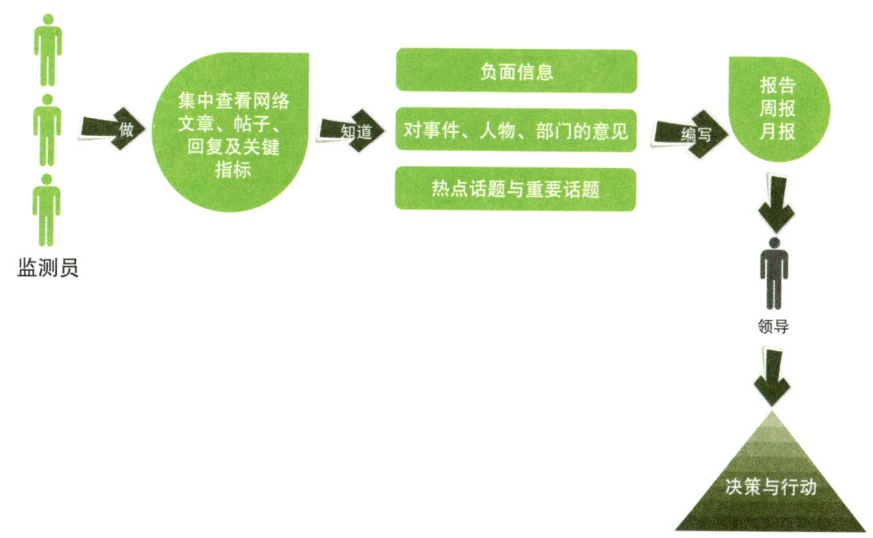

图 8-12　生态环境舆情监测流程示意

来源：http://www.knowlesys.cn/product_webmonitor_index.html。

（姚长青　刘志辉　杨　岩）

尾声
金风玉露一相逢：
城市创新发展遇见大数据

> 2016年5月30日，伴随着共和国历史上又一次具有里程碑意义的"科技三会"召开，我国的科技创新迎来了一个新的春天，也吹响了建设科技强国的嘹亮号角。大会召开后，全国掀起了新一轮抢抓科技创新的热潮，创新型国家建设日新月异，创新型城市建设全面展开。

一、创新型国家建设：阔步前行

"科技三会"召开以来，我国在建设创新型国家的征途上大步前进，航空航天、电子信息、装备制造等领域取得了一系列重大科技创新成果，引发了全球的瞩目和赞誉，已经成为推动中国经济发展的新引擎。

"天舟一号"与"天宫二号"完成交会对接试验，突破和检验了空间站货物补给、推进剂在轨补加等一系列关键技术，为我国空间站研制建设和运营管理积累了重要经验，也正式宣告中国航天迈进"空间站时代"。

国产大飞机C919成功首飞，意味着中国实现了民用飞机技术集群式突破，形成了中国大型客机发展核心能力，标志着萦绕中华民族百年的"大飞机梦"终于取得历史性突破。

自主遥控潜水器"海斗号"创造了我国无人潜水器最大下潜及作业深度纪录——10 767米,成功缩短了我国与美、日、英等世界海斗深渊科考先驱国家在万米科考能力上的差距,标志着我国深潜科考期开始进入万米时代。

"神威·太湖之光"连续荣登全球超级计算机500强榜首,标志着我国超算科技取得了多方面关键性突破,打破了国外30年核心技术封锁,开启了软硬件完全自主可控的"中国芯"时代。

"京沪干线"与"墨子号"量子科学实验卫星完美对接,意味着"不被破解的加密技术"这个人类千年梦想,已经有了成为现实的科技基础,标志着我国在量子通信领域的研究和应用在国际上达到全面领先优势地位,将推动量子通信在金融、电子信息等领域的大规模应用,最终构建基于量子通信安全保障的量子互联网。

"复兴号"命名并投入运营,标志着我国高速动车组技术全面实现自主化、标准化和系列化,迈出了"从追赶到领跑"的关键一步,极大增强了我国高铁的国际话语权和核心竞争力。

可燃冰试采取得重大突破,对促进我国能源安全保障、优化能源结构,甚至对改变世界能源供应格局,都具有里程碑意义。

当前,我国主要创新指标已进入世界前列,科技创新的系统能力显著提升。2017年我国全社会研发支出达到1.75万亿元,成为仅次于美国的世界第二大研发经费投入国家。发明专利申请量居世界第1位,有效发明专利保有量居世界第3位。创新型国家,不再是可望而不可即的向往,而是站在海岸遥望海中已经看得见桅杆尖头了的一只航船,是立于高山之巅远看东方已见光芒四射、喷薄欲出的一轮朝日,是躁动于母腹中的快要成熟了的一个婴儿。

二、创新型城市建设：百舸争流

自 2006 年我国提出建设创新型国家的战略目标后，我国有超过 200 个城市纷纷提出建设创新型城市的目标，其中，科技部、发展改革委先后共支持 61 个城市开展了创新型城市试点，形成了以深圳市、苏州市、杭州市、武汉市等城市为代表的引领型创新型城市，为我国实现 2020 年进入创新型国家行列奠定了坚实的基础。虽然创新型城市建设的阶段性任务已经完成，但改革未有穷期，创新永无止境，众多的城市不忘初心，重整行装再出发，提出要在更高水平上建设创新型城市。

深圳市 2016 年 3 月出台《关于促进科技创新的若干措施》，从创新科技管理机制、打造科技体制改革先行区，提升产业创新能力、打造新兴产业集聚区，强化对外合作、打造开放创新引领区，优化综合创新生态体系、打造创新创业生态区 4 个方面，提出 62 条措施，进一步激发各类创新主体的积极性和创造性，加快建成更高水平的国家自主创新示范区和现代化国际化创新型城市。

杭州市 2016 年 12 月出台《关于深化改革　加强科技创新　加快创新活力之城建设的若干意见》，从突出企业技术创新主体地位、促进科技成果转化与产业化、大力建设创新创业载体、完善科技人才创新创业制度等 8 个方面提出 37 条意见，构建全区域协同、全要素配置、全链条融合、全方位保障、全社会动员的全域创新格局，加快创新活力之城建设。

南京市 2016 年 9 月出台《争当江苏省产业科技创新中心排头兵和建设国家创新型城市若干政策措施》，以打造江北新区创新创业高地为"重点区域"，以提升科技型企业创新能力为"重点目标"，制定了科技成果转移转化新机制建立、推进校地深度合作、高层次研发机构建设、加强科技金融支持、科技计划体系与项目经费改革等方面的政策措施，加快推进国家创新型城市建设。

青岛市继2015年出台《关于大力实施创新驱动发展战略的意见》部署打造创新之城、创业之都、创客之岛后，2016年9月又出台《关于深入推进科技创新发展的意见》，围绕管理机制、人才制度、企业创新、源头支撑、孵化生态、成果转移转化、知识产权、科技金融等方面进行了系统全面部署，旨在率先建成特色鲜明的科技强市。

武汉市2016年8月发布《关于实施"十大计划"加快建设具有强大带动力的创新型城市的意见》，提出要聚焦推动产业发展、提升创新能力、集聚创新要素、优化创新环境，全力组织实施高新技术产业倍增计划、创新型企业培育计划、"光谷"和"车都"升级版计划、"城市合伙人"计划、"智慧城市"建设计划、产业创新能力倍增计划等十大计划，率先建成具有强大带动力的创新型城市。

成都市2016年3月发布《创新型城市建设2025规划》，提出构建全域成都"一区一城多点"的创新发展布局规划，明确了成都创新型城市建设5个方面的主要任务，提出实施国家自主创新示范区引领工程、成都科学城先导工程、一流研发能力建设工程、创新创业人才汇聚工程、创业天府圆梦工程、创新型企业培育工程等十大工程，目标直指建设具有国际影响力的区域创新创业中心。

西安市2016年7月出台《关于系统推进全面创新改革试验打造"一带一路"创新中心的实施意见》，围绕增强创新和改革双引擎，从建立军民融合创新体制机制，构建科技成果转化新机制，加快推动优势产业赶超发展，打造国家自主创新示范区新引擎，增强企业创新主体新动力，推动科技与金融紧密结合等10个方面提出了39条意见，为打造"一带一路"创新中心保驾护航。

其他城市也不甘落后。"科技三会"以后，又有徐州市、佛山市、芜湖市、汉中市、吉林市等 51 个城市向科技部、发展改革委申报建设创新型城市。我国创新型城市建设已呈现出你追我赶、百舸争流的竞相发展态势，一场激烈的"创新比拼"正在全面拉开帷幕。

三、城市创新发展遇上大数据：前景无限

1978 年，中国在珠三角的南疆画了一个圈，后来深圳特区成为现代化的大都市；1990 年，中国在长三角的浦东画了一个圈，后来浦东成为上海经济的引擎；2003 年，中国在京津冀的曹妃甸画了一个圈，但在大规模投入建设了十几年之后，这个"圈"却不灵了，曹妃甸成为一座哭泣的鬼城。

一个城市的发展，除了先天的区位、资源等条件之外，后天政策也是一大驱动。这种外力性的"政策驱动"在上一个改革开放阶段发挥着巨大作用，极大地影响了中国城市的发展格局。但是，这种"政策驱动"在接下来的格局变化中将逐渐失灵。"三个圈"不同的发展结局是行政干涉的作用越来越弱的真实写照，也预示着城市发展动力的转变：从投资驱动转向创新驱动。

由投资驱动阶段向创新驱动阶段转型升级，不是旧貌换新颜的短瞬行为，而是一个长期、艰难的过程。幸运的是，中国的城市发展动力的转换遇上了大数据、人工智能喷薄而出的时代。大数据不仅意味着海量、多样、迅捷的数据处理，更是一种新的生产要素、一种创新资源和一种新的思维方式，提高城市的全要素生产率，形成内生性增长。一些城市已经在利用大数据促进城市创新发展上先人一步，尝到了甜头。

处于西部的贵阳长期以来一直处于欠发达、欠开发的状态，但是由于抓住了数据的发展机遇，通过推进大数据商用创新引领经济转型

尾 声
金风玉露一相逢：城市创新发展遇见大数据

升级，推进大数据政用创新提升政府治理能力，推进大数据民用创新改善民生服务水平，以大数据为引领打造创新型中心城市，为城市发展带来了颠覆性的变革，使得贵阳第一次与发达城市站在了同一条起跑线上。

杭州市推进大数据、人工智能等前沿科技深度融合运用，给城市装上可以感知、预警、指挥的"大脑"，对整个城市进行全局实时分析，自动调配公共资源，修正城市运行中的问题，并最终进化成为能够治理城市的超级人工智能。杭州"城市大脑"2017年率先在城市交通治理上得到了成功的应用。英国新科学家网站刊文称"杭州'城市大脑'使用的海量数据会让'智能城市'的意义发生突破"。

南京市将1100万人口、46万家企业（单位）的信用大数据"一网打尽"，对企业和个人信用"画像"，为小微创企业、农业合作社、农户向融资平台、金融机构提供免担保、无抵押融资和信贷"撮合"，为产业链中的"应收贷"提供支撑，实现信用大数据惠民惠企。

武汉市早在2014年就出台了《大数据产业发展行动计划（2014—2018年）》，采取"基地＋基金"的方式，建设大数据基础设施和专业孵化器，引导大数据产业上下游优势企业聚集发展。目前武汉市大数据产业已初具规模，光通信、地理空间信息、北斗导航、数据库、数控系统工程和汽车等领域已在国内取得领先优势，成为武汉市创新发展的新引擎。

2016年以来，青岛市、苏州市、合肥市等众多城市纷纷出台促进大数据产业发展的意见或方案，聚焦完善大数据基础设施、构筑数字经济新支撑，聚焦发掘大数据资源、打造创新创业新引擎，聚焦推进产业发展、培育经济发展新动能，聚焦发展创新服务、推行政府治理新模式，为城市的创新发展注入新动力、新活力。

大数据已经在商贸、医疗、交通、城市治理等多个领域中得到了应用，未来随着应用效果的逐步显现，应用场景的不断深化，大数据产业将成为社会各类资源的聚集地,成为新的生产力和创造力的重要源泉,成为城市创新发展的新动能。

城市创新发展遇上大数据,恰如金风邂逅玉露,定会绽放无限美景。一场晒恩爱、晒幸福的旅程即将开始!

(杨朝峰)

参考文献

第一章

[1] 习近平.决胜全面建成小康社会 夺取新时代中国特色社会主义伟大胜利——在中国共产党第十九次全国代表大会上的报告[R/OL].（2017-10-27）[2018-01-16]. http://politics.people.com.cn/n1/2017/1027/c1001-29613459.html.

[2] 中华人民共和国国务院办公厅.全国资源型城市可持续发展规划（2013—2020年）[Z].2013.

[3] 万亚辉,沈越.我国矿山地质环境问题[J].环境与发展,2011(7):38-39.

[4] 资源型城市经济转型与攀枝花可持续发展[N/OL].攀枝花日报,2006-04-24[2018-01-16]. http://www.panzhihua.gov.cn/bdyw/41098.shtml.

[5] 资源型城市如何走出"矿竭城衰"困局[N/OL].中国国土资源报,2017-04-11[2018-01-16]. http://www.gtzyb.com/shendu/20170411_104314.shtml.

[6] 陈轶.基于新区域地理的拉萨市城市个性维护与发展研究[D].长春：东北师范大学,2008.

[7] 中国新闻网.博鳌观点：特色小镇,让城市更具个性[EB/OL].（2017-03-29）[2018-01-16]. http://finance.jrj.com.cn/2017/03/29113122241014.shtml.

[8] 朱苑秋,谢富纪.长三角大都市圈创新要素整合[J].科学学与科学技术管理,2007,28（1）：97-100.

[9] Richard Florida. The rise of the creative class and how it's transforming work, leisure, community and everyday life [M]. Toronto：Basic Books, 2004.

[10] 评论：商业模式创新与技术创新融合互动研究 [N/OL]. 科技日报，2013-10-14 [2018-01-16]. http://www.chinanews.com/sh/2013/10-14/5376591.shtml.

[11] 腾讯市值突破 3000 亿美元　腾讯还将给我们什么样的未来 [N/OL]. 证券时报，2017-05-02 [2018-01-16]. http://finance.eastmoney.com/news/1355, 20170502734556812.html.

[12] 张勇进，王璟璇. 主要发达国家大数据政策比较研究 [J]. 中国行政管理，2014（12）：113-117.

[13] 九次方大数据研究院. 全球大数据政策汇编：国外篇分册（2006—2015）[EB/OL].（2016-06-24）[2018-01-16]. http://www.cbdio.com/BigData/2016-06/24/content_5020748.htm.

[14] 欧盟大数据规划介绍及启示 [N/OL]. 中国信息产业网－人民邮电报，2017-06-06 [2018-01-16]. http://www.cnii.com.cn/internation/2017-04/19/content_1843538.htm.

[15] 习近平考察中科院：把创新驱动发展战略落到实处 [N/OL]. 人民日报，2013-07-18 [2018-01-16]. http://scitech.people.com.cn/n/2013/0718/c1007-22235401.html.

[16] 中华人民共和国国务院办公厅. 促进大数据发展行动纲要 [Z]. 2015.

[17] 中华人民共和国科学技术部. 科技部召开新一代人工智能发展规划暨重大科技项目启动会 [EB/OL]. (2017-11-20) [2018-01-16]. http://www.most.gov.cn/kjbgz/201711/t20171120_136303.htm.

[18]《大数据产业发展规划（2016 — 2020 年）》解读 [EB/OL]. (2017-01-17) [2018-01-16]. http://news.xinhuanet.com/info/2017-01/17/c_135990524.htm.

[19] 京津冀大数据综合试验区建设明确八项任务，到 2020 年底：京津冀初步建立大数据服务新体系 [N /OL]. 河北日报，2016-12-23 [2018-01-16]. http://he.people.com.cn/n2/2016/1223/c192235-29504386.html.

[20] 中华人民共和国工业和信息化部. 高端智能再制造行动计划（2018—2020 年）[Z]. 2017-11-09.

[21] 中华人民共和国工业和信息化部. 促进新一代人工智能产业发展三年行动计划

（2018—2020 年）[Z]. 2017-12-14.

[22] 专稿：大数据简史 [EB/OL]. (2015-03-27) [2018-01-16]. http://www.cac.gov.cn/2015-03/24/c_1114739299.htm.

[23] 专家观点：大数据更看重 What(相关性) [EB/OL]. (2014-07-10) [2018-01-16]. http://www.hnetn.com/article/html/2014/7/8561/919121.htm.

[24] 2018 年互联网八大猜想：大数据红利普惠生活 [EB/OL]. 人民日报，2018-01-11 [2018-01-16]. http://www.shzgh.org/node2/jingan/n3724/n3726/u1ai1273617.html.

第二章

[1] 张衔春，单卓然，许顺才，等. 中西方城市治理研究回顾、对比与展望 [J]. 城市发展研究，2016，23（2）：84-90，104.

[2] The UN Commission on Global Governance. Our global neighborhood [M]. New York：Oxford University Press，1995：2.

[3] Hendriks F. Understanding good urban governance: essentials, shifts, and values [J]. Urban Affairs Review，2014，50（4）：553-576.

[4] 吴晓林，侯雨佳. 城市治理理论的"双重流变"与融合趋向 [J]. 天津社会科学，2017（1）：69-74，80.

[5] 谢媛. 当代西方国家城市治理研究 [J]. 上海经济研究，2010（4）：82-89.

[6] 李燕萍，虞虎，王昊，等. 面向大数据时代的城市规划研究响应与应对方略 [J]. 城市发展研究，2017，24（10）：1-10.

[7] 王鹏，袁晓辉，李苗裔. 面向城市规划编制的大数据类型及应用方式研究 [J]. 规划师，2014（8）：25-31.

[8] 席广亮，甄峰. 基于大数据的城市规划评估思路与方法探讨 [J]. 城市规划学刊，2017（1）：56-62.

[9] 钮心毅，丁亮，宋小冬. 基于职住空间关系分析上海郊区新城发展状况 [J]. 城市

规划，2017（8）：47-53，126.

[10] 钮心毅，丁亮，宋小冬.基于手机数据识别上海中心城的城市空间结构[J].城市规划学刊，2014（6）：61-67.

[11] 丁亮，钮心毅，宋小冬.利用手机数据识别上海中心城的通勤区[J].城市规划，2015（9）：100-106.

[12] 党安荣，袁牧，沈振江，等.基于智慧城市和大数据的理性规划与城乡治理思考[J].建设科技，2015（5）：64-66.

[13] 华为.智慧城市[EB/OL].[2018-01-16].http://e.huawei.com/cn/solutions/industries/ smart-city.

[14] 刘伦，刘合林，王谦，等.大数据时代的智慧城市规划：国际经验[J].国际城市规划，2014（6）：38-43，65.

[15] 施雯.基于大数据的情报分析如何助力城市管理：纽约实践及启示[J].图书情报工作，2016（8）：113-117.

[16] 陈志成，王锐.大数据提升城市治理能力的国际经验及其启示[J].电子政务，2017（6）：7-15.

[17] 王喜文.《数字英国》：力图打造世界"数字之都"[J].信息化建设，2010（11）：47-48.

[18] 孙宏超.日本东京：无所不在的物联网[J].中国经济和信息化，2013（2）：74.

[19] 赵宝静，夏丽萍，刘根发，等.大数据时代的上海城市总体规划编制技术与方法探索[J].城市规划学刊，2017（s1）：61-66.

第三章

[1] 张曙.工业4.0和智能制造[J].机械设计与制造工程，2014（8）：1-5.

[2] 国务院.中国制造2025[Z].2015-05-19.

[3] 中国人民银行，工业和信息化部，银监会，等.关于金融支持制造强国建设的指导意见[Z].2017-03-30.

[4] 国家制造强国建设战略咨询委员会. 中国制造2025蓝皮书（2017）[Z]. 2017-06-30.

[5] 工业和信息化部节能与综合利用司. 中国工业绿色发展报告（2017）[Z].2017-12-01.

[6] 工业和信息化部. 促进新一代人工智能产业发展三年行动计划（2018—2020年）[Z]. 2017-12-14.

[7] 三一重工. 三一ECC控制中心，引领新时代的智能化服务[EB/OL].（2016-09-13）[2018-01-16]. http://news.d1cm.com/2016091384111.shtml.

[8] 三一重工. 三一制造智能化的工业革命[EB/OL].（2017-08-31）[2018-01-16]. http://www.sanyedu.com/site/hjgcx/xbxw/info/2017/2476.html.

[9] 李心萍. 用大数据发掘大价值（中国制造2025调研行）[N]. 人民日报，2016-11-30（02）.

[10] 雷军. 关于加快实施大数据国家战略的建议[EB/OL].（2014-03-06）[2018-01-16]. http://net.chinabyte.com/48/12878048.shtml.

[11] 刘琳. 小米贷款：基于AI、大数据的风控模式[EB/OL].（2017-08-17）[2018-01-16]. http://finance.sina.com.cn/roll/2017-08-17/doc-ifykcypp8474514.shtml.

第四章

[1] 摩尔芯闻. 曙光大数据和大计算助力构建AI城市和科学大脑[EB/OL].（2018-01-18）[2018-01-24]. http://mp.weixin.qq.com/s/LwukY3AP6yA_J4BFmH3ssw.

[2] 搜狐科技. 5G未来和大数据时代，看高通如何布局？[EB/OL].（2017-06-09）[2018-01-24]. http://www.sohu.com/a/147343898_263944.

[3] 王左利. 华为：大数据安全防护体系成"智能大脑"[J]. 中国教育网络，2017（6）：56.

[4] 裴莹莹，杨占红，罗宏，等. 我国发展节能环保产业的战略思考[J]. 中国环保产业，2016（1）：13-18.

[5] 范强，文贤馗，林呈辉，等. 大数据技术在风电领域应用研究[J]. 电力大数据，

2017, 20（9）: 55-58.

[6] 安克, 李晓江. 大数据在风电行业中的应用研究综述 [J]. 轻工科技, 2017（6）: 80-81.

[7] 袁一, 陈瑛洁, 卜云辉. 大数据时代的风电行业 [J]. 科技展望, 2015（12）: 60.

[8] 中国工业新闻网. 远景能源发布"格林威治"云平台 [EB/OL].（2014-11-04）[2018-01-10]. http://www.cinn.cn/zbzz/dgdq/327296.shtml.

[9] 北极星电力新闻网. 维斯塔斯利用 IBM 大数据分析实现"智慧风能" [EB/OL].（2012-03-26）[2018-01-10]. http://news.bjx.com.cn/html/20120326/350206.shtml.

[10] 中国科技网. 亿利生态大数据系统上线积累 30 年环境数据, 更好地治理修复沙漠 [EB/OL].（2018-01-03）[2018-01-10]. http://www.stdaily.com/zhuanti01/dsj/2018-01/03/content_616797.shtml.

[11] 国家发展和改革委员会. "十三五"生物产业发展规划 [Z]. 2016-12-20.

[12] 凌阁. 迎接生物大数据时代的来临 [J]. 决策与信息, 2014（11）: 53-54.

[13] 生物谷. 谷歌互联网医疗布局总览 [EB/OL].（2015-06-12）[2018-01-16]. http://news.bioon.com/article/6670253.html.

[14] 神州中文网. 云端 DNA 数据库平台 DNAnexus 完成新一轮 5800 万美元融资 [EB/OL].（2018-01-04）[2018-01-24]. http://www.szlbx.com/s/0104255Z52018.html.

[15] 火石制造微信公众号. DNAnexus: 联手谷歌"做掉"了美国国家生物技术信息中心的 DNA 云数据平台 [EB/OL].（2016-10-28）[2018-01-24]. http://mp.weixin.qq.com/s?src=3&timestamp=1516778427&ver=1&signature=YA2H6cPRIQb**hObr*66a*XpVCdIJyasF3s9P-RQ-fAkKjmfdYfUgJ33dhHPQlcbr8eSQ-YJ4dRvWT172b*aAir1OU7-0C6-kO7CWqpKXExb7WBXFTL2wUUkPGvXFNFToCBV126k-KrDfNw4*GIO7x8ZISwzwahxrlcAk63tFI0=.

[16] 搜狐网. "基因 + 大数据"的颠覆应用: 从癌症基因测序到辅助生殖 [EB/OL].（2016-01-25）[2018-01-24]. http://www.sohu.com/a/56546544_374895.

[17] 张铁山, 肖皓文, 刘骐宁. 大数据对高端装备制造业各环节商业模式的影响研

究[J].商场现代化,2016(18):2-4.

[18] 夏妍娜,王羽.大数据在德国汽车制造商宝马集团中的应用[J].智慧工厂,2017(2):81-84,94.

[19] 民航资源网.罗罗与微软合作:数字技术力量变革航空[EB/OL].(2016-07-12)[2018-01-03].http://news.carnoc.com/list/353/353515.html.

[20] Sean Broderick,蓝楠.GE力推以结果为导向的大数据分析[J].航空维修与工程,2016(5):43.

[21] 赵继成.材料基因组计划简介[J].自然杂志,2014,36(2):89-104.

[22] 搜狐网.America Makes 为增材制造(AM)领域的内容发起挑战[EB/OL].(2017-06-29)[2018-01-24].http://www.sohu.com/a/152997245_223764.

[23] 3D虎网.3D打印如何与背后的大数据牵手前行?[EB/OL].(2016-04-21)[2018-01-24].http://www.3dhoo.com/news/guonei/24194.html.

[24] 上海市嘉定区人民政府网.国内首个汽车新材料大数据平台落户安亭[EB/OL].(2017-03-08)[2017-12-29].http://www.jiading.gov.cn/zwpd/zwdt/content_388428.

[25] 孟浩.大数据重塑未来能源系统及对策[C]//北京.中国生产力学会第十七届年会论文集.2013:55-57.

[26] 中国电力网.能源行业大数据的发展现状与前景分析[EB/OL].(2016-07-18)[2018-01-10].http://www.chinapower.com.cn/ciodata/20160718/40189.html.

[27] 薛翔.基于混合算法的超短期风电功率预测研究[D].北京:华北电力大学,2013.

[28] IBM.混合可再生能源预测技术方案提高可再生能源可靠性[J].云南电力技术,2013(5):93.

[29] 陈赟,严正.可再生能源并网发电的可靠性分析和节能分析[J].水电能源科学,2009,27(1):215-218.

[30] 刘喜梅,白恺,邓春,等.大型风电项目平准化成本模型研究[J].可再生能源,2016,34(12):1853-1858.

[31] 宋诗,钱辰辰.基于云平台的光伏电站运维管理系统设计[J].电器与能效管理

技术，2015（24）：93-97.

[32] 魏洪，刘宝林. 基于大数据、云计算技术的光伏电站运营管理平台增加光伏企业效益 [J]. 甘肃科技，2014，30（23）：20-21.

[33] 胡莹，胡琨. 上海新能源汽车产业技术创新平台建设研究 [J]. 科技进步与对策，2012，29（7）：54-58.

[34] 荣萍. EVCARD：成为园区服务新抓手：专访环球车享汽车租赁有限公司总经理曹光宇 [J]. 中国高新区，2017（5X）：16-18.

[35] 吴晶辉. 特斯拉自动驾驶的启发 [J]. 经营者：汽车商业评论，2016（4）：71.

第五章

[1] 赵志耘. 国外现代服务业发展对我国的启示 [J]. 太原科技，2008（8）：2-5.

[2] 科技部. 科技部关于印发《"十三五"现代服务业科技创新专项规划》的通知 [EB/OL].（2017-04-14）[2018-01-08]. http://www.most.gov.cn/mostinfo/xinxifenlei/fgzc/gfxwj/gfxwj2017/201704/t20170426_132497.htm.

[3] 发展改革委. 国家发展改革委关于印发《服务业创新发展大纲（2017—2025年）》的通知 [EB/OL].（2017-06-13）[2018-01-08]. http://zfxxgk.ndrc.gov.cn/PublicItemView.aspx?ItemID=%7baec131c2-6cf5-4aed-926e-178bf69bbe71%7d.

[4] 中华人民共和国中央人民政府. 农业部就加快发展农业生产性服务业的指导意见举行发布会 [EB/OL].（2017-09-19）[2018-01-08]. http://www.gov.cn/xinwen/2017-09/19/content_5226128.htm#allContent.

[5] 河北省人民政府. 河北省人民政府办公厅关于印发《河北省现代服务业发展"十三五"规划》的通知 [EB/OL].（2016-09-12）[2018-01-08]. http://info.hebei.gov.cn/eportal/ui?pageId=1962757&articleKey=6661767&columnId=329982.

[6] 王燕，张辉. 发展现代服务业与城市转型 [N]. 光明日报，2015-06-10.

[7] 浙江日报—浙江在线. 国外发展现代服务业的经验及启示 [EB/OL].（2011-07-18）[2018-01-06]. http://zjrb.zjol.com.cn/html/2011-07/18/content_971005.

htm?div=-12011-7-18]

[8] 蒋华栋.国外是如何推动服务业发展的[N].经济日报，2015-06-03.

[9] 湛军."再工业化"背景下欧盟现代服务业创新及发展我国高端服务业研究[J].上海大学学报：社会科学版，2015，32（1）：126-140.

[10] 潘志，李飞.日本生产性业与制造业联动发展经验及其启示[J].科技促进发展，2014，10（2）：120-123.

[11] 杜锦涛.大数据驱动制造业迈向智能化[J].信息化建设，2016（12）：36.

[12] 国家统计局.中国统计年鉴2017[DB/OL].[2018-01-06]. http://www.stats.gov.cn/tjsj/ndsj/2017/indexch.htm.

[13] 广东省人民政府.广东省发展改革委关于印发《广东省现代服务业发展"十三五"规划》的通知[EB/OL].（2017-04-17）[2018-01-08]. http://zwgk.gd.gov.cn/006939756/201705/t20170508_704712.html?keywords=.

[14] 山东省发展改革委.关于印发《山东省"十三五"服务业发展规划》的通知[EB/OL].（2016-11-04）[2018-01-08]. http://www.sdfgw.gov.cn/art/2016/11/4/art_48_215932.html.

[15] 周小强，陈清财，曾华军.基于深度学习的智能问答[EB/OL].（2016-08-03）[2018-01-11]. https://yq.aliyun.com/articles/58745.

[16] 郑实福，刘挺，秦兵，等.自动问答综述[J].中文信息学报，2002，16（6）：46-52.

[17] Robert E, Kelli L. Decision Making in a Virtual Environment：Effectiveness of a semi-immersive "Decision Theater" in understanding and assessing human-environment interactions[J]. autoCarto, 2006（8）：19-22.

[18] 王兴琳.公共政策场景下决策剧场的机理分析[D].哈尔滨：哈尔滨工业大学，2008.

[19] 网易教育频道.美国亚利桑那州立大学在中国开展重要科研合作[EB/OL].（2014-11-03）[2018-01-08]. http://edu.163.com/14/1103/14/AA4OF9C700294IPP.html.

[20] 李迎新，刘鑫，黄河. 建立国家卫生与健康管理大数据平台的总体设想 [J]. 国际生物医学工程杂志，2017，8（40）：221-225.

第六章

[1] 刘奇. 中国农业现代化进程中的十大困境 [EB/OL]. （2015-01-28）[2018-01-08]. http://theory.people.com.cn/n/2015/0128/c83853-26465244.html.

[2] 中国农民专业合作社委员会. 农业投资五个"坑"，农业创业的困难与困境 [EB/OL]. （2015-04-04）[2018-01-08]. http://blog.sina.com.cn/s/blog_561f769b0102viz1.html.

[3] 经济参考报. 农业保险："四两"难拨"千斤" [EB/OL]. （2016-11-21）[2018-01-08]. http://finance.sina.com.cn/roll/2016-11-21/doc-ifxxwsix4215516.shtml.

[4] 北京市首个农村承包土地经营权担保抵押金融产品发布 [N/OL]. 北京日报，2017-12-19 [2018-01-08]. http://www.gov.cn/xinwen/2017/12/19/content_5248328.htm.

[5] 浙江省智慧农业云平台 [EB/OL]. （2017-06-20）[2018-01-09]. http://www.tpwlw.com/project/38.html.

[6] 浙江省智慧农业云平台建设初见成效 [EB/OL]. （2017-05-23）[2018-01-08]. http://www.chem17.com/st1581/news_859788.html.

[7] 中国首个农业全产业链人工智能工程"农业大脑"启动 [EB/OL]. （2017-10-29）[2018-01-12]. http://www.hb.xinhuanet.com/2017-10/29/c_1121872778.htm.

[8] 农业大脑亮相ECI国际数字商业创新节 [EB/OL]. （2018-01-02）[2018-01-12]. http://nyzy.com/gdxw/8115.html.

[9] 孟山都董事长兼CEO：农业大数据技术引领下一代农业技术变革 [EB/OL]. （2017-03-23）[2018-01-12]. http://cn.agropages.com/News/NewsDetail---13847.htm.

[10] 无线传感器、农场物联网（IoFT）和大数据将如何影响未来农业？ [EB/OL]. （2017-03-17）[2018-01-12]. http://cn.agropages.com/News/NewsDetail---13774.htm.

[11] 国家农业智能装备工程技术研究中心 [EB/OL]. [2018-01-29]. http://www.greenwater.cn/.

[12] 渤海粮仓科技示范工程大数据平台 [EB/OL]. [2018-01-10]. http://bhlc.sdau.edu.cn/pages/About/ptjs.jsp.

[13] 国家生猪大数据中心助推农业供给侧结构性改革新突破 [EB/OL]. （2018-01-11）[2018-01-15]. http://www.sohu.com/a/215945548_100054387.

[14] "前阿里高管天天走访菜场"背后的农业供给侧改革 [EB/OL]. （2017-06-14）[2018-01-15]. https://zj.zjol.com.cn/news/669461.html.

[15] 大数据如何改变农业生产？一颗土豆的供给侧改革 [EB/OL]. （2017-08-21）[2018-01-15]. http://hznews.hangzhou.com.cn/jingji/content/2017-08-21/content_6632339.htm.

[16] 精准扶贫走上"云端" [N/OL]. 人民日报，2016-08-18 [2018-01-09]. http://politics.people.com.cn/n1/2016/0818/c1001-28644500.html.

[17] 扶贫有"数"，脱贫有望：青海省精准扶贫大数据平台让精准脱贫更精准 [N/OL]. 青海日报，2018-01-16 [2018-01-09]. http://www.qh.gov.cn/zwgk/system/2018/01/16/010292729.shtml.

[18] 科特派之家 [EB/OL]. [2018-01-15]. http://www.ktpzj.com.

[19] 智慧农业产业联盟. 五种模式让你读懂农产品电商的未来 [EB/OL]. （2017-07-06）[2018-01-12]. http://news.wugu.com.cn/article/1049860.html.

[20] 农一网 [EB/OL]. [2018-01-12]. https://www.16899.com/.

第七章

[1] Gantz J，Reinsel D. Digital universe study：extracting value from chaos [M]. IDC Go-to-Market Services，2011：1-12.

[2] Turner V，Gantz J F，Reinsel D，et al. The digital universe of opportunities：rich data and increasing value of the internet of things [R]. IDC White Paper，2014：1-5.

[3] 中华人民共和国国家卫生和计划生育委员会. 2016年我国卫生和计划生育事业发展统计公报 [R/OL]. （2017–08–18）[2018–01–19]. http://www.nhfpc.gov.cn/guihuaxxs/s10748/201708/d82fa7141696407abb4ef764f3edf095.shtml?from=groupmessage&isappinstalled=1.

[4] Manyika J, Chui M, Brown B, et al. Big data: the next frontier for innovation, competition, and productivity [R]. Mckinsey Global Institute, 2011.

[5] 比达咨询（BDR）数据中心. 比达咨询：2017年中国移动医疗市场规模将达120亿 [R/OL]. （2017–06–23）[2018–01–19]. http://www.bigdata-research.cn/content/201706/500.html.

[6] 中华人民共和国审计署. 2017年第1号公告：医疗保险基金审计结果 [Z]. 2017–01–24.

[7] 麦岚. 基因检测再"开闸" [J]. 齐鲁周刊, 2015（Z1）:36–37.

[8] 中国医学科学院医学信息研究所. 2017中国医院科技影响力排行（综合）[EB/OL]. （2017–12–19）[2018–01–19]. http://top100.imicams.ac.cn.

[9] 人民网. 全国首个互联网膏方门诊在沪开通 [EB/OL]. （2016–02–01）[2018–01–19]. http://sh.people.com.cn/n2/2016/0201/c134768-27672552.html.

[10] 新华网. 北京地区脑卒中急救地图发布 [EB/OL]. （2017–10–30）[2018–01–19]. http://news.xinhuanet.com/health/2017–10/30/c_1121875626.htm.

[11] 中华人民共和国国家卫生和计划生育委员会. 2016年我国卫生和计划生育事业发展统计公报 [EB/OL]. （2017–10–30）[2018–01–19]. http://www.nhfpc.gov.cn/guihuaxxs/s10748/201708/d82fa7141696407abb4ef764f3edf095.shtml.

[12] 中华医学会眼科学会眼底病学组. 我国糖尿病视网膜病变临床诊疗指南（2014年）[J]. 中华眼科杂志, 2014, 50（11）：851–865.

[13] WHO. Preventing chronic diseases: a vital investment: WHO global report [J]. Geneva: WHO, 2005: 45–49.

第八章

[1] 常杪，冯雁，郭培坤，等. 环境大数据概念、特征及在环境管理中的应用 [J]. 中国环境管理，2015，7（6）：26-30.

[2] 刘丽香，张丽云，赵芬，等. 生态环境大数据面临的机遇与挑战 [J]. 生态学报，2017，37（14）：4896-4904.

[3] 王立群. 大数据在环境保护当中的应用 [J]. 信息与电脑：理论版，2017（17）：153-154.

[4] 赵艳博. 突发环境污染事件应急预案管理系统原型设计与开发 [D]. 上海：华东师范大学，2010.

[5] 陈仲新. GEOSS 背景下的农业遥感监测 [J]. 中国农业资源与区划，2012，33（4）：5-10.

[6] 冯筠，高峰，黄新宇. 构建天地一体化的全球对地观测系统：三次国际地球观测峰会与 GEOSS [J]. 地球科学进展，2005，20（12）：1327-1333.

[7] 吴立新，刘善军. GEOSS 条件下固体地球灾害的广义遥感监测 [J]. 科技导报，2007，25（6）：5-11.

[8] 吴立新，李德仁. 未来对地观测协作与防灾减灾 [J]. 地理与地理信息科学，2006，22（3）：1-8.

[9] 吴立新. 未来对地观测协作与防灾减灾 [J]. 地理与地理信息科学，2015，22（3）：5-12.

[10] 李梦学，Townshend John R，吴炳方. 中国对全球地球观测系统的贡献 [J]. 遥感学报，2010，14（3）：571-578.

[11] European Enviroment Agency. EEA: Topics [EB/OL].[2017-03-05]. http://www.eea.europa.eu/.

[12] Albuquerque Water Utility Authority [EB/OL].[2017-12-03]. http://www.abcwua.org/.

[13] Department of Environment Protection Massachusetts [EB/OL].[2017-12-03]. http://public.dep.state.ma.us/MassAir.

[14] 杨森，李东，赵康. ArcGIS Server 以及空间数据库在亚马逊 Web 服务平台

（AWS）上的应用 [J]. 科技研究，2014.

[15] 微软研究院. Urban Air [EB/OL].[2017-11-13]. http://urbanair.msra.cn/.

[16] 中国电子报. 收购天气公司，IBM 迈向数据经济运营商第一步？[EB/OL].（2015-11-04）[2017-11-11]. https://baijia.baidu.com/s?old_id=217558.

[17] SEMIOS. SEMIOS: The data drives the decision [EB/OL].[2017-10-15]. http://semios.com/.

[18] 杨卫. 加快推进以人为本的新型城镇化 [EB/OL].（2017-11-12）[2017-12-03]. http://www.urbanchina.org/n1/2017/1120/c415227-29656739.html.

[19] 张厚美. 大数据要成为环保部门千里眼顺风耳 [J]. 环境经济，2016（19）:28-31.

[20] 新华网. 习近平主持召开中央全面深化改革领导小组第十四次会议 [EB/OL].（2015-07-01）[2017-11-01]. http://news.xinhuanet.com/politics/2015-07-01/c_1115787597.htm.

[21] 辛闻. 李克强主持国务院常务会：重点领域将引入大数据监管 [EB/OL].（2015-06-17）[2017-09-17]. http://news.china.com.cn/2015-06/17/content_35847215.htm.

[22] 国务院. 国务院印发《促进大数据发展行动纲要》[EB/OL].（2015-09-05）[2017-11-05]. http://www.gov.cn/xinwen/2015/09/05/content_2925284.htm.

[23] 张涛. 通向生态文明的八个路标：大数据时代我国城乡规划与生态城市建设的理论创新 [J]. 城市建设理论研究：电子版，2015（16）.

[24] 翟永，刘津，陈杰，等. 天地图网站云架构系统设计 [J]. 信息安全与通信保密，2012（9）：81-83.

[25] 张庆全，林富明，周源. 基于"天地图"的位置服务平台的设计与实现 [J]. 测绘与空间地理信息，2013，36（8）：98-102.

[26] 吴班，程春明. 生态环境大数据应用探析 [J]. 环境保护，2016，44（3-4）：87-89.

[27] 陈向国. "蔚蓝地图"APP助力碧水蓝天回归 [J]. 节能与环保，2015（5）：34-35.

[28] 南京云创大数据科技股份有限公司. 环境云平台介绍. [EB/OL].[2017-10-15]. http://www.envicloud.cn/.

[29] 罗桂湘，朱定真，裴顺强，等. 鲶鱼效应激活我国开放多元的气象服务市场格

局 [J]. 气象研究与应用，2016，37（1）：122-126.

[30] 投资界. KuWeather 获数千万人民币 Pre-A 轮融资，商业气象服务又是一片新蓝海？[EB/OL].[2017-10-15]. http://www.sohu.com/a/147456556_439726.

[31] 36 氪. 瞄准千亿气象市场，坤舆天气想做国内首家气象量化金融风险管理平台 [EB/OL].[2017-10-15]. http://www.sohu.com/a/147456556_439726.

[32] 肖安. 中国气象经济的主要问题和解决办法 [J]. 江西农业学报，2009，21（10）：175-177.

[33] 张博宇. 论网络舆论事件的政府应对措施及其法治化 [D]. 上海：复旦大学，2013.

[34] 宋英利，席淑华. 慢性砷染毒致细胞恶性转化机制的研究进展 [J]. 环境与健康杂志，2013，30（10）：940-942.

[35] 成建国，张鸿星，唐彦，等. 突发涉水事件的舆情分析研究 [J]. 水利信息化，2017（4）：21-27.

[36] 余乐安，李玲，戴伟，等. 危化品水污染事件中政府危机信息公布策略与网络舆情扩散研究：基于多主体模型 [J]. 管理评论，2016，28（8）：175-185.

附 录
缩略词表

3GPP	3rd Generation Partnership Project	第三代合作伙伴计划
5G	Fifth-generation	第五代移动通信技术

A

ACLU	American Civil Liberties Union	美国公民自由联盟
AI	Artificial Intelligence	人工智能
API	Application Programming Interface	应用程序编程接口
APP	Application	计算机应用程序
AWS	Amazon Web Services	亚马逊云服务

B

B2B	Business to Business	企业对企业
B2C	Business to Customer	企业对消费者
BGI	Beijing Genomics Institute	华大基因
BRCA	Breast Cancer Susceptibility Gene	乳腺癌易感基因

C

C2B	Customer to Business	消费者对企业

C2F	Customer to Factory	顾客对工厂
C&C	Command and Control Server	命令与控制服务器
CRM	Customer Relationship Management	客户关系管理

D

DDoS	Distributed Denial of Service	分布式拒绝服务
DNA	Deoxyribonucleic Acid	脱氧核糖核酸
DNS	Domain Name System	域名系统
D/R	Dose-Response	剂量－反应
DT	Data Technology	数据处理技术
DWS	World Weather Solutions & Services	天气解决方案与服务

E

EB	Exabyte	艾字节
EEA	European Environment Agency	欧洲环境保护署
EHR	Electronic Health Records	电子健康档案
EIPAS	Environmental Information and Public Access System	环境公共信息系统
EMR	Electronic Medical Record	电子病历
ERP	Enterprise Resources Planning	企业资源管理计划
ESRI	Environmental Systems Research Institute, Inc.	美国环境系统研究所公司

F

F2C	Factory to Customer	厂商到消费者
FDA	Food and Drug Administration	（美国）食品药品监督管理局

G

GB	Gigabyte	吉字节（千兆）
GE	General Electric Company	通用电气公司
GEOSS	Global Earth Observation System of Systems	全球对地观测系统
GIS	Geographic Information System	地理信息系统
GPS	Global Positioning System	全球定位系统
GPU	Graphics Processing Unit	图形处理器

H

HHS	(Department of) Health and Human Services	（美国）卫生和公共服务部
HIPAA	Health Insurance Portability and Accountability Act/1996, Public Law 104-19	（美国）联邦法律健康保险流通和责任法案
HIS	Hospital Information System	医院信息系统
HITECH	Health Information Technology for Economic and Clinical Health Act	（美国）卫生信息技术促进经济和临床健康法
HTML5	Hypertext Markup Language 5.0	超文本标记语言第五次重大修改版本

I

IBM	International Business Machines Corporation	国际商业机器公司
IBMIOC	IBM's Intelligent Operations Center	IBM应急管理智能操作中心
ICME	Integrated Computational Materials Engineering	集成计算材料工程
IDC	International Data Corporation	国际数据公司
IMAP	Internet Mail Access Protocol	交互式邮件存取协议

IP	Internet Protocol	网络互连协议
IPE	Institute of Public and Environmental Affairs	公众环境研究中心
IPS	Intrusion Prevention System	入侵防御系统
ISO	International Organization for Standardization	国际标准化组织
IT	Information Technology	信息技术

L

LIS	Laboratory Information Management System	实验室（检验科）信息系统
LTE	Long Term Evolution	长期演进

M

MassDEP	Massachusetts Department of Environment Protection	美国马萨诸塞州环境保护部
MB	Megabyte	兆字节
MES	Manufacturing Execution System	制造执行系统
MGI	Materials Genome Initiative	材料基因组计划
MW	Million Watt	兆瓦

N

NAE	National Academy of Engineering	（美国）国家工程研究院
NAS	National Academy of Sciences, United States	（美国）国家科学院
NCBI	National Center for Biotechnology Information	（美国）国立生物技术信息中心

NGS	Next Generation Sequencing	下一代测序技术，也称为高通量测序技术（High-throughput Sequencing）
NHS	National Health Service	（英国）国家医疗服务系统
NIH	National Institutes of Health	（美国）国立卫生研究院
NIPT	Non-invasive Prenatal Testing	无创产前检测
NR	New Radio Access Technology	新空口
NSB	National Science Board	（美国）国家科学委员会

O

O2O	Online to Offline	线上到线下

P

P2P	Person-to-person / Peer-to-peer	点对点
PACS	Picture Archiving and Communication Systems	影像归档和通信系统
PB	Petabyte	千万亿字节（拍字节）
PCR	Polymerase Chain Reaction	聚合酶链式反应
PHR	Personal Health Records	个人健康档案
PLM	Product Lifecycle Management	产品生命周期管理
PMI	Precision Medicine Initiative	精准医学计划
POP3	Post Office Protocol 3	邮局协议的第3个版本

R

REST	Representational State Transfer	表征性状态传输
RFID	Radio Frequency Identification	射频识别
RS	Remote Sensing	遥感技术

S

SARS	Severe Acute Respiratory Syndrome	重症急性呼吸综合征
SBCVC	SB China Capital	软银中国资本
Sensus		德国智能水表品牌
SMTP	Simple Mail Transfer Protocol	简单邮件传输协议
SNP	Single Nucleotide Polymorphisms	单核苷酸多态性
STI	National Engineering Center of Science and Technology Information	国家科技信息资源综合利用与公共服务中心

T

TB	Terabyte	万亿字节（太字节）

U

URL	Uniform Resource Locator	统一资源定位符
USGS	U.S. Geological Survey	美国地质调查局

W

WHO	World Health Organization	世界卫生组织

Z

ZB	Zettabyte	十万亿亿字节（泽字节）